함께여서 아름다운 몸짓,
경남 행복학교 이야기

함께여서 아름다운 몸짓,
경남 행복학교 이야기

초판 1쇄 인쇄 2019년 12월 16일
초판 1쇄 발행 2019년 12월 20일

글쓴이 경남 1기 행복학교 교사들
펴낸이 김승희
펴낸곳 도서출판 살림터

기획 정광일
편집 조현주
표지 그림 성정은
북디자인 꼬리별

인쇄·제본 (주)현문
종이 월드페이퍼(주)

주소 서울시 양천구 목동동로 293, 22층 2215-1호
전화 02-3141-6553
팩스 02-3141-6555
출판등록 2008년 3월 18일 제313-1990-12호
이메일 gwang80@hanmail.net
블로그 http://blog.naver.com/dkffk1020

ISBN 979-11-5930-127-8 03370

이 도서의 국립중앙도서관 출판예정도서목록(CIP)은
서지정보유통지원시스템 홈페이지(http://seoji.nl.go.kr)와
국가자료공동목록시스템(http://www.nl.go.kr/kolisnet)에서 이용하실 수 있습니다.
(CIP제어번호: CIP2019051366)

함께여서 아름다운 몸짓,
경남 행복학교 이야기

경남 1기 행복학교 교사들 지음

살림터

추천의 말

행복의 씨앗을
경남 곳곳으로 보내 주는 행복학교

박종훈_경상남도교육감

혁신학교를 두고 혁신학교라 부르지 못하던 한때가 있었습니다. 아버지를 아버지라 부르지 못한다는 개그 소재에 등장할 만한 일이 있었던 그때가 2014년이었습니다.

그때 한 걸음 한 걸음 같이 걸음을 내디뎠던 선생님들이 경남의 행복학교 터를 닦고 씨앗을 심고 꽃을 피웠고 다시 행복의 씨앗을 경남 곳곳에 흩어 보내고 있음에 교육감으로서 행복합니다.

혁신이 지향하는 인간의 이상향이 행복이었구나!

행복학교라 부르는 것은 필연이었다는 생각에 다다르게 됩니다.

지난달 진주에서 있었던 행복나눔마당에서 정말 가슴 따뜻해지는 영상과 그 영상의 주인공들에게 감사의 꽃다발을 전해 드릴 수 있었습니다. 행복학교가 글 속에 갇혀 있는 학교가 아니라 살아 있는 생명처럼 웃고 울고, 희로애락 속에서 생명을 가지고 살고 있구나 하는 확인 아닌 확인의 감동이었습니다.

그 여운이 가시기 전에 '경남 행복학교 이야기'라는 원고를 받았습니다.

출발에서 현재까지 행복학교의 역사를 차근차근 한 명 한 명의 목소리로 1기 행복학교 속에서 본인들의 학교 안에서 들려주는 변곡의 지점에 대한 이야기였습니다.

다시 행복학교로 발을 옮기는 나의 교육 동지들의 4년의 삶을 들여다보면서 영상의 감동과는 다른 시간의 힘이 느껴집니다.

교육감으로서 행복학교에서 행복학교 철학을 실현하고자 하시는 선생님들, 자아와 자존을 찾아가는 아이들, 교육공동체 안에서 학부모의 자리매김을 위해 노력하는 모두에게 힘이 되고 아낌없는 후원을 하는 든든한 지원자가 되어야겠다는 마음을 다집니다.

행복학교에서 행복학교를 거쳐 이젠 한 발짝 떨어진 곳에 계시는 분들과 함께 동행의 기쁨을 나누고 싶습니다.

이 책이 동행에 함께할 수 있기를 바라면서, 행복학교 속에서 교사로서의 성장과 꿈을 이루어 가시는 저자들을 축복합니다.

2019년 12월

박종훈

이렇게 아름다운 소리가 있을까?

양재욱_교방초등학교 교장

가만히 눈을 감으면 숲속을 지나는 바람의 재잘거림이 들린다. 가
지 사이를 지나고 이파리를 흔들며 소리로 흔적을 남긴 바람의 몸짓
이 보인다. 그 바람이 나를 휘감아 돌면 드디어 숲의 음악이 들리기
시작한다. 온몸을 열고 숨마저 평온히 가다듬어 숲이 될 때 숲은 드디
어 이야길 늘어놓는다. 석양이 불그스레 하늘을 물들이면 숲은 옅은
어둠을 내려 홀로 걷는 여행자에게 그 깊은 이야기를 시작한다. 그것
은 숲이 들려주는 나의 이야기이다.

여기 행복학교 4년의 삶을 살아온 애틋한 선생님의 속삭임이 있다.

가르치려 들지 않고 과장하지 않고 흔들리는 나뭇잎에 남은 바람
의 흔적처럼 그 삶의 몸짓이 파르르 보인다. 그 몸짓은 나를 위로하고
나를 가다듬는다. 불그스레 물든 하늘, 잔잔한 어둠이 내린 숲에서 온
몸으로 받는 그 감동처럼 깊은 울림이 있다. 그 이야기들이 모두 나의
이야기가 된다. 그 아픔들이 그 기쁨들이 모두 나의 이야기가 된다.

이 책은 말한다. 우리가 숲이 되어 지키자고. 아이들이 가진 아픔
을 함께 보아주자고. 선생님의 아픔도 함께 공유하며 공감하며 위로
가 되자고. 함께 살아가며 교학상장하고 함께 관성의 틀을 깨는 혁신

을 하자고 속삭인다. 혁신은 혁명이 아니라 나의 작은 몸짓의 변화에서 일어나는 것이라고 속삭인다. 그 속삭임이 나의 온몸을 뒤흔드는 것은 그 말이 희망이기에 또 우리가 함께 행복하자는 아름다운 약속이기 때문이다.

행복학교 4년을 지켜 온 선생님의 아름다운 이야기가 숲이 되었습니다. 그 숲속에서 많이 행복했습니다. 고맙습니다.

2019년 12월
양재욱

머리말

2015년 3월 최초로 경남형 혁신학교 행복학교 11개교가 출발했습니다.

2019년 2월 첫출발을 함께한 11개의 행복학교는 3개의 행복나눔학교로, 8개 재지정 행복학교로 다시 도약하고 있습니다.

교사들이 스스로 모여 교실을 바꾸고 문화를 만들고 학교를 바꾸는 하나하나의 실천의 결과가 결실을 맺어 가고 있는 중입니다.

이 책은 그 과정에서 만나는 좌절과 희망 그리고 기쁨을 이야기하고자 합니다.

여기에는 때론 세상의 모든 짐을 다 짊어질 꿈을 꾸면서, 그래도 다시 행복학교로 돌아올 수밖에 없는, 새로운 학교를 만들고자 했던 선생님들의 지난 4년간의 고민과 실천의 흔적이 담겨 있습니다.

또 언제든 답이 있는 주어진 문제를 푸는 객체에서 이제 "문제는 내가 내겠다"고 당당히 외치는 교사들의 힘겹지만 아름다운 삶이 있습니다.

화려하지는 않지만, 꽃이 피고 지고 다시 피는 기나긴 시간의 겹과 누구도 가지 않았던 길을 열었던 시간의 기록입니다.

학교에서 혼자가 아닌 함께 만들었던 시간, 아이들의 배움이 나의 배움이 되었던 순간, 나의 문제가 우리의 문제로, 나만의 아이가 아닌 우리의 아이로 변화했던 지점들을 이야기하고자 했습니다.

책 속 누군가의 목소리가 나의 목소리고, 어떤 이의 고민이 바로 나의 고민인 그런 친근한 교사들을 만날 수 있습니다.

꿈꾸고 행하고 꿈꾸는, 학교에서 함께할 수 있기를 바랍니다.

2019년 12월

글쓴이를 대신하여 강혜린 씀

차례

1.

새로운 학교, 삶을 담다

한조에게 보내는 편지

용지초 이웅기

안녕? 이렇게 글로 인사하는 건 처음이네. '새로운 학교, 삶을 담다' 라는 주제로 10분 동안 발표를 해야 하는데 어찌할까 고민하다 너를 떠올렸어. 그냥 너랑 대화하듯이 이야기를 풀어 가고 싶었지. 네가 곁에 있다고 생각하고 말이야.

엊그제 혁오밴드 공연 예약했어. 저녁 8시 30분쯤 학교에 남아서 일하며 '혁오' 음악을 들으려 검색했는데 우연히 공연 소식을 들었던 거야. 순간 뭔가에 홀린 듯 얼마 남지 않은 자리 중 하나를 덥석 예약하고 참 기분이 좋았어. 정말 오랜만에 느껴 보는 설렘이었지.

그러고 보니 요즘 학교에서 설레는 일이 별로 없었던 것 같아. 왜 그럴까? 음… 교육과정지원부장 3년째, 거의 매일 반복되는 일상 속에 묻혀 있어서 그럴까? 아침에 출근하면 '용지의 하루' 정리해서 메신저 보내고, 업무관리 시스템 들어가서 결재 대기 숫자 줄이고, 교감, 교장 선생님 찾아가 협의하고….

이 장면 기억나? 2년 전쯤. 친구사랑 캠페인 때 네가 약간 떨리는 목소리로 말했잖아. "행님아! 우리도 이게 되네요." 학생들이 직접 기획하며 쉬는 시간에 자기네들끼리 옹기종기 모여 행사를 준비하고 모

학생 전체 다모임. 2학기를 시작하며 우리에게 필요한 것 이야기 나누기

두가 즐겁게 참여하는 모습을 보며 넌 참 흐뭇해했지. 그러고 우리는 한동안 신나게 수다를 떨었던 것 같아.

사실 요즘 우리 아이들도 예전만큼이나 잘 살고 있어. 축구부는 스스로 운동경기를 기획해서 진행하고 풍물부는 풍물 버스킹도 하고, 댄스부는 점심시간에 신나는 댄스음악을 틀어 놓고 친구들 앞에서 춤을 추지. 이럴 때 아이들 표정은 언제나 살아 있는 것 같아. 그런데 예전만큼 우리가 설레는 것 같지는 않아. '뭐 매번 이렇게 해 왔으니… 익숙해진 걸까?' 아니면 정해진 계획에 충실히 따라서 그냥 했기 때문일까? 아니다. 어쩌면 저마다 가슴속에 뭔가 들어 있을 텐데 그걸 서로에게 끄집어내지 않았을 수도 있겠다.

이 장면도 기억나? 2014년 여름. 창원과학고에서 혁신학교 설명회가 끝나고 만든 '참나눔 연구회' 두 번째 모임 장면이야. 너도 저기 보이네. 지금 이 사진에 있는 사람 대부분이 용지초로 한들초로 들어가 이제 행복학교를 꾸리고 있지만, 이때는 그냥 다들 꿈꾸는 사람들이었잖아. 그동안 학교는 그냥 다니는 곳, 아니면 나 혼자 우리 교실 아이들과 행복하게 지내는 곳이었지. 그런데 여기서 우리는 학교를 통째로 바꾸는 꿈을 꿨던 것 같아. 민주적인 학교문화, 살아 있는 교육과정. 모임 뒤풀이는 시간 가는 줄 모르게 이어졌지.

넌 이제 없지만, 이 모임은 지난주에 157번째 모임을 했어. 사실 난 요즘 바쁘다는 핑계로 자주 빠지고 있어서 좀 미안하긴 한데…. 요즘 우리는 그동안 꿈꾸었던 이야기들, 행복학교에서 실천하고 있는 일들을 정리하고 있어. 그래서 매번 모이는 우리끼리가 아니라 우리에게 조금이라도 관심 있는 이들에게, 행복학교를 처음 접하는 이들에게 편하게 다가서려는 노력이야. 4년째 모임 속에서 떠다니던 말들이 이제 글로 정리되고 있는 것 같아. 그런데 사실 나는 가끔 간절히 꿈꾸던 4년 전 모습이 그립기도 해.

니 혹시 이 공문 봤나? 혁신교육 2기 행복학교 운영 기본 계획. 행복학교 4년이 끝나는 시점에 도교육청은 우리에게 하나의 선택지를 마련했다지. '행복나눔학교를 새로 해 볼래? 행복학교를 계속할래?' 한동안 이 선택지를 놓고 갈등했어. 선생님들과 직원분들과 여러 차례 이야기도 나눴어. 힘들겠지만 새로운 도전 과제에 관심을 보이는 이들도 있었고, 현재 이대로 꾸려 나가기도 버거운데 일이 더 커지는 이 과제를 우리가 과연 감당할 수 있을까 회의적인 이들도 있었어. 연간 1억 원 예산 지원, 교무행정원 1명 추가 배치하고 지역 중심 학교, 경남형 미래 학교의 모델을 만드는 게 주요 목적인데 난 요즘 머뭇거리고 있어. 처음에는 까짓것 그냥 한번 해 보자 싶었는데, 자꾸 생각하다 보니까 걸리는 게 있었어.

행복나눔학교가 던진 문제를 우리가 풀어야 하는 것. 지역의 중심 학교, 경남의 미래형 학교에 대한 문제는 우리가 함께 꿈꾸는 문제가 아니라는 생각이 들었어. 도교육청 입장에서는 주요한 정책 과제일 수 있겠지만 그것이 정말 학교를 살아가는 우리의 몫인가라는 의문이 들었던 거야. 스스로 문제를 내지 못하는 순간, 우리가 함께 뭔가를 꿈꾸지 않는 순간에 예전 학창 시절 그저 주어진 문제를 풀어야 하는 존재가 되어 버리지 않을까 하는 두려움이 생겼어. 이 포스터에서 학생들이 이 사회에 당당하게 외쳤던 '이제 문제는 우리가 낼게'라는 말

2학년 통합 수업, 가을 풍경 그리고 사진 찰칵!

이 여전히 우리에게도 중요하게 느껴졌어.

　니는 요즘 무슨 꿈을 꾸노? 행복학교 동광초에 계시다가 근처 학교로 옮기신 조은주 선생님은 그때 어떻게 지내시냐는 물음에 '1988'이라고 답하셨다는데…. 다른 학교는 1980년대 그 문화와 크게 달라지지 않았다며. 그래도 그 속에서 선생님은 또다시 예전처럼 작은 꿈을 꾸며 학교를 살아간다며 조용히 말씀하셨어. 그러고 보니 너도 그 학교에서 얼마 전에 캠핑을 했지? 용지에서 매년 여름 펼쳤던 학교 캠핑을 넌 그 학교에서 새롭게 시작한 거네. 어쩌면 너도 그렇게 그 속에서 예전에 꾸었던 작은 꿈을 실천하고 있는 거고.

　난 요즘 무슨 꿈을 꾸냐고? 난 공교육의 희망을 찾고 싶다고 늘 하던 말을 하는데… 얼마 전에 행복마을학교 박경화 선생님께서 "뭔 놈의 꿈이 세상의 짐을 다 짊어지고 있냐며…" 웃으며 말씀하셨어. 발을 내딛고 서 있는 그곳에서 꿈꾸는 작은 꿈들이 하나, 둘 모이고 그것이 살아 움직일 때 가능하지 않겠느냐 하셨지. 작은 꿈 하나 말이야.

　니 여기가 어딘지 알겠나? 맞다, 우리 학교 옥상이다. 퇴근 시간이 훌쩍 지난 시간. 우리 둘이 쪼그리고 앉아 작은 꿈을 나누던 곳이다. 행복학교 4년 용지초. 행복학교 지정받기 3년 전부터 용지를 가꾸어 온 너의 꿈과 용지를 함께 살아온 많은 이들의 작은 꿈들이 학교 곳곳에 펼쳐져 있을 텐데 그것의 소중함을 잠시 잊었던 것 같아. 그리고 아직 이루지 못한 꿈들도 어딘가에 숨어 있을 텐데 그걸 찾으려고 애쓰지 않았던 것 같아. 교실에서 아이들과 살아가는 선생님들이 원하고, 학교를 살아가는 아이들이 원하고 있는 작은 꿈들. 교실의 작은 꿈이, 학교의 작은 꿈이, 학교들이 서로 연대해서 꿈꾸는 것들이 또다시 우리를 설레게 하면 좋겠어.

2014년 홍대 작은 클럽에서 노래를 부르던 4인조 밴드 혁오는 2018년 월드투어를 끝내고 이제 무슨 꿈을 꿀까? 12월 22일 서울에 다녀와서 연락할게. 안녕!

꿈꾸고 행하고 꿈꾸고

용호초 송선희

2014년 7월 어느 날 한 통의 메일을 받았다. 학교혁신에 관심이 있는 사람들이 함께 모여 보자는 내용이었다.

방 안 가득 모여든 교사들. 오게 된 마음은 거의 비슷했다. 그러나 실제 참여하고 실천하고자 하는 교사는 12명 남짓. '참나눔 행복학교 연구회'로 뭉쳤다.

가장 먼저 한 일이 교육을 바라보는 철학적 접근이었다.

첫째, 아이들을 어떤 존재로 바라보아야 할 것인가?
둘째, 내가 꿈꾸는 학교는 어떤 모습의 학교인가?
셋째, 함께 만들어 가야 할 학교에서 나의 역할은 무엇인가?

교육에 대한 다양한 이야기를 다 함께 관련 책을 읽고 토론했다. 많은 생각과 이야기를 나누며 어렴풋하게만 생각했던 학교상이 그려졌다. 치열하게 함께 생각하고 이야기하며 드디어 '용지초등학교'로 가서 학교를 바꿔 보자는 데 동참하게 되었다.

그렇게 2015년 3월 시작된 행복학교에서의 교사 생활은 생각했던 것보다 훨씬 어려웠다. 권위적인 교장, 교장을 떠받드는 교감, 학교혁신에 별 관심 없는 교사들, 의지를 갖고 시작한 4명의 교사들이 이 모든 환경의 조건을 이겨 내기란 여간 어려운 게 아니었다. 하지만 학교의 비전과 교육 목표를 점검하는 과정은 필수라는 생각으로 교직원 다모임을 가질 수 있었다. 교직원 모두가 모여 자신이 바라는 학교상을 쓰고 말하고 나누면서 '배움과 나눔으로 참삶을 가꾸는 행복한 학교'라는 학교 비전을 만들 수 있었다. 그에 따라 교육 목표는 '배움'과 '나눔'을 기조로 하여 학교의 사정을 살펴 세울 수 있었으며, 교직원 모두가 학교 비전과 교육 목표를 생각하는 일은 교사로서의 정말 행복한 첫 경험이었다.

학교의 비전과 목표가 만들어지자 교사들의 자발적 선택에 의한 업무전담팀도 꾸려졌다. 행복학교로 지정되면서 교무행정실무원이 1명 더 배치되는 것을 바탕으로 업무지원부장이 업무를 총괄하게 되었다. 또한 매년 학년과 업무 배정 시 모두 모여 서로가 원하는 것을 표시하고 조정해 나가며 결정하는 과정을 거쳤다. 물론 그 과정에서도 소외되는 이가 있어 계속하여 고쳐 나가는 중이다. 그 덕분에 담임교사들은 학급살이에 집중할 수 있었으며, 무슨 일이든지 함께 의논하고 같이 고민하고 지지해 주는 동료가 있다는 것이 너무나도 큰 힘이 되었다.

행복학교 첫해.
아직도 잊히지 않는 장면이 있다.
6학년의 학급 정원이 27명.

한 사람의 교사가 27명의 아이들과 생활하면서 해내야 하는 작은 학교에서의 일은 상상을 초월할 정도이다.

교육감이 학교를 방문했을 때 평소 말수 적은 6학년 담임이 손을 번쩍 들었다.

"학급당 정원을 줄여야 합니다. 한 사람의 교사가 27명의 학생을 담당하기에는 작은 학교의 특성상 엄청나게 어려운 것이 사실입니다."

그렇게 하여 이듬해 행복학교 학급당 정원은 25명으로 조정될 수 있었다. 내가 못한 말을 후배 교사가 하는 걸 보며 대단하다며 어깨를 두드린 기억이 아직도 선명하다.

하루하루가 전쟁 같던 2015년, 업무전담팀이 있어 학급운영을 하는 교사들은 그만큼 고마워했지만, 작은 학교의 특성상 업무전담팀이 있다 하더라도 교육과정 운영에 있어 결코 적은 일을 하는 게 아니었다. 오히려 아이들과 함께하는 시간이 많아진 만큼 더욱 시간은 모자라고, 몸은 피곤했다. 왜 그럴까? 교사들이 모이면 그 얘기를 할 수밖에 없었다. 아이들 한 사람 한 사람을 세심하게 살피며 대하려고 노력하다 보니 예전보다 훨씬 더 많은 에너지가 필요했다. 그러니 교사들이 느끼는 피로도는 업무가 줄었다 해서 줄어든 게 아니었다. 하지만 업무전담팀이 있었기에 교육과정 재구성과 무학년제 동아리, 다모임이 진행될 수 있었던 것은 두말할 것도 없다. 그래서 행복학교 3년 차를 넘기며 교사들의 입에서 저절로 나온 말들이 있다.

"작은 학교에서는 업무전담팀을 운영하기 쉽지 않아요!"

"적정선을 찾아가야 할 듯합니다."

"교육과정과 관련된 큰 업무 한 가지씩은 가져갑시다. 그렇지 않고

서는 다음에 누가 업무지원부장을 맡으려 하겠습니까?"

"누군가의 희생으로 이어 가는 학교가 되어서는 안 돼요. 멀게 보며 가야 해요."

적은 수의 교사, 작은 규모의 행복학교!

어려웠다. 교사가 해야 할 일이 너무 많았고, 더 세심한 관심과 돌봄이 필요한 아이들, 당장 드러나지 않는 교육의 효과, 관리자들과의 다른 관점으로 인해 소통이 어려웠다.

하지만 행복학교에서 근무한 3년은 교육과정을 동료 교사들과 협의하여 만들어 가며 느낀 뿌듯함, 나와 동료 교사들이 같은 곳을 바라보며 걸어가고 있다는 동지애, 아이들에게 필요한 것을 하나씩 만들어 가는 과정을 통해 교사로서의 성장뿐 아니라 사람으로서 성장한 나날이었다.

학교혁신! 이것은 결국 학교교육공동체가 함께 해야 하는 일이다. 민주적인 문화 속에서 서로 엉뚱한 일에 힘 빼지 않고 오롯이 아이들을 향한 교육과정 편성 운영에 몰입할 수 있게 되는 그날이 올 수 있기를 간절히 희망한다.

함께 비를 맞는 사람

김해봉황초 윤혜정

기억을 끄집어내다

난 두 아이를 낳고 늦은 나이에 교대 편입을 통해 초등 교사가 되었다. 올해로 16년 차 교사이다. 교사로 지낸 시간을 되돌아보니 부족하나마 보람을 느끼며 아이들에게 부끄럽지 않은 교사로 자리 잡을 수 있었던 것은 아이함께 연구회에서 수업과 아이들의 삶을 고민하는 선생님들과 함께 공부한 덕분인 것 같다. 그랬다! 늦깎이 교사로서 아무것도 모를 때 연구회는 교사로서 어떻게 살아가야 하는지, 무엇을 해야 하는지 나에게 가르쳐 주었다. 언제부터인지는 모르겠지만 연구회 선생님들이 모두 같이 근무하는 학교를 꿈꾸기도 했다. 학교 안에서 공부모임을 하며 아이들의 삶을 이야기하고 아이들이 주인이 되는 교육활동을 함께 펼쳐 나갈 수 있다면 얼마나 행복할까? 하지만 한 학교에 모두 모이는 건 쉽지 않았다.

2011년 ㅅ초등학교에서 연구부장을 하며 학교교육과정을 편성하던 중 혁신학교를 알게 되었다. 혁신학교는 내가 꿈꾸어 오던 바로 그런 학교였다. 아이들이 중심인 곳, 행정적인 업무보다 교육과정과 수업이 살아 있는 곳, '우리'가 있는 곳. 하지만 이곳에서 혁신학교를 만들어 가는 것은 초짜배기 연구부장한테는 어림도 없는 일임을 난 너무도 빨리 깨닫게 되었다. 하지만 혁신학교에 대한 선망은 내 마음 한곳에 늘 자리 잡고 있었다. 2013년 서근원 교수님의 『공동체는 어디에 있을까?』라는 책을 통해 산들초등학교(남한산초등학교) 이야기를 접하게 되면서 '교육을 위한 공동체', '교육에 의한 공동체', '앞바퀴 교사', '뒷바퀴 교사'에 대해 고민하게 되었다. 난 '앞바퀴 교사'가 되어야겠다고 마음을 먹었다. 그리고 이듬해 김해의 몇몇 선생님들과 함께 모여 혁신학교 관련 책을 읽으며 혁신학교에 대한 공부를 시작했다.

2014년 6월 경남에도 진보 교육감이 당선되고 혁신학교의 바람이 일기 시작했다. 이듬해 경남형 혁신학교인 행복학교들이 지정됨에 따라 혁신학교를 공부하고 있던 우리도 거취와 방향을 정해야 했다. 행복학교로 지정된 김해봉황초등학교는 다급지로 준벽지를 가고자 하는 선생님들이 선호하는 학교였다. '행복학교가 기존의 연구학교처럼 운영되어선 안 된다. 처음 시작하는 행복학교이니만큼 혁신학교의 철학과 방향성을 제대로 잡아 나가야 한다'는 생각에 다들 동감하며, 꿈꾸던 학교를 만들기 위해 나를 포함한 네 분의 선생님은 김해봉황초등학교로 오게 되었다. 김해봉황초등학교에서 보낸 시간들, 그 기억을 더듬어 끄집어낸다. 이 글은 나와 우리들의 이야기를 나의 생각과 입장에서 풀어낸 것이다.

시행착오

김해봉황초등학교로 내신을 낸 그해 2월, 김해봉황초등학교 교감 선생님으로부터 업무 메일로 학년 및 업무 희망서를 받았다. 각 학년의 부장과 대부분의 담임 자리는 이미 내정되어 있었고, 흔히 물부장이라는 2학년 부장 자리와 학생 생활지도가 까다로운 학년의 담임 자리만 비어 있었다. 그리고 교무부장, 연구부장, 인성부장과 부장은 아니지만 과학·정보 일을 담당하는 교사로 교육과정지원팀이 구성되어 있었다. 교육과정지원팀에서 부장을 맡을 사람은 내정되어 있었지만, 부장 직위가 없는 업무 담당자 자리는 비어 있는 형편이었다. 선택의 여지가 없었다. 행복학교를 시작하는 단계에서 중간 리더인 부장의 위치와 역할이 매우 중요하다는 것을 알기에 우리 중 한 명은 2학년 부장을 해야 했다. 우리는 ㄱ초등학교에서 혁신학교 추진 경험이 있는 백○○ 선생님이 2학년 부장을 해 주길 바랐고, 백○○ 선생님은 고맙게도 우리의 뜻에 응해 주셨다. 새 학년 준비는 담임과 업무를 배정하는 일부터 시작된다. 행복학교이기에 새로움과 변화를 기대했지만 2015년 행복학교 첫해의 출발은 여느 학교와 별다를 바 없이 그렇게 시작되었다.

나는 5학년 담임이 되었고 학교는 행복학교의 면모를 갖추기 위해 발 빠르게 움직였다. 민주적인 학교문화 조성을 위해 교직원 다모임을 열었고, 배움 중심의 교육과정 편성·운영을 위해 학년교육과정을 재구성했으며, 소통과 배려의 공동체 학교 형성을 위해 학부모회를 조직하고 운영했다.

시작이 반이라고 했던가? 교직원 다모임에서 다 같이 모여 앉았지만 협의와 토론에 익숙지 못한 선생님들은 경직된 분위기 속에서 자기 생각을 말하는 것을 힘들어했다. 그러다 보니 안건에 대한 의견의 대부분은 침묵의 긴장감을 답답하게 느끼는 교사들에게서 나왔다. 그

마저도 안건에 대한 정답이 정해져 있는 듯, 선택의 여지가 별로 없는 상황에서 우리의 목소리는 공허한 메아리가 될 때도 있었다. 다모임에서 의견을 내는 사람들은 의도치 않게 목소리 큰 사람이 되어 갔다.

행복학교에 와서 우리는 방과 후에 종종 교내 모임을 하면서 학교의 당면한 문제들을 나누고 앞으로의 방향을 모색하며 소통하는 시간을 가졌다. 하지만 이마저도 점점 횟수가 줄어들었고 언제부터인지 모르게 우리는 서로의 길을 살피지 못하고 각자의 길을 가고 있었다.

행복학교 첫해 담임의 위치에서 학교문화를 바꾸는 데 영향을 끼칠 수 있는 일은 별로 없었다.

나는 학년교육과정 연구와 수업에 집중하게 되었고, 우리 반 아이들을 바라보며 행복학교 첫해를 보냈다. 동학년 선생님들과 함께 학년교육과정 재구성에서부터 학년특색활동, 프로젝트, 계절체험학습, 현장체험학습, 수련활동, 학생평가, 체육대회, 교육활동발표회, 학부모 교육과정설명회, 학년예산까지 학년에서 계획을 세우고 운영하는 일을 해야 했다. 이 모든 것을 문서로만 만들어 두는 것이 아니라 실제로 교육활동으로 구현해야 한다. 하지만 개성이 강하고 교육적 관점이 다양한 동학년 구성원들과 학년교육과정을 함께 계획하고 운영하는 것은 녹록한 일이 아니었다. 협의를 거쳐 어렵게 합의하였으나 제대로 실천하지 않는 선생님을 어찌할 수는 없었다. 되돌아보니 함께 고민하는 시간이 더 필요했던 것 같다.

한 발 내딛기

해가 바뀌자 기존에 계시던 선생님들 중 개인 사정과 교육적 소신에 따라 학교를 옮기는 분들이 많이 생겼다. 행복학교 2년 차, 우리는 다들 학교에서 중간 리더의 자리를 맡게 되었다. 백○○ 선생님은 교무부장으로, 최○○ 선생님은 인성부장을 맡으며 교육과정지원팀이 되었고, 박○○ 선생님은 6학년 부장이 되었다. 조○○ 선생님은 학습연구년제를 하며 교육청 행복학교 정책을 연구하면서 우리 학교를 잠시 떠나 있게 되었다.

동학년 선생님들 중 이듬해에도 5학년을 하려는 선생님은 안 계셨다. 일반적으로 5학년은 비선호 학년이다. 뿐만 아니라 그해 5학년으로 올라올 아이들은 말과 행동이 거칠고 가정의 보살핌이 제대로 이루어지지 않아 생활지도가 꽤나 힘들다고 소문난 아이들이었다. 그러다 보니 기존에 우리 학교에 계시던 선생님들 중에는 아무도 5학년을 희망하지 않았다. 우리 학교는 학년 단위로 교육과정을 짜고 운영하며, 부장회의에서 결정되는 사안들이 많기에 학년부장의 역할이 매우 중요했고, 다음 해에 교육과정을 연계해 운영하려면 그 학년을 경험한 선생님도 필요했다.

나는 다시 5학년을 지원했고 학년부장도 희망했다. 5학년 아이들과 함께 한해살이를 하려는 선생님이 필요했다. 같은 방향으로 함께 나아갈 수 있는 선생님이 필요했다. 5학년 부장을 결심하면서 내가 제일 먼저 한 일은 행복학교 철학에 동의하며 아이들을 중심에 두고 교육활동을 펼치고자 하는 선생님을 찾아 우리 학교로 모셔 오는 것이었다. 나의 권유로 아이함께 연구회에서 십 년이 넘는 시간 동안 함께 공부해 오고 계신 선생님 한 분과 교육운동을 하며 새로운 교육을 꿈꾸던 두 분의 선생님이 우리 학교로 오셨다. 그중 두 분의 선생님은

5학년을 함께하게 되었다. 우린 방학에도 학교에 나와 교육과정을 협의하고 수업을 준비했다. 누가 시켜서 하는 일이 아니고 하고 싶어서 하는 일이니 힘이 들기보다는 오히려 기대감으로 마음이 설레었다. 물론 생활지도가 어려운 아이들이라 사건 사고가 종종 발생하기도 했지만 동학년이 함께 고민하고 같이 해결 방법을 찾아가니 잘 해결될 수 있었고, 혼자가 아니라는 생각에 든든했다. 학교 안에서는 교육과정과 아이들을 통해, 학교 밖에서는 교육운동을 통해 서로를 더욱 깊이 알게 되었다. 사람이 중요하다는 것을 경험한 나는 지금도 학년 말이 되면 주변의 선생님들 중 행복학교의 가치를 녹여 낼 수 있는 선생님을 찾아 우리 학교로 전입 오시기를 권한다. 우리 학교로 오신 그분들은 지금 중간 리더가 되어 행복나눔학교를 같이 일궈 가고 계신다.

첫해의 시행착오를 바탕으로 새로운 문화를 만들고 소통의 구조를 만들어야 했던 행복학교 2년 차, 우리 봉황초 가족들은 교직원 다모임에서 서로의 다른 점을 발견하고 차이의 간격을 좁혀 나가고자 참 많은 애를 썼다. 효율적인 회의 진행과 합의를 위해 공동체의 약속을 정하고, 화기애애한 협의회 분위기를 위해 간식을 준비하며 공동체 세우기 활동을 했다. 덕분에 교직원 다모임 자리에서 말하기를 꺼려 하던 선생님들도 자신의 생각을 말하게 되었다.

학교가 바뀌고 있다! 하지만 이것으로는 아직 부족하다는 생각이 든다. 교직원 다모임이 학교 운영의 반석의 장이 되기 위해서는 공동체의 일원으로서 스스로 문제의식을 갖고 고민하며 자발적으로 참여해야 한다. 더 이상 나와 다른 의견에 상처받지 않아야 하며 모두가 나의 의견에 동의할 거라는 착각도 하지 말아야 한다. 서로를 존중하고 충분히 이야기 나눌 수 있는 시간을 가지고, 내가 원했던 바가 아니더라도 합의된 결정은 인정하고 함께 실천해 나갈 수 있어야 한다. 이 모든 것을 스스로가 만들어 가야 할 것이다.

또다시 시작

행복학교 5년 차, 아니 행복나눔학교 1년 차에 맞이하는 나의 봄은 여느 해와 다르게 시작되었다. 새 학년 첫날이면 반 아이들에 대한 기대와 설렘으로 난 기분 좋은 긴장감을 안고 상기된 얼굴로 출근했었다. 그런데 올해는 입학식 진행과 학부모 연수로 아이들이 아닌 학부모들과 한 해의 시작을 열었다. 익숙지 않은 업무를 처리하다 보니 새 학년 첫날이 어떻게 지나갔는지도 모르게 훅 지나갔다. 아이들이 없는 첫날이 어색하기도 했지만 긴장감을 내려놓을 수 있어 한편 홀가분한 마음도 들었다. 담임을 하면서 난 늘 촉을 세우며 지냈나 보다. 선생님은 뒤통수에도 눈을 달아야 하니까!

이곳에 와서 담임 1년, 학년부장 3년을 했고 지금은 교육과정지원팀이 되어 교무부장을 맡고 있다. 담임과 학년부장을 할 때는 문제를 제기하고 안건에 대한 의견을 스스럼없이 말했는데 교무를 맡고부터는 자리가 주는 말의 영향력 때문에 내 생각을 말하는 것이 망설여질 때가 많다. 교무의 일은 하려면 끝이 없다. 굳이 교무가 하지 않아도 되는 행정적인 일들도 꽤 있는 것 같다. '행복학교에서 교무와 일반 학교에서 교무의 역할은 달라야 하지 않을까?' 행복학교에서 교무의 중요한 역할이 학교 구성원들의 소리를 담고 의견을 잘 모아 내는 것이기에 주변을 두루 살피고자 하나 아직은 마음과 달리 잘되지 않는 것 같다. 하지만 교무의 역할을 통해 난 또다시 성장하게 될 것이다. 감사하게도 행복학교에 와서 다양한 개성을 지닌 선생님들과 부대끼며 나 자신을 성찰할 수 있었고 우리를 되돌아볼 수 있었다.

행복학교 4년, 행복나눔학교 1년을 보내면서 깨친 것은 결국 신념을 가진 사람들이 모여야만 공동체의 변화를 일구어 낼 수 있다는 것이다. 각자의 방향이 아닌 우리의 방향을 향해 함께 움직일 때 우리는 앞으로 나아갈 수 있다. 우리의 방향을 제시하고 보여 주는 것이 중간 리더의 역할일 것이다. 변화를 이루기 위해서는 긴 시간을 함께 쌓아 갈 동지가 있어야 한다. 비 오는 날 우산을 씌워 주기보다 함께 비를 맞아 주는 동지가 있어야 한다. 바로 이곳에 그런 동지들이 있다.

행복학교의 시작, 진통, 성장과 변화

산양중 이갑식

행복학교 유치와 준비를 위한 노력 6개월, 행복학교 1기로 선정되어 2015학년도부터 4년간 운영, 행복학교 4년간 재지정되어 2019학년도 1학기 6개월 운영 등 5년간 교감으로 근무하면서 경험한 행복학교의 시작, 진통, 성장과 변화를 말하고자 한다.

중간 관리자이면서 행복학교 교무업무지원 팀장으로서, 그 어떤 학교보다도 교감의 위치에서 과중한 역할을 수행하면서도 마음은 즐겁게 하자고 생각했다. 2년 6개월간 공모교장 선생님과 함께 행복학교를 유치하여 시작한 후, 연이어 정년퇴임 후임자로 오신 현 교장 선생님과의 2년 6개월간의 근무를 통해 학교장의 수평적이고 민주적인 리더십의 중요성을 절실히 느꼈다. 매년 약 3분의 1의 잦은 교사 인사이동으로 인해 운영의 어려움을 겪으면서 교사의 자발성과 열정, 동료 교사와 함께 성장하는 문화, 학생의 가능성을 믿는 교사 철학 등이 행복학교를 이루어 가는 힘이라는 것도 알게 되었다.

5년 동안 행복학교 교감으로서 많은 역할을 맡아 몸이 고단할 때가 자주 있었고 행복학교 시작 1~2년 차는 순간순간 마음조차 힘들었지만, 자칭 인간관계를 잘 형성하여 동료 교직원들이 함께했기에 나의 교직생활에서 즐겁고 행복했던 시절이었다고 자부한다.

학교장의 리더십과 학교 구성원의 찬성과 노력으로
행복학교를 유치하다

2014년 9월 1일 자로 우리 학교에 공모교장 선생님과 교감인 내가 함께 승진 발령을 받아 왔다. 그해 10월에 경남형 혁신학교인 〈행복학교 운영 기본 계획〉과 〈2015 행복학교 공모 선정 계획〉 공문을 받아 본 후, 우리는 행복학교 유치를 위해 발 빠르게 차곡차곡 준비를 시작했다.

먼저 교장 선생님이 '2014 혁신학교 기초직무연수(30시간)'를 이수하신 후, 전 교직원과 전교 학생을 대상으로 학교장의 행복학교 연수를 실시했다. 또한 행복학교 비전을 만들기 위해 학생, 교직원, 학부모 의견을 수렴했다. 행복학교 만들기 준비과정으로 학생들이 학교, 선생님, 부모님께 바라는 점과 선생님들이 학교, 학생, 학부모님께 바라는 점, 학부모님이 학교, 선생님, 자녀에게 바라는 점 등의 의견도 수렴했다. 이를 바탕으로 행복학교 운영 계획서를 야심차게 작성한 후, 전 교직원과 학교운영위원 모두의 동의를 받아 공모 신청서를 제출했다. 우리 학교는 1차 계획서 심사에 선정된 후, 2차 현장 실사 및 면담을 거쳐 2015년 지정 행복학교 1기로 최종 선정되었다. 우리는 행복학교 1기로 선정되었다는 자부심과 기대를 가지고 4년간의 행복학교를 시작하게 되었다.

행복학교를 시작하면서

우리 학교는 어떤 모습을 추구하였던가?

학교문화와 수업을 바꾸어 보겠다는 교직원의 노력으로 2015학년도에 행복학교 1년 차를 시작하면서 우리 학교가 추구했던 행복학교의 모습을 그려 보았다.

끼로써 꿈을 찾아 스스로 이루어 가는 진로교육이 가장 중요한 교육 목표로 설정된 학교, 꿈을 실현하기 위해서는 독서 생활화 교육이 중심이 되어야 한다고 믿는 학교, 독서 토론(토의 발표 등)을 통하여 미래 사회의 절대적 가치인 '소통'의 능력을 극대화시키고 아울러 소통의 기본 전제인 '존중과 배려'의 실천을 통하여 인성교육을 병행할 수 있다고 믿는 학교, 통영지방의 전통문화인 통영오광대를 전수하는 과정에서 익힌 우리 고유 문화가 우리 학생 개인의 예술적 품성으로 승화될 수 있다고 믿는 학교, 정서적으로 침체되어 있는 통영지역의 교육환경을 활성화시켜 명과 실이 함께하는 우수한 교육공동체 건설에 일조할 수 있다고 믿는 학교, 교사와 학부모와 학생이 서로의 자존감을 존중할 수 있을 때 최고치의 교육 성과를 거둘 수 있다고 믿는 학교, 모든 의사결정에서 '민주적 절차의 과정'을 최대한 존중하는 학교를 추구했다.

학교장과 교사의 갈등으로 진통을 겪다

2015년 2월 말에 1박 2일간의 새 학년 맞이 교직원 연수를 시작으로 행복학교 1년 차의 첫발을 야심차게 내디뎠다. 선생님들은 두려움 반, 설렘 반의 심정으로 학교문화를 바꾸고 수업을 바꾸고자 하는 열정이 있었고, 연수를 통해 많은 것을 배우면서 협의회를 거쳐 하나씩 계획을 수립하고 실천해 나갔다. 선생님들은 4년간의 단계적인 로드맵을 세워 천천히 변화시켜 나가고자 했다.

그러나 공모로 오신 교장 선생님은 정년이 2년밖에 남지 않아 마음이 급하셨다. 학교장으로서 특히 독서교육과 진로교육에 대한 욕망이 크셨고, 정년퇴임 전에 독서교육과 진로교육에 대한 눈에 보이는 성과를 내고 싶어 하셨기에 학교장과 천천히 가자는 교사들의 의견 충돌이 일어났다. 교장 선생님은 학교의 민주적인 문화나 수업의 혁신보다는 학생들의 꿈을 명확히 심는 것이 본질이라고 보셨다. 따라서 '꿈 너머 꿈을 찾아 스스로 이루어 가는 여자중학교!'를 강조하시며 독서의 생활화를 실현시킬 수 있는 독서교육 활성화 방안과 꿈 너머 꿈을 찾아 스스로 이루어 갈 수 있는 진로교육 활성화 방안을 협의해 오라고 하셨다. 교장 선생님은 협의회에 참여하지 않으셨고, 교감인 내가 선생님들과의 협의회를 통해 방안을 마련하여 교장 선생님께 보고했다. 교장 선생님은 별로 마음에 들지 않는다고 다시 최고의 방안을 마련해 오라고 하셨다. 이런 과정을 몇 번 반복하다 보니 선생님들은 의욕을 많이 상실했고, 결국 교장 선생님이 지시하는 대로 계획에 반영한 후, 독서와 꿈 관련 다양한 행사를 진행했다.

2016학년도 2년 차에는 학교 구성원들이 참여하여 만든 1년 차의 비전 대신에 학교장이 만든 '꿈 너머 꿈을 찾아 스스로 이루어 가는 여자중학교!'를 행복학교 비전으로 바꾸었고, 독서 생활화와 꿈, 설정에 관한 성과를 이루도록 더욱 강조하다 보니 학교장과 교사의 갈등은 더욱 깊어 갔다. 교장 선생님은 교감의 역할을 강조하며, 교감이 교장 선생님의 지시를 이행해 주기를 요구하셨고, 선생님들은 교감인 나를 믿고 따른다며 여러 가지 의견을 제시하곤 했다.

2016학년도 행복학교 2년 차에 도교육청 학교혁신과에서 외부 전문기관에 의뢰한 행복학교 중간평가단에 의해 중간평가를 실시했다. 매우 우수하거나 우수한 결과가 나온 지표도 있었지만, 민주적인 학교 운영을 비롯한 몇 가지 지표에서는 보통의 결과가 나왔고, 행복학교 운영에 어려움을 겪고 있다고 평가했다. 더구나 행복학교 구성원 대상 학교 만족도 평가 결과 교사, 학부모, 학생 모두 다른 영역에 비해 민주적인 학교문화 조성 영역에서 상대적으로 만족도가 낮게 나타났다.

선생님들이 행복학교인 우리 학교에 근무하는 데 자긍심을 느끼고 학생들 교육에 열심히 임하려고 하는 긍정적인 분위기를 조성했다. 그러나 교장 선생님과 선생님들이 교육철학과 교육 방법 면에서 괴리가 있어 갈등을 빚었고, 교감의 위치에서 이를 잘 조절하고 원만하게 해결해 나가는 과정에서 마음이 힘들었다. 공모교장 선생님은 정년퇴임하기 한 달 전쯤 교감인 나를 불러 말씀하셨다. "교장이 되면 꼭 해 보고 싶었던 것을 해 보았고, 어느 정도 만족합니다. 그동안 교감 선생님이 수고 많았소"라고. 교장 선생님을 통해 학교장의 리더십의 중요성과 학교를 어떻게 경영해야 되는지, 어떻게 하면 안 되는지를 몸소 느끼고 일깨움을 얻었지만, 순간순간 마음이 고달팠던 기억들은 쉬 지워지지 않는다.

새로운 학교장의 부임,
민주적인 학교 운영으로 성장과 변화를 가져오다

2017학년도 행복학교 운영 3년 차에 현 교장 선생님이 부임해 오셨다. 교장 선생님은 도교육청 학교혁신과로부터 행복학교 중간평가 결과를 이미 듣고 오신 터라 민주적인 학교를 운영하겠다고 하셨다. 그러면서 교직원 협의회, 학년별 협의회, 전문적학습공동체, 수업공개 및 평가회. 수업 동아리 등 각종 협의회 때 구성원의 한 사람으로 참여하여 의견을 듣고 수렴하셨다. 민주적인 협의를 통해 의사를 결정하는 학교문화가 활성화되면서 학교장과 교직원들이 서로 소통하며 자발성을 이끌어 내어 학교는 다시 즐거움과 활기를 되찾기 시작했다.

새 학년 맞이 교직원 연수 때 교육공동체가 함께 만든 행복학교 비전을 다시 세우고 공유했다. 교장 선생님은 선생님들이 협의를 통해 만든 교육 계획과 학생 교육활동을 위한 지원을 아끼지 않으셨다. 선생님들과 학생들은 학교교육과정 운영 계획에 따른 교육활동에 즐거운 마음으로 임했고, 학교장의 민주적인 학교 운영으로 학교생활 전반에 대한 교사, 학생, 학부모의 만족도가 매우 높았다. 특히 교사의 만족도가 행복학교를 운영했던 학교 중에서 가장 높았다고, 학교혁신과에서 내게 얘기해 주었다. 그 결과 우리 학교가 2017년 12월에 행복학교 유공기관으로 선정되어 교육감 표창을 받았다.

배움과 소통, 공감으로
성장과 변화를 넘어 행복한 학교가 되다

우리 학교 선생님들은 2015학년도 행복학교를 시작하면서부터 민주적인 학교문화를 조성하고 배움 중심의 교육을 실천하고 싶어 했다. 경남에서 혁신학교를 처음 도입했기에 우리는 경기도와 전남의 우수한 학교에서의 혁신학교 운영 사례를 듣고, 행복학교 철학, 전문적학습공동체 운영과 배움중심수업 방법 등에 관한 많은 연수를 통해 차곡차곡 배우면서 실천해 나갔다.

해마다 2월 말에 실시하는 2일간의 새 학년 맞이 교직원 워크숍, 경상남도교육연수원의 공모 신청을 통해 우리 학교 교원 대상으로 자체 계획하여 매년 여름방학 시작과 동시에 실시하는 1박 2일 15시간의 현장 맞춤형 직무연수, 학기 중 집합연수, 원격연수 등을 통해 전문성을 기르기 위해 많이 노력했다.

처음에는 모든 선생님들이 의욕이 넘쳐 일정을 정해서 매월 학년별로 자신의 수업을 공개하고, 수업 협의회를 실시했다. 또한 전문적학습공동체인 '배구공(배움을 구하는 공동체)'을 만들어 2주에 한 번 자발적으로 일과 이후 늦은 시간까지 남아 운영했다. 그러나 매번 늦게까지 남아 있을 경우 지쳐 버릴 가능성이 있으므로 가능하면 근무시간 내에 모든 활동들이 이루어지도록 시스템화해 나갔다.

매주 월요일 7교시를 중심으로 첫째 주는 교직원 협의회, 둘째 주는 학년별 협의회, 셋째 주는 수업공개 및 수업 협의회, 넷째 주는 수업 동아리 시간을 마련하여 월 단위로 반복 운영했다. 또한 교과 협의회는 수업시간표를 짤 때 교과별로 특정 요일과 교시에 동일 교과 선생님 모두 수업시간을 비워서 매주 교과 협의회를 운영할 수 있도록 했다. 이를 바탕으로 행복학교의 전반적인 조직 및 교육활동의 계획과 운영 등에 대해 장기적으로 성장과 변화를 해 나갈 수 있도록 시스템

화했다.

2018학년도 행복학교 4년 차에는 그동안 진통을 겪으면서 성장과 변화한 모습이 성과로 드러나기 시작했다. 외부 전문기관인 행복학교 평가단에서 실시한 2018학년도 행복학교 운영 4년 차 종합평가 때 대부분의 영역 및 지표에서 매우 우수 및 우수한 결과가 나왔다. 또한 학교 만족도 평가 결과 학교 운영 전반, 민주적인 학교문화 조성, 배움 중심의 교육과정 편성 및 운영, 전문적학습공동체 구축, 소통과 배려의 공동체 학교 형성 등 모든 영역에서 학교 구성원인 교사, 학생, 학부모, 직원 모두의 만족도가 매우 높았다.

지난 4년간 행복학교를 운영한 결과, "배움과 소통, 공감이 있는 행복한 학교!"의 비전을 가지고 성장과 변화를 넘어 행복학교가 되었다. 우리는 민주적인 학교문화를 조성하여 교직원 간의 존중과 배려가 함께하는 민주적인 의사결정으로 교직원들이 행복한 마음으로 학교생활에 임하고, 학생들을 미래 사회를 주도할 창의력과 인성을 갖춘 인재로 육성하는 것을 교육의 최종 목표로 삼았다. 이를 위해 학교교육의 방법론으로 모든 교사가 함께 만들어 가는 배움 중심의 교육과정을 편성 및 운영했다. 또한 수업 나눔을 통한 전문적학습공동체를 실천하여, 학생 스스로 배움이 일어나고 그 배움이 또 실천으로 이어질 수 있도록 하는 데 목적을 두고 교사와 학생이 함께 소통하는 배움중심수업의 교과교육을 지향했다. 그리고 우리 지역사회의 전통문화를 학교교육과정에 녹여, 이 지역사회의 문화적 전통을 학생 개개인의 개인적 특장特長으로 체화시켜 개성 있고 행복한 개인으로 육성하고자 하는 것이 우리 학교의 긍지와 자부심으로 승화되기를 희망했다.

우리는 또다시 4년간의 행복학교 재지정과 우리 학교 실정에 맞게 만든 시스템에 따라 우리가 함께 설정한 행복학교의 최종 목표를 향해 쭉 나아갈 것이라 기대해 본다.

온 학교가 아이와 교사를 키운다

김해봉황초 오지현

작년 교무실에서 공문 처리를 하고 있는데 2교시쯤 선생님 한 분이 아이 손을 잡고 내려오셨다. 아이가 교실에 들어오지 않고 학교 밖으로 나가려는 것을 데리고 왔다며, 교무실에서 잠시 맡아 달라고 하셨다. 이 아이는 3월부터 교무실 단골손님이었다. 점퍼의 지퍼가 열리지 않아도 찾아와 열어 달라고 했고, 할 말이 많을 때도 와서 실컷 이야기를 하고 올라가곤 했다. 그 아이가 내려오자 교무실 식구 누구랄 것도 없이 다 같이 앉아 이 아이의 이야기를 먼저 들어 주었다. 3교시에는 교무행정원 선생님이 그 아이가 만든 숫자 퍼즐을 맞추며 시간을 보내고, 4교시에는 연구부장 선생님이 그 아이와 이야기를 하며 시간을 보낸 뒤 점심시간에 교실로 돌아갔다.

며칠 뒤 6학년 아이들 몇 명이 다짜고짜 찾아와 면담을 하자고 한다. 면담 요청하는 방법이 적힌 종이를 주섬주섬 꺼내 읽는 모습이 귀여워 흔쾌히 알겠다고 하고, 정해진 날짜에 면담을 했다. 어떤 아이들은 교장실로, 어떤 아이들은 행정실로, 그렇게 6학년 아이들은 학교 곳곳을 누비며 면담을 했다. 그 누구도 면담을 귀찮아하거나 싫어하는 내색을 비치는 사람이 없다.

봉황 아이들은 공연, 프리마켓, 편지, 친구들과의 다툼, 학습 거부 등 생각지도 못한 곳으로 봉황 가족들을 초대한다. 그리고 봉황 가족들은 이런 초대를 기꺼이 받아들인다. 초대받은 곳에서 아이들과 봉황 가족들은 함께 성장하고 있다. 김해봉황초등학교는 현재 32학급의 중규모 이상의 학교이다. 중규모 이상의 학교에서 아이들과 교사가 함께 성장하고 있는 이야기를 지금부터 해 볼까 한다.

온 학교가 아이를 키운다

온 학교가 어떻게 아이를 함께 키우게 되었을까? 다른 반 아이들의 다양하고 독특한 활동이 전혀 밉거나 이상하지 않고 예뻐 보인다. 그 이유는 우리 반만 잘하는 것이 아니라 우리 학년, 우리 학교가 잘되었으면 하는 마음이 있기 때문이다. 그것은 아마도 봉황 가족들이 함께 아이들을 두고 고민하고 소통하는 자리가 있었기 때문이라고 생각한다.

4년 전 3학년 선생님들과 함께 '세계 여러 나라'라는 주제를 가지고 프로젝트 수업을 했다. 무학급제로 대륙별로 나누어 여러 나라를 공부하고 마지막 날 체험 부스를 통해 여러 나라의 의상, 문화, 음식 등을 체험하는 것으로 프로젝트를 마무리했다. 나는 아메리카 대륙을 맡았다. 아메리카 대륙에 있는 나라를 공부하고 싶은 1반부터 4반까지의 아이들이 우리 반으로 모였다.

그렇게 함께 공부하고 나니 복도에서 만나는 다른 반 아이들이 전과는 다르게 보였다. 그전에는 3학년인지 다른 학년인지 관심도 없었는데, 아는 얼굴이 보이니 눈길이 한 번 더 가고 관심이 생겼다. 그래

1학년과 6학년 짝형제 프로젝트 입학 백일잔치

서 괜히 안부를 묻거나 아는 척을 하며 하이파이브를 했다. 그 아이도 복도 끝에서 나에게 달려와 아는 얼굴이라고 인사를 하고 갔다. 전에는 우리 반 아이들만 잘 케어하고 가르치면 된다고 생각했는데, 함께 교육과정을 운영하다 보니 다른 반 친구들이 눈에 들어오게 되고 이 아이들도 우리 학교에서 행복하면 좋겠다는 생각이 들었다.

3월 교직원 다모임에서 '학교 강당을 중간놀이 시간에 개방할 것인가?'를 가지고 회의를 하였다. 강당을 개방할 것인지 말 것인지를 놓고 회의를 하면서 우리 반 아이들뿐만 아니라 우리 학교 아이들이 중간놀이 시간에 어떻게 놀고 있고 무엇이 필요한지 알게 되었다. 학년 간 소통을 통해 다른 학년 아이들을 이해하게 되었고 이해를 하게 되니 양보하고 배려하는 마음도 생겼다. 1, 2학년 점심시간과 3, 4학년의 점심시간이 달라 1, 2학년 점심시간은 우리 반 수업시간이다. 그런데 1, 2학년 아이들은 점심을 먹고 우리 반 앞에 설치된 매트에서 신나게 논다. 다른 때였더라면 우리 반에서 공부하고 있으니 다른 곳에서 놀라고 이야기했을 것이다. 하지만 놀 공간이 없고 날씨가 추워 야외에서도 놀기 어렵다는 상황을 알게 되니 매트에서 놀고 있는 친구들을 쫓아낼 수가 없다. 그래서 지금 형들이 공부하고 있으니 조용히 놀아달라고 말을 하고 교실로 돌아온다.

이렇게 교육과정이든 학교 문제든 우리 아이들을 두고 함께 고민하고 소통하는 문화는 우리 반과 다른 반의 경계를 자연스럽게 허물어뜨린다. 그래서 복도에 지나가는 다른 반 아이의 표정이 어두우면 걱정이 되고, 씩씩하게 인사를 하고 지나가는 아이에게는 칭찬을 해 주게 된다. 이러한 마음을 바탕으로 우리 학교는 아이들을 함께 키우고 있다.

올해 우리 학년에서는 교사는 전문적학습공동체로 학생은 창의적 체험활동으로 회복적 생활교육을 배우고 있다. 내일은 어떤 수업을 할까 고민하다 '나 전달법'을 아이들과 공부하기로 했다. 아이들끼리 갈등이 생기면 상대방 기분만 상하게 하여 갈등의 근본적인 원인을 해결하지 못하는 경우가 많았기 때문이다. 다음 날 4학년 모든 반에서 '나 전달법'을 따로 또 함께 공부했다.

'나 전달법'을 배운 다음 날 1반 남학생 몇 명과 우리 반 남학생 몇 명이 야구 놀이를 하다 싸웠다. 1반도 '나 전달법'을 배웠고 우리 반도 배웠으니 돌아가면서 현재 자신의 기분을 '나 전달법'으로 말해 보자고 했다. 한 친구가 "○○가 야구 못하니까 그냥 가네… 라고 말해서 무시당하는 기분이 들어서 앞으로 안 그랬으면 좋겠어"라고 말하니 ○○가 "알았어. 앞으로 안 그럴게"라고 말했다. '나 전달법'으로 말하자고 한마디만 했을 뿐인데, 아이들끼리 자연스럽게 갈등이 해결되었다. 우리 아이들을 함께 키우는 보람을 느낄 수 있던 순간이었다.

학급 내에서는 한 명의 교사가 가르치지만, 학교에서는 여러 명의 교사가 서로 다른 철학을 가지고 가르친다. 학급 간 아이들끼리 싸움이 나면 어떤 선생님은 잘잘못을 가려 사과를 시키고, 어떤 선생님은 반성문을 쓰라고 하고, 어떤 선생님은 벌을 세운다. 아이들은 친구와 다퉈서 선생님을 만나면 그 선생님이 이 많은 방법 중에 어떤 것을 제안할지 불안하다.

하지만 우리 학교 아이들은 어느 선생님을 만나도 비슷한 경험을 하게 된다. 전 교직원이 다모임, 전문적학습공동체, 교사 동아리를 통해 회복적 생활교육을 공부하고 이를 바탕으로 우리 아이들을 함께 키우고 있기 때문이다. 따라서 방법은 교사마다 조금씩 다를 수 있지만, 그 방향은 같기 때문에 아이들은 일관성 있게 갈등에 직면할 수 있다.

이처럼 서로 소통하고 고민하는 학교문화는 교사로 하여금 우리 학교 아이 전체를 생각하게 한다. 또 같은 철학을 공유하고 실천하게 하여 안전한 환경에서 우리 아이들이 자랄 수 있게 한다.

온 학교가 교사를 키운다

온 교사가 아이들을 함께 키우자는 마음은 교사와 교사를 '너와 내'가 아닌 '우리'로 연결 지어 준다. 동료 교사를 나와 무관한 사람으로 생각하지 않고 함께 가야 할 사람으로 생각하게 되는 것이다. 따라서 교육과정이나 수업에 대한 나눔이 자연스럽게 이루어진다. 이러한 나눔으로 우리 반 수업은 4학년 1반부터 5반까지의 선생님이 함께 만들어 간다. 미술 시간에는 미술을 잘하시고 자료도 많은 3반 선생님의 도움을 받고 있고, 1학기에 했던 '교실에서 찾은 희망' 프로젝트는 4반 선생님의 추천 덕분에 아이들이 즐겁게 참여할 수 있었다. 또 내가 알려 드린 '김해는 촌락일까? 도시일까?' 프로젝트는 다른 반에서 또 다른 형태로 활용되었을 것이다. 서로 받아서 고맙고 나누어 주어도 아깝지 않다. 온 교사가 우리 아이들을 함께 키우기 때문이다.

누군가 행복학교가 다른 학교와 무엇이 다르냐고 물어본다면, "교사가 무엇을 할 수 있는 곳이다"라고 대답한다.

4년 전 어쩌다 보니 행복학교가 되어서 행복학교에 근무를 하게 되었다. 9월에 복직인데, 3학년 2학기 교육과정을 계획해야 한다고 해서 8월부터 출근을 하게 된 것이 행복학교의 첫 이미지였다. 교과서대로 가르치면 될 것을 계획할 것이 뭐가 그리 많아 8월부터 부르는지 귀찮았고 가기 싫었다. 그런데 가 보니 교육과정 재구성, 학년별 예산, 학예회, 평가까지 선택하고 결정할 수 있는 것이 꽤 많았다. 결정권과 자율권을 갖게 되니 교육과정을 계획하고 운영하는 것이 재미있고 다양한 시도를 할 수 있었다. 이러한 시도는 학예회에서 절정에 달했다. 하고 싶은 것을 학예회에서 마음껏 펼쳤다. 그리고 너무 힘들어 두 번 다시 하고 싶지 않은 학예회가 되었으나 그 어떤 학예회보다도 보람 있었다. 이처럼 결정권은 교사를 움직이게 하는 원동력이 되고, 그 결과가 실패든 성공이든 그것을 통해 배우고 또 무엇을 다시 시도하게 하여 교사를 성장시키는 바탕이 된다.

결정권을 주는 것뿐만 아니라 온 학교는 교사가 교육적 목적을 가지고 무엇을 한다면 최대한 지지해 준다. 작년 학생자치 업무를 하면서 2학기 두레장으로 선출된 아이들을 데리고 리더십 연수를 하고 싶었다. 당시 예산도 적었고 두레장 연수를 할 장소도 마땅치 않았으며 혼자 연수를 진행할 여력도 되지 않았다. 일단 무작정 두레장 연수 계획을 세워 놓고 부딪혀 보았다. 도서관 선생님에게 양해를 구해 도서관 옆 다목적 열람실을 사용하기로 했으며, 전체 메시지를 보내 함께 연수를 진행할 선생님을 섭외했다. 2명의 선생님이 흔쾌히 도와주셨고 교장, 교감 선생님, 행정실장님과 상의해 예산도 확보했다. 16명의 아이들과 오후 3시부터 밤 9시까지 연수를 무사히 잘 마쳤다. 아이들은 격주 수요일마다 2시부터 3시까지 하는 두레장 회의에 2학기 내내

한 명도 빠지지 않고 참석하는 것으로 우리의 노고에 화답해 주었다. 이 연수를 할 수 있게 된 것은 예산, 관리자의 지지, 동료 교사의 도움, 행정실의 협조 등 온 학교가 도와주었기에 가능했다.

학교마다 자신만의 색깔이 짙은 교사가 있다. 이러한 분들은 그 색깔을 굳이 드러내려 하지 않아도 그 반 아이들, 회의 시간, 짧은 만남을 통해서 자연스레 드러난다. 이런 모습이 부담스럽거나 질투가 날 수도 있다. 하지만 함께 아이들을 키우고 공부하는 동료 교사로서 만나면 궁금한 마음이 더 든다.

복도를 지나가는데 중간에 책상이 하나 나와 있었다. 그 위에는 아이들의 글이 책으로 만들어져 놓여 있었다. 매끈하지는 않지만 제법 그럴듯한 책 두 권이 올려져 있었는데, 그중 한 권은 판매용이라고 5,000원인가 책값까지 적혀 있었다. 출판사에 맡겨 예쁘게 타이핑된 글이 아닌 아이들의 손 글씨로 만들어져 거칠게 묶인 책도 매력 있다는 것을 느꼈다. 그 책들을 뒤적거리며 읽다 보니 이 책을 묶은 선생님의 생각과 수업이 궁금했다. 시간이 된다면 이 선생님의 연수를 들어 보고 싶고 개인적으로 이야기를 나누며 배우고 싶었다. 이처럼 서로 소통하고 함께 공부하는 학교문화는 교사를 작은 자극으로부터도 배울 수 있는 마음을 갖게 한다.

그러한 자극들이 지금 나의 교실로 들어올 수 있을까. 충분히 그럴 수도 있고, 시기와 여건에 따라 어려울 수도 있을 것이다. 지금 당장은 어렵더라도 나의 마음속 어디엔가 저장되어 더 나아갈 수 있는 원동력이 될 것이다. 또 언젠가는 교실에서 실현될 것이다. 올해 2월 1학년 선생님이 학급 문집을 냈다고 자랑하며 가져오신 책을 보며 '내가 학급 담임이 되면 문집을 꼭 내 봐야지'라고 생각했다. 나는 지금 그 문집을 만들고 있다.

그 속에서 내가 성장했다

1정 연수 때 분임 토의를 하던 중 같은 분임이었던 동기가 했던 질문이 아직도 기억이 난다. "여기 있는 사람들은 나름의 교육철학이 있나요?" 자신만의 교육철학과 소신이 있었으면 좋겠다면서 꼭 그것을 찾아봤으면 한다고 했다. 하지만 나는 그런 철학과 소신이 없었다. 학급 경영록에 내가 바라는 어린이 상을 쓸 때 다른 사람의 것을 베끼거나 그럴듯한 말들을 조합하여 쓰곤 했다. 10여 년 동안 교직생활을 했지만 나의 교육철학은 없었다. 10년 동안 나의 목표는 수업 목표와 같았다. 따라서 아이들이 수업 목표에 잘 도달할 수 있도록 세심하게 계획을 짜고 실천하는 것이 내가 해야 할 일이라고 생각했다. 그래서 특별히 아이들을 데리고 하고 싶은 것도 별로 없었다.

그러다 4년 전 어쩌다 보니 행복학교에 근무하게 되었고, 3학년 담임으로 6개월, 교육과정지원팀에서 2년, 4학년 담임으로 지금까지 지내고 있다. 4학년 담임이 되기 전까지도 철학이나 소신은 없었다. 철학이나 소신이 없는 사람이 인성부장이라는 것도 맞지 않았다. 인성교육에 대해 그전까지는 상당히 회의적이었다. 인성교육이라고 하면 친구를 사랑하자는 주제를 가지고 아이들에게 친구사랑 표어 만들기를 하거나 친구에게 편지 쓰자는 것으로 생각했었기에 진부하고 고리타분한 것이라고 생각했다. 아이들이 친구를 사랑하자는 것을 몰라서 안 하는 것인가. 싫어서, 할 필요를 느끼지 못해서 안 하는 것인데 억지로 하게 하면 뭐가 나아질까 싶었다. 하지만 3년 동안 전문적학습 공동체, 교직원 다모임, 교육과정지원팀에서의 경험, 학교 곳곳에서 주어지는 자극들이 나를 변화시켰다.

아이들은 스스로 배울 수 있고 실패를 통해서도 배울 수 있는 존재임을 깨달았다. 이를 바탕으로 나에게도 철학이라는 것이 생겼고, 아이들과 하고 싶은 것이 생겼다. 나는 가르치지 않고 반응하는 교사가 되기로 했다. 아이들 곁에서 조금 더 성숙한 어른으로 반응해 주면 아이들은 스스로 배울 것이다. 올해는 2월부터 학교에 나가 아이들을 맞을 준비를 했다. 그런 내 모습이 낯설었지만 뿌듯했다. 학급 안내판에 내가 바라는 어린이 상을 오롯이 나의 말로 적었다. 1정 연수 동기를 어느 자리에서 다시 만난다면 이제 나도 교사라고 당당하게 말할 수 있을 것 같다.

그전에도 나만의 철학을 찾기 위해 무던히 애를 썼지만 찾아지지 않았다. 그런데 지난 3년 동안은 그러한 철학을 찾으려고 애쓰지 않는데 어느 순간 찾아왔다. 혼자 찾고 공부하는 것보다 학교에서 함께 경험하고 느낌으로써 깨달아진 것이다. 교사 혼자 어떤 것을 한다는 것은 참으로 어렵다. 10여 년 동안 교육철학을 그렇게 찾으려고 애써도 찾지 못했던 것처럼 말이다. 행복학교에서 나는 다른 사람을 통해 나를 더 잘 알 수 있게 되었고 다른 사람과 함께 배우며 시야가 넓어졌다. 물론 모든 교사가 나와 같지는 않을 것이다. 같은 행복학교라도 주어진 환경과 상황이 다를 수 있기 때문이다. 그래도 행복학교가 다른 사람을 통해 배울 기회가 더 많은 곳임은 분명하다. 함께하려는 마음과 다양한 자극을 받아들일 여유만 있다면 그만큼 더 배울 수 있는 곳이다.

　나를 성장하게 해 준 봉황 가족들에게 고맙고 지금도 무엇을 함께 할 수 있는 존재로 옆에 있어 주어서 든든하다. 그래서 지금 내가 가지고 있는 어떤 것을 마음껏 나누어 주어도 아깝지 않고 나도 다른 사람에게 나눌 수 있는 존재가 되기를 바란다. 봉황 가족들과 앞으로도 하고 싶은 것이 너무나도 많다. 봉황 가족들이 건강하고 행복했으면 한다.

행복학교 4년, 우리 모두의 성장기

서포초 김형원

교사는 언제 교사가 되는 걸까?

우리는 언제 선생님이 되는 걸까요? 임용고시에 합격하고 발령을 받은 순간 저는 이제 선생님이 된 줄 알았습니다. 그저 매일 출근해서 아이들과 수업을 하고, 교육과정도 만들고, 업무도 처리하고, 직원체육 연수 때 회식을 하며 방학을 두 번 보내고 나서 아이들을 졸업시키거나 학년을 올려보내면 그냥 교사로서 잘 살고 있다고 생각했습니다. 아이들도 잘 따르고 동료 선생님들도 잘해 주시니 마치 대단한 교사라도 된 양 착각 속에 살아온 것 같습니다. 그러한 착각 속에서 10여 년을 보내다가 어느 순간 교육실습을 나가서 맛보았던 아이들과의 즐거움을 잊은 채 살고 있음을 느끼게 되었습니다. 직업인의 생활을 하고 있었던 것이죠.

교직생활 10여 년이 되면 교직에 대한 회의가 드는 시기가 온다는 얘기를 많이 들었습니다. 체육 업무를 주로 맡아 아이들을 독려해 대회에서 좋은 성적을 내는 것에 몰두해 가던 즈음, 선배 선생님의 권유로 '배움의 공동체'를 접하게 되었습니다. '배움의 공동체'는 수업 기법이나 기술이 아니라 철학이라고 했습니다. 크게 와닿지는 않았지만 책을 읽고, 원격연수도 들으며 수업에 적용을 해 보았습니다. 가르치는 것에 고민이 많아지고 회의가 드는 시기였기에 학생들의 활동 중심으로 스스로 배우도록 하는 수업에 큰 충격을 받았습니다. 처음이라 잘 하지는 못했지만 아이들이 배우도록 수업을 준비하니 그동안의 스트레스가 눈 녹듯 사라지는 느낌이 들었습니다. 그렇게 되자 조금 더 공부를 해 보고 싶었습니다. 그래서 저에게 '배움의 공동체'를 권유한 선배와 또 다른 교사 두 분과 함께 사천 배움의 공동체 연구회를 만들었습니다. 특별하게 많은 활동을 하지는 않았지만 계속 배우고 싶었기에 끈을 놓지 않고 해 나갔습니다.

그해가 마무리되는 시점에 배움의 공동체를 권유한 선배 교사로부터 행복학교에 와서 수업도 더 바꾸어 나가고 혁신교육을 통해 아이들이 행복한 학교를 만들어 보자는 권유를 받았습니다. 선뜻 가겠다는 답변을 드리지는 못했습니다. 그동안 학교에서 쌓아 온 동료 교사들과의 끈끈한 동료애 때문에 학교를 떠난다는 것은 쉬운 결정이 아니었습니다. 하지만 내가 교사로서 좀 더 성장하고 의미를 찾아가는 곳으로 행복학교가 좋을 것 같았지요. 그래서 결정을 내렸습니다. 지금도 정기적으로 만나는 친했던 동료들로부터 '배신자'라며 놀림을 당하지만 후회는 없습니다.

경상남도의 행복학교 정책은 진보 교육감이 당선된 2014년 중순부터 계획이 수립되고, 먼저 혁신교육을 경험한 경기도나 전남 등의 지역에서 벤치마킹하며 시작되었습니다. 처음 시작된 것이 2015학년도입니다. 서포초등학교는 사천에서도 소외 지역인 서포면에 위치한 6학급의 소규모 학교입니다. 승진을 염두에 둔 교사들의 입장에서는 큰 장

선후배들이 함께 어울려 다 같이 가는 1박 2일 전교생 현장체험학습

점이 없는 학교였기에 보통 2~3년을 근무하다가 떠나고 싶은 학교, 관리자들의 입장에서도 오래 머물고 싶지는 않은 학교여서 퇴임을 앞둔 교장 선생님들이 많이 오시는 학교였다고 합니다. 그래서 학부모들의 학교에 대한 바람이 선생님들이 서포초등학교에 오래 근무하면서 좀 더 긍정적인 방향으로 변화시키는 것이었습니다. 이러한 학부모의 바람에 교장 공모제를 통해 뜻있는 관리자와 교사들이 모이기 시작했습니다.

2015학년도에 전입해 온 교사는 저와 다른 선생님까지 두 명이었습니다. 2014학년도에 만들어진 사천 행복학교 연구회 활동에서 혁신교육에 관심을 갖게 된 교사들입니다. 서포초등학교에 대한 첫인상은 참 새롭다는 느낌이었습니다. 무엇이 다를까에 대한 기대감이 컸기에 건물은 낡았어도 분위기는 아주 새로웠습니다. 서포초등학교에 간 첫날 이루어진 업무분장 및 담임 확정 회의에서 이전 학교와는 다르다는 것을 확실히 느꼈습니다. 학년은 기존 교사들이 먼저 선택을 하고 남은 두 학년 중에 의견을 조율하여 선택을 하는 식으로 이루어졌습니다. 그런데 업무분장을 하면서 빼야 할 업무는 없는지, 더 추가할 업무는 없는지, 특정 한 사람에게 업무 부담이 가중되지는 않는지 등을 관리자와 몇몇 부장교사들이 결정하는 게 아니라 함께 협의해서 정했습니다. 아주 당연한 방식이지만, 관례처럼 업무배정 희망서를 작성하고 그것에 따라 각자에게 주어진 것을 당연하게 받아들이는 게 아니라는 사실이 신선했습니다.

2015학년도에 저는 5학년 담임과 체육 업무를 맡게 되었습니다. 학년과 업무 모두 자주 해 왔던 것이기에 크게 어려움은 없었습니다. 교사에게 주어진 자율권이 상당하여 학년(급) 교육과정을 구성하고, 수업을 변화시키는 것을 제가 생각한 방향으로 할 수 있었습니다. 그동안은 업무와 수업이 나만의 문제이자 일이라고 생각했는데, 이것을 확 바꿀 수 있는 학교가 행복학교였습니다. 대부분의 업무는 담당자가 처리하는 것이 아니라 협의를 통해 함께 만들어 갔습니다. 특히, 아이들의 활동과 관련된 업무들은 작년 계획을 바탕으로 사전에 협의를 하면서 학생들에게 더 도움이 되는 방향으로 만들어 나갔습니다. 예를 들어, 운동회를 계획하면 작년 계획서를 바탕으로 올해는 어떤 프로그램을 할 것인지, 식사는 어떻게 준비할지, 학생들에게 결정권을 줄 사항은 어떻게 할지, 경쟁적이지 않으면서 즐겁게 할 방법은 없는지 등을 이야기해 나가며 결정합니다. 그러고 나서 담당자가 계획을 최종 수립합니다. 이 과정에서 관리자도 협의회 참가자의 한 사람으로서 자신의 의견을 표현하고 경청하는 자세로 참여했습니다. 일반적인 학교는 관리자와 담당자의 사전 협의를 거쳐 전체 회의석상에서 통보하는 식으로 운영되곤 하는데, 민주적인 협의 문화가 자리 잡혀 있는 학교였습니다.

이러한 '다름'의 신선함은 수업에서도 느꼈습니다. 교사로서의 전문성 중 가장 중요한 수업 전문성을 발전시키기 위해 사전 협의-공개수업-사후 협의하는 시스템이 정착되어 있었습니다. 수업의 문제가 개인의 문제가 아닌 우리 학교의 문제라는 인식과 함께, 그동안의 수업에 대한 회의와 시대의 상황을 고려한 배움중심수업으로의 변화를 위해 노력하고 있었습니다. 매주 수요일 6교시에 학생들은 자율동아리를 운영하고, 교사들은 함께 모여서 교육과정을 분석하고, 공개할 수

3·1만세운동과 임시정부 수립 100주년을 맞이하여 전교생이 만든 2019 버전 3·1운동 연극

업을 놓고 어떻게 하면 배움이 잘 일어날지를 중심에 두고 활동, 발문, 자료 등에 대해 함께 고민했습니다. 그리고 공개수업을 모두가 참관하고 이후에 하는 협의회를 통해 배운 점들을 적용하며 성찰하는 수업 전문가로 성장해 왔습니다. 동학년이 없는 소규모 학교지만 모든 교사가 동료가 되어 서로의 수업을 함께 고민하고 그 속에서 성장하다는 것은 특별한 경험이었습니다.

서포초등학교는 '배움의 공동체'를 수업 철학으로 삼고 2014년부터 수업 변화를 주도해 왔습니다. 그리고 '배움의 공동체'를 한국에서 알리는 손우정 교수를 컨설턴트로 초빙하여 매 학기 1회씩 외부 공개수업을 하고 있습니다. 서포초만의 변화가 아닌 경남 지역 수업의 변화를 끌어내기 위해서였습니다. 저는 2015년 2학기에 컨설팅 공개수업을 하게 되었습니다. 학부모가 아닌 많은 선생님들 앞에서 수업을 하려니 잘해야 한다는 부담감도 컸고, 개인적인 욕심도 많아서 자료도 많이 준비했습니다. 당시 수업은 5학년 사회과 2학기 통일신라시대에 대한 내용이었는데, 부담과 욕심이 과하여 긴장으로 얼굴에 홍조가 오른 교사와 학습 부담이 커지고 수준도 높아서 끙끙대며 배움을 이어나가는 학생들의 모습으로 가득한 수업이었습니다.

공개수업을 하고 나면 가장 많이 배우는 사람은 수업자입니다. 자신의 부족한 점을 잘 알고 있지만 늘 사후 협의회에서 어떠한 이야기들이 나올지에 대한 두려움으로 공개수업이 꺼려집니다. 하지만 '배움의 공동체' 수업협의회는 지적과 충고와 같은 수업자에 대한 조언 위주가 아니라 참관자들이 수업을 보면서 발견한 사실을 분석하고 자신의 배운 점을 공유하는 자리입니다. 그래서 '오늘 수업 망했다'는 생각보다 협의회를 통해 배워야겠다는 생각이 많이 들었습니다.

"5학년 학생들에게는 힘든 높은 수준의 활동인데도 집중하는 모습에서 과제의 수준을 높여야 한다는 것을 배웠다."

"아이들의 대화를 통해 배움을 만들어 가는 수업이 인상적이다."

"교사의 긴장이 아이들의 배움에 영향을 줄 수 있다는 것을 알게 되었다."

당시 수업협의회에서 나온 의견들입니다. 서로의 배움을 이야기하며 수업보다 협의회가 중요하다는 사실을 배우는 기회가 되었습니다. 그와 동시에 다음에는 더 잘하겠다는 욕심과 과하지 않은 활동, 보는 사람에 대한 부담을 내려놓아야겠다는 다짐을 했습니다.

공개수업 이후 수업에 대해 더 진지하게 고민하고 준비하는 교사로 성장했습니다. 그래서 2016년 1학기에 또 컨설팅을 자원했고, 2015년보다는 더 긍정적인 의견들이 많았습니다. 이렇게 수업에 대한 고민을 하면서 전에는 그저 내가 알고 있는 것이나 교과서 위주로 가르치기만 했었는데 10년 차에 겪었던 회의감을 다 떨쳐 낼 수 있었던 것이 배움중심수업, '배움의 공동체'였습니다. 비로소 내가 교사라는 사실을 실감하게 되었습니다. 좀 더 교사다운 교사가 된 것이죠.

행복학교 4년, 우리는 어떤 성장을 했나?

개인적으로는 앞서 말했던 수업 전문가로서의 성장이 가장 큰 것 같습니다. 해마다 전문적학습공동체 활동을 하면서 수업을 성장시키고 배움중심수업을 전파하는 강사로도 활동할 수 있는 기회를 갖게 되었습니다. 교사의 전문성을 대표하는 수업 전문성의 성장이 이루어지는 데 큰 역할을 한 동료 교사들과의 사전 협의와 사후 협의 과정에서 동료성을 구축하게 된 것도 큰 수확과 성장이라고 할 만합니다.

일례로 지난 2018학년도에 도교육청의 예산을 지원받아 낙후된 도서실을 리모델링하게 되었습니다. 업무 담당자가 추진하는 과정에서 막대한 예산 사용에 대한 어려움과 업무를 해결해야 한다는 부담감이 컸었는데, 여기에 선생님들이 뛰어들어 함께하는 상황이 벌어졌습니다. 다시 리모델링에 대한 협의를 하고 예산이 부족하자 인부를 고용하는 대신 교사들이 협력하여 창문을 떼고 시트지를 붙이는 등의 작업을 해서 부족한 재료 구입비를 해결했습니다. 이러한 과정에서 동료성이 구축되고 아이들을 위해 우리가 정말 노력하고 있다며 느끼는 뿌듯한 보람은 덤으로 다가왔습니다.

회의 문화의 변화도 큰 것 같습니다. 교직원들에게 협의회의 중요성과 필요성에 대한 인식이 확대되고 문화로 자리 잡았습니다. 보통의 협의회는 업무 전달식 또는 형식적인 면이 많았습니다. 그러다 보니 참석자들의 반응이 회의에 참여하여 업무를 전달하는 사람을 제외하면 수동적으로 듣고 받아들이는 경향이 짙었습니다. 톱다운TOP-DOWN 방식의 업무 진행이 긍정적인 부분도 있지만 학생들의 교육을 담당하는 교육기관인 학교는 구성원들이 최대한 동등한 관계에서 업무나 교육활동에 대해 함께 논의하고 결정하고 운영하는 방식으로의 전환이 필요합니다. 효율성을 추구하기보다 최선의 결정을 내릴 수 있는 협의 문화가 행복학교와 함께 자리 잡고 성장해 가고 있습니다. 그리고 주체성의 발휘 면에서 참여자의 의견이 반영되는 협의회가 되어야 학교의 일이 나의 일이고, 우리의 일이라는 인식도 확대될 것입니

전교생이 함께 고민하며 문제를 해결하는 학생 다모임

다. 그러한 면에서 협의회의 변화가 교직원들의 주체성 확보, 최선의 결정으로 운영되는 학교로의 변화 그리고 민주시민의 소양을 갖춘 아이들로의 성장 등 다양한 면에 도움을 줄 것입니다.

매월 말에 실시하는 교사회의 '월나눔'이 교육활동에 대한 지속적인 성찰과 협의가 민주적인 협의 문화 조성에 큰 역할을 했습니다. 한 달 동안의 교육활동 및 행사를 되돌아보면서 업무 담당자가 구글 문서에 올린 활동 및 행사에 대한 평가를 글로 씁니다. 긍정적이었던 부분, 아쉬웠던 부분, 개선 사항 등을 기록하고 매월 마지막 주에 이를 함께 나누는 시간을 갖는데, 이 활동이 '월나눔'입니다. 긍정적인 평가가 나온 부분은 계속 유지·발전해 나가고 아쉬웠거나 개선 사항이 나온 부분은 어떻게 해결할지에 대해 집단지성의 힘으로 고민하거나 없애는 등 되돌아봄과 함께 앞으로의 방향성에 대해 이야기를 나눕니다. 학교의 교육활동 운영에 대한 결정권이 교사회에 집중되는 내려놓는 리더십의 발휘로 인해 교사들이 더 깊이 있게 되돌아보고 반영해 가는 협의회가 이루어진 것 같습니다.

수업과 회의 문화의 변화와 함께 다가온 큰 변화는 학교의 존재 목적인 아이들의 행복한 교육에 집중한 교육과정과 각종 활동들을 통한 학교의 변화입니다. 학교는 어느 순간 존재 이유를 잊은 채, 학생들을 학교의 이름을 알리기 위해 동원하는 행사 위주로 운영되기도 하고 시대의 변화에는 발맞추지 못하고 많은 지식을 아이들에게 심어 주는 교육을 해 오기도 했습니다. 하지만 인간은 행복할 권리가 있고, 배움의 즐거움을 학교를 통해 배워 나가야 합니다. 사람은 학창 시절에만 배우는 것이 아니라 평생을 배우는 사람으로 자랄 수 있도록 배우는 방법을 배울 수 있는 교육을 해야 합니다. 아이들은 교사의 모습을 닮아 갑니다. 교사의 배움이 아이들의 배움으로 갈 수 있도록 의자에 앉아 지식만 배우기보다는 친구들과 함께 대화하고 활동하며 서로의 다른 생각을 다양하게 만나고 조율하며 더 나은 방향으로 갈 수 있도록 해야 합니다. 이러한 대표적인 활동이 '다모임'입니다. '다모임'은 학생들 스스로 생활공간인 학교의 규칙을 정하고 학교와 지역에 대한 관심을 가지고 문제를 제기하며, 다양한 교육활동 속에서 자신의 목소리와 생각을 담아 배우는 등 학생들의 성장을 끌어내는 매개체가 되었습니다.

학교의 변화 중에는 아이들의 변화도 큽니다. 아이들이 자신의 생각을 적극적으로 표현하는 것은 민주시민으로서의 소양을 갖추는 일입니다. 민주주의의 개념이 다양한 의견을 조율하면서 다수결의 원칙으로 결정하는 절차적 민주주의가 아닌, 나와는 다른 삶을 살아왔고 다른 생활 방식을 가진 타인들과 함께 살아가는 삶의 방식으로서의 민주주의를 갖추는 것이 필요합니다.

2015~2016학년도에 걸쳐 저는 2년간 같은 학급의 담임을 맡았습니다. 중학교 진학 후 한 학부모님께 연락이 왔습니다. "우리 아이가 중학교 수업에 힘들어한다"는 내용이었습니다. 학생 활동 중심의 배움 중심수업을 하다가 이전과는 다른 수업을 하는 중학교에 적응하는 것이 쉽지 않다는 것이었습니다. 수업을 통해 아이들이 다양한 지식을 배우는 과정에서 그 방법의 옳고 그름이 없기에, 그리고 제가 중학교 선생님께 말씀드릴 수는 없는 일이기에 반창회를 갖기로 하고 아이들을 인근 분식집으로 불러 모았습니다. 아이들에게 중학교 생활에 대

한 여러 가지 이야기를 듣다가 연락을 주신 학부모의 아이에게 질문을 던졌습니다.

"중학교 수업은 어때? 할 만해? 선생님과 수업이 달라서 힘들지는 않아?"

"선생님께서 수업을 거의 주도하세요. 싫은 건 아니지만 저희들 생각을 말할 수 있는 수업도 하면 좋겠어요."

"혹시 그런 부분에 대해 선생님께 말씀을 드려 봤어?"

"선생님 수업도 좋지만 가끔씩은 우리 생각을 표현하고 말할 수 있는 토의·토론 수업도 하면 좋겠어요."

아이들과 얘기를 해 보고 나서 저는 걱정을 덜었습니다. '우리가 아이들을 잘 키웠구나!' 하는 생각이 들었습니다.

아이들은 다모임 속에서 자치 능력을 키워 가며 연말이 되면 6학년 선배들과 4~5학년이 함께 대면하는 자리를 만듭니다. 졸업을 앞둔 선배로서 후배들에게 앞으로 다모임을 어떻게 하면 좋을지, 그리고 하면서 어떤 어려움이 있었는지를 나누고 후배들은 선배들에게 여러 가지 질문을 하며 공유하는 자리를 만듭니다. 자리 자체는 교사들의 생각에서 나온 것이지만 그 속의 대화는 정말 진솔하게 이루어지며 행복학교의 전통을 만들어 가고 있습니다. 이처럼 아이들은 행복학교라는 울타리 안에서 기대한 것 이상으로 생활하면서 성장하고 있습니다.

아이들의 또 다른 성장은 전보다 더 밝고 쾌활해졌다는 것입니다. 어른들이 정해 주는 딱딱한 학교의 규칙을 지키는 학교생활에서 자신들에게 필요한 규칙을 스스로 정하고 중간중간에 성찰해 가며 규칙을 수정·보완하는 학교생활을 통해 아이들은 더 밝고 활기찬 생활을 하게 되었습니다. 그래서 전보다 아이들의 목소리가 밝고 쾌활해진 느낌이 많이 듭니다. 목소리가 밝고 쾌활해졌다는 것은 웃는 아이들이 많아지고 행복하게 학교생활을 하고 있다는 증거가 되겠지요? '행복학교'가 왜 '행복학교'인지 보여 주는 부분입니다.

그렇다면 학부모는 어떤 성장을 하였을까요? 가장 큰 부분은 학교 교육에 대한 관심도와 적극성의 변화라고 손꼽고 싶습니다. 행복학교 첫해였던 2015년, 학부모 다모임을 하던 때가 생각납니다. 교무 선생님이 다모임을 안내하는 안내장을 작성하여 배부하고 밴드에도 공지합니다. 그리고 당일이 되면 많은 교사들이 학교에 남아 학부모 다모임에 참석한 10여 명의 학부모들과 이야기를 나눕니다. 회의 진행은 보통 교무 선생님의 안내에 따라 학부모 대표가 합니다. 진행을 맡은 학부모 대표가 어떠한 말을 꺼내야 할지, 어떻게 말해야 할지 몰라서 쩔쩔매면서 하던 기억이 납니다. 이어서 지난 한 달의 교육활동에 대한 교사회의 '월나눔' 내용을 인쇄물로 전달하고, 이에 대한 학부모들의 생각을 기록합니다. 이때 학부모들의 태도는 아무래도 수용적이고 소극적이었습니다. 그리고 다음 달 월중 계획표를 나누어 주고 다시 이에 대한 안내와 설명이 이어집니다.

이러한 일련의 과정을 거친 다음에야 본 주제인 다모임 안건을 다루게 됩니다. 하지만 이 안건마저도 초기 학부모 다모임에서는 학교에서 정해 준 내용을 가지고 이야기합니다. 예를 들어, '연극 보러 가는 날 행사를 어떻게 하면 좋을까요?', '운동회 할 때 학부모님들은 어떤 종목을 하고 싶으신가요?'와 같은 안건입니다. 학부모 다모임의 주체성이 부족하고 학교 중심으로 다모임이 이루어지던 모습에서 점차 다양한

친구와 함께, 친구를 통해 배우는 배움의 공동체 공개수업

학부모의 의견들이 나오기 시작했습니다.

2017년경부터는 학부모회가 더 조직력을 갖추어 학교에 요구를 하고, 학부모들이 나설 부분에 대한 의견을 적극적으로 물었습니다. 그러면서 학부모 다모임에 많은 선생님들의 참석을 꺼린다는 의견들이 나왔습니다. 주 다모임의 장소가 학교였으므로 소수 교직원의 참석이 필요하긴 했지만, 마음껏 의사 표시를 하기는 힘들기에 주체성을 가지고 다모임을 운영하기 위해 그러한 요구를 한 것입니다. 회의의 내용에서도 교사회의 '월나눔' 내용을 다 주지 않고 행사에 대한 의견만 간단히 기록하고, 월중 계획도 간단히 안내하고 질의응답 후 안건에 대해 이야기를 했습니다. 안건의 주제도 학부모회에서 고민한 내용과 학교에서 다루고 싶어 하는 내용들이 적절히 섞인 협의가 이루어졌습니다. 물론 학부모 다모임의 진행도 전보다는 훨씬 매끄러워졌답니다.

이와 함께 주체성의 변화를 구체적인 활동으로 살펴보면, 매년 학교에서 하던 행복가족캠핑의 주체가 학교에서 학부모로 거의 이전이 되었습니다. 초기에는 학교에서 참가 신청 안내장 배부 및 밴드 공지, 준비물 구입, 텐트 설치, 전체 관리 등을 했습니다. 현재는 안내장은 학교, 밴드 공지 및 접수는 학부모회, 준비물은 희망 가족 자체 구입, 텐트도 희망 가족이 설치, 전체 관리는 학부모회 및 학교로 역할을 나누어서 하고 있습니다. 역할을 구분 지어 운영할 필요가 있는 부분 외에는 학부모회의 역량도 커지고 주체성도 높아져 충분히 운영이 가능한 상황으로 성장해 왔습니다.

또 다른 예로는 '구성애 성교육 특강'이 있습니다. 2018학년도에 이루어진 대규모 특강으로 인근 지역 학부모 및 지역민들의 뜨거운 관심 속에 행사를 무사히 치렀는데요. 그 과정은 다음과 같습니다.

성교육의 필요성에 대한 인식이 논의되고 강사 선정 후,

- 5월 말 학부모 다모임에서는 강의 내용 및 대상 결정, 공문 발송(타 학교 및 관공서) 관련 협의, 강의료 마련 방안, 행사 운영 인력 확보 방안 및 기타 사항 논의가 이루어졌으며, 학교에서 안내장 초안을 작성.
- 6월 말에는 행사 관련 현수막을 서포면 및 곤양면 곳곳에 설치, 더 많은 홍보를 위하여 사천 관내 두 곳에 추가 설치, 각종 비용 마련을 위해 학교 예산, 지역 유관 단체 기부, 학부모 기금 마련 등의 대책을 수립, 당일 역할 배정(사회자, 의자 배치, 주차 안내, 사진 촬영, 화장실 관리, 다과 준비, 질문지 취합 등).
- 7월 초에 태풍으로 인하여 현수막 상태 점검을 하였으나 불법 게시물로 폐기되어 일부 학부모들이 폐기물을 수색하여 현수막을 찾아 허가를 받아 재게시.
- 7월 8일경, 강사에게 궁금한 질문 사항 취합 밴드 공지 및 안내.
- 7월 11일경, 행사 전 행복학교 안내용(성교육+행복학교 홍보) 동영상 준비.
- 7월 13일, 구성애 성교육 특강 실시, 서포초 강당, 300여 명 참석, 성황리에 마무리.

다음은 학부모 한 분의 소감입니다.

서포초등학교는 경남 혁신학교인 행복학교로 2015년에 지정되어 올해 4년 차 마지막 해로 접어들었습니다. 행복학교는 교사, 학생, 학부모가 서로 소통하고 협력해야 원활히 운영되며 교육 내용과 방법 모두를 혁신한 창의적인 교육, 민주적인 학교문화, 배움 중심 교육을 추구하고 있습니다. 전교생 61명의 시골에 위치한 소학교인 서포초등학교에서 구성애 강사님을 초빙할 수 있었던 것도 행복학교이기에 가능할 수 있었습니다.

학교 예산, 주변 분들의 정성 어린 찬조금, 오랜 시간 함께 고민하고 준비한 서포초 학부모님들, 이번을 계기로 다른 지역 학부모님들과 좋은 강연 공유도 하고 서포초를 홍보도 할 수 있어서 좋은 것 같습니다.

저는 이곳 서포가 연고도 아니고 직장도 아닙니다. 하지만 아이 엄마와 함께 이곳 서포초등학교를 선택한 이유는 다른 학교가 싫거나 나빠서가 아니라 서포초등학교가 더 좋았기 때문입니다. 회사와 가깝고 편리한 아파트 생활을 포기하고 처음으로 이곳으로 왔을 때, 아이들을 멀리 통학을 시켜야 하고, 장거리 출퇴근을 해야 하는 어려움도 있었지만, 정말 우리 아이들에게 좀 더 좋은 환경, 좀 더 좋은 교육을 제공하고자 어려운 선택을 했습니다. 우리 아이들에게 좋은 엄마, 좋은 아빠가 되어 주는 일도 중요하겠지만, 어떤 환경을 제공해 줄 것인가 하는 것도 부모가 결정해야 할 아주 중요한 일이라 생각합니다. 마냥 촌이라서 좋다, 혹은 도시라서 어떻다가 아니라, 서로의 공간을 나누며 빈칸을 채워 줄 수 있는 잔정과 믿음 그리고 사람다움이 느껴지는 서포행복초등학교! 그 믿음과 자부심은 해를 거듭할수록 더해만 갑니다.

우리 아이들이 행복하고, 학부모님이 행복하고, 좋은 선생님들이 관심과 사랑으로 함께 만들어 가며 다 같이 행복한 학교. 사실 이번 이 교육을 주최하고 주관한 것은 우리 서포초 학부모들의 욕심이 다분히 반영된 것입니다. 서포초등학교를 알리고, 행복학교를 널리 알려 함께 좀 더 나은 미래로 나아가자는 의지가 포함된 것입니다. 귀한 걸음 하신 모든 분들의 발길마다 마음의 양식을 한 짐씩 짊어지고 가셨길 간절히 바랍니다. 우리 서포 가족은 모두 만족감으로 하루를 채웠습니다.

무더운 여름, 이른 시간부터 학교에 모여 강의 준비부터 정리까지 많은 도움 주신 학부모님과 교직원 여러분께 진심으로 감사드립니다. 특히 이번 행사를 기획하고 이끌어 주신 서포초등학교 학부모회 김○○ 회장님께 깊이 감사드리며 더욱 발전하는 서포초등학교를 위해 계속 작은 힘이라도 보탤 것을 약속드립니다. 참석해 주신 모든 분들께 감사드리며 유익한 시간 되셨기 바랍니다.

그리고 행복교육지구 사업이 시작되기 전부터 방과 후에 아이들이 안전하게 놀고, 쉬며, 배울 수 있는 공간의 확보를 위한 고민들이 학부모와 교직원들 사이에 있었습니다. 많은 갈등과 고민, 노력들이 이루어져서 결국 서포면에는 '서포 청소년 센터'가 건립되었고, 그 속에는 '별주부 작은 도서관'이라는 쉼터가 마련되었습니다. 학부모들의 자발적인 봉사활동에 행복교육지구 사업 예산 및 강사 채용 등을 통하여 좀 더 알찬 아이들의 쉼터와 배움터 만들기는 지금도 현재 진행형입니다.

이러한 학부모의 성장 속에 지금은 행복학교가 서포초등학교에서 그치지 않고 중학교까지 연계될 수 있도록 서포중학교를 행복학교로 추진하는 데 학부모회에서 많은 노력을 하고 있습니다. 서포초등학교 졸업생의 대부분이 서포중학교로 진학하는 현실에서 필요성을 느끼고 자발적으로 움직인 것이죠. 그 결과 2019학년도에 행복학교에 뜻이 있는 공모 교장 선생님이 오시고, 행복학교의 전 단계인 행복맞이학교를 운영하고 있습니다. 학부모의 힘, 정말 대단하죠?

행복학교 4년, 고민 지점은 없나?

위와 같은 다양한 교육 주체들의 성장과 긍정적인 효과에도 불구하고 아쉬움과 고민도 함께 따릅니다. 많은 행복학교와 혁신학교에서 겪고 있는 딜레마인데요. 주체성의 성장으로 인한 자유와 방종의 경계에 대한 부분입니다. 주체성과 자주성을 키우기 위해서는 결정권을 주어야 합니다. 학생 생활규칙 제정, 각종 교육활동 및 행사에 학생들의 의견을 반영하는 등 결정권이 주어지자 그 전에는 하지 않던 고민을 하게 되기도 하지만 자신들의 생각이 반영된다는 것에서 전보다는 더 적극적으로 학교교육에 관심을 가지게 되었다는 긍정적인 변화가 있습니다. 하지만 아이들은 자신들이 정한 규칙이라고 해도 워낙 자유로운 영혼이기에(?) 규칙을 어기면서 생활하기 일쑤입니다. 이러한 자유로움이 방종인가에 대한 의문들이 행복학교에 근무하는 교사들 사이의 고민 지점입니다.

과거의 학교 또는 일반적인 학교에서는 주로 교사들이 규칙이나 교육활동을 정하고 학생들이 따르는 방식이 많았습니다. 그러한 환경에서는 학생들이 규칙을 위반하더라도 어른들이 정한 규칙이니 어길 수도 있겠다는 생각을 가질 수 있지만, 자신들이 정한 규칙을 어기는 현상을 보면 '아이들이니 그렇지'라는 생각으로 치부할 수는 없습니다. 그렇다고 해서 이러한 모순 때문에 다시 어른들이 규칙을 정하고 활동을 정하는 방식으로 되돌아갈 수도 없습니다. 이러한 부조리함을 어떻게 해결하거나 받아들여야 할 것인가에 대한 고민과 함께 자유롭고 건강한 주체성을 띨 수 있는 방안의 모색이 절실합니다.

또한 교직원들은 항상 구성원의 변화를 겪어야 한다는 것에 대한 불안감이 큽니다. 자의든 타의든 공립학교 교직원이기에 인사이동에 대한 고민은 늘 따를 수밖에 없습니다. 모든 행복학교의 공통 고민일 것 같지만 저희 학교와 같은 시골 소규모 학교는 더 큰 고민으로 다가옵니다. 행복학교 활성화를 위해 인사 조치로 행복학교에 대한 유예 등의 새로운 방안들이 나왔지만 그것도 한계가 있습니다. 형평성의 원칙에 어긋나기 때문이죠. 하지만 행복학교는 사람이 바뀌면 안 된다는 식으로 생각하게 만들 수 있다는 점도 경계해야 할 부분입니다. 교사, 학생, 학부모, 지역민, 유관 기관 등 네트워크와 사람의 연대로 힘을 얻어 발전시켜 가면서도 이러한 힘들의 집합이 시스템으로 자리 잡을 수 있도록 노력해야 합니다. 그런데 지금 그러한 시스템으로의 도약이 미흡한 점이 마음에 계속 걸립니다.

학부모들도 고민 지점이 많습니다. 행복학교를 추진하는 데 큰 역할을 하게 되면서 점차 학교에서 학부모회로 넘어오는(?) 일들이 많아지면서 이에 대해 부담을 느끼는 것, 그리고 그로 인하여 운영에 대한 의견 대립이 발생하기도 합니다. 특히, 행복교육지구를 운영하게 되면서 그 갈등은 심화되었습니다. 하지만 누구도 틀리지 않고 다른 것이기에 겸허히 수용해야겠지요.

이러한 많은 성장과 성과, 고민이 있지만 더 나은 학교를 만들어가기 위한 교사, 학생, 학부모의 노력은 앞으로도 계속되어야 할 것입니다.

믿음의 씨앗 행복학교

김해봉황초 김수정

가장 많이 달라진 건 바로 나

우리 학교는 행복학교다. '교사를 아이들의 곁으로'라는 취지에 따라 2015학년도부터 교육과정지원팀이 구성되어 행복학교를 시행한 지 4년이 흘렀다. 2019년 올해는 행복나눔학교로 지정되어 진행 중이다.

행복학교를 시작하면서 행복학교가 무엇인지, 어떻게 운영되고 있는지, 이 학교의 특별한 점은 무엇인지 호기심과 궁금증, 의문을 가지고 견학 차 방문하는 외부 인사들이 많이 계셨다. 교무행정원인 나도 교직원의 일원으로 참석한 자리에서 "행복학교 이전과 이후를 비교했을 때 가장 달라진 점이 무엇인가요?"라는 질문을 받은 적이 있다. 그때, 나는 "가장 많이 달라진 점은 바로 접니다. 아이들을 바라보는 시각이 완전히 바뀌었습니다"라고 답했다.

예전엔 고분고분 어른들 말씀 잘 듣고, 얌전하고 단정한 아이들이 예뻐 보였다. 그러나 행복학교에 근무한 시간이 흘러간 만큼 지금은 아이의 연령이 어릴수록 그 모습이 부자연스럽다고 생각하게 되었다. 물론 천성적으로 얌전한 성품을 타고난 아이들도 있지만, 대개의 아이들은 말썽쟁이, 사고뭉치, 천방지축에 가깝다. 이제는 그런 아이들이 가장 자연스럽고 아이답다는 생각이 들어 한 번 더 눈길이 간다.

어른들은 종종 어렸을 때의 자신을 잊고 산다. 처음부터 완벽했던 것처럼 아이들에게도 능숙한 모습을 바란다. 아이들이 실수를 통해 자라나는 과정에 있다는 것을 잊고서, 간섭하고 강요하고 자신이 완벽한 사람인 양 가르친다.

행복학교에 근무하면서 행복을 보는 시각이 많이 달라졌다. 남들보다 더 많이 가져야 한다는 생각에서 진심으로 벗어났다. 다른 학교에서 볼 때, 행복학교는 특히 교육과정지원팀 교직원들은 과중한 업무에 시달려 오히려 불행할 것이라 생각하는 분들이 있다. 일정 부분에서는 그렇다 할 수 있겠다. 사람이다 보니 업무 때문에 힘들 때도 있고, 지칠 때도 분명 있다. 하지만 그 어느 때보다 응축된 시간을 보내고 있다고 감히 자신한다.

고민의 시간을 보내다

사람에 대해, 교육에 대해, 다름에 대해, 희망에 대해 사회 구성원으로서 지금처럼 치열하게 고민해 보았던 적이 없었던 것 같다.

다른 행복학교 교직원들과 함께 교류하는 시간을 여러 번 가지면서 우리 학교만의 강점을 재확인하는 기회가 있었다. 해마다 교육과정지원팀을 희망하는 교사가 없어 교육과정지원팀을 구성하는 데 어려움을 겪는다는 다른 행복학교와 달리 우리 학교는 매년 교육과정지원팀을 희망하는 교사가 계속하여 이어지고 있다.

도대체 무엇이 다르고, 특별해서 이런 현상이 일어날까?

그것은 아마도 우리 학교만의 문화가 잘 정착되었기 때문이라고 생

학교민주주의의 반석, 교직원 다모임

각한다. 우리 학교는 업무를 맡아 추진하는 데 업무 담당자의 역할이 매우 크다. 달리 말하면 업무 담당자의 자율의지가 매우 높다는 것이다. 그것은 교육과정지원팀의 일원으로 근무하는 교무행정원인 나 역시도 마찬가지다. 관리자의 권유나 조언은 있어도 결정은 오롯이 본인의 몫이다. 예전엔 관리자의 결정에 따라 모든 업무의 방향이 한곳으로 모아졌다면 지금 우리 학교의 업무는 업무 담당자의 결정대로 이루어진다.

업무분장에서도 마찬가지다. 매년 주어진 업무를 수용하기보다 내가 맡는 것이 더 효율적이다 싶은 업무, 혹은 다른 분이 맡는 것이 효율적이다 싶은 업무를 당사자들이 모여 여러 차례 협의를 통해 결정한다.

직접 체득한 행복학교

행복은 내가 자유로울 때, 내 인격이 존중받을 때 저절로 생겨난다. 그 단순한 사실을 행복학교 4년을 보내는 동안 지식이 아닌 몸으로 직접 체득했다. 학생은 엉뚱한 이야기를 해도 비난하지 않고 들어 주는 선생님이 있어 안정되고, 교사는 자라나는 아이의 성장을 도울 수 있어 뿌듯하다. 교육과정지원팀의 일원인 나는 행복학교에 근무하면서 보고 듣고 얻은 것 또한 많아 행복하다.

사람은 잘 변하지 않는다고 하지만, 그렇다고 전혀 변하지 않는 것도 아니다. 어느 순간, 어떤 계기, 어느 스위치로 인해 어제와 다른 사람이 되기도 한다. 분노 어린 눈빛이었던 학생이 점차 부드러운 눈빛으로 시선을 맞춰 줄 때, 학교에서 근무하는 사람으로서 때때로 뭉클해지곤 한다.

학교는 마치 살아 있는 생명체 같다. 흥미롭고 재미있다. 매년 학교 구성원이 바뀌면서 각자의 다른 생각들이 격렬하게 부딪치곤 하지만, 그 격렬함 속에 새로운 방향이 제시되어 보다 나은 형태로 발전하는 것을 지켜보면서 세상을 살아가는 지혜 또한 얻는 것 같아 뿌듯하다.

그럼에도 이를 선뜻 믿지 못하는 다른 학교 근무자들은 아마도 학교 시스템에서는 이런 문화가 불가능하다고 여기기 때문일 거라 생각한다. 실제 교실수업 현장에서 교사는 엉뚱한 이야기를 늘어놓는 아이들의 이야기를 들어 줄 물리적 시간도, 마음의 여유도 없다. 관리자의 결정에 따라 주어진 일만 하는 것이 훨씬 편하고 쉽다는 걸 이미 체험적으로 알고 있다. 스스로의 의지를 드러내도 비난과 저지를 당해 왔다면, 학교 시스템에서 이런 문화가 존재한다는 게 불가능하다고 생각할 수도 있을 것이다.

하지만 2012학년도에 김해봉황초에서 근무를 시작으로, 2015학년도 행복학교로 지정되어 4년을 보내고, 다시 2019학년도에 행복나눔학교로 지정되어 근무를 이어 나가고 있는 나는 우리나라의 교육 시스템도 얼마든지 달라질 수 있으리라 믿고 있다.

믿음의 씨앗 행복학교

우리 학교를 배에 비유하자면, 망망대해 넓은 바다에 일단 출항은 했다. 선체도 튼튼하고, 선원들도 각자의 역할에 따라 능수능란하게 움직인다. 다른 배들에 비해 여러 조건이 뛰어난 이 배가 뜨긴 떴는데, 막상 새로운 항로를 개척한다는 것은 너무도 어렵고 막막하다. 망망대해에서 가늠할 수 있는 것이 아무것도 없기 때문이다.

여기저기 떠 있는 배들이 많다면, 그 배들 사이로 방향을 잡고 어떻게든 나아가 볼 텐데, '저 배는 하드웨어가 튼튼해서', '저 배 선원들은 자기들만 똘똘 뭉쳐서'라고 보는 시각들 때문에 선뜻 '이 길이다' 믿고 선두로 나아가기가 주저된다.

새로운 항로를 개척하는 데 도움이 되는 태양 같은 존재가 있다면, 바람 같은 존재가 있다면, 아마도 이 배는 날개를 달아 하늘을 훨훨 날게 될 수도 있을 것이다. 언젠가는 그런 날이 오리라 믿고 있다.

우리 학교에서 선원으로 시작한 어느 분이 망망대해 넓은 바다 위에서 태양 같고 바람 같은 분이 되어 주길 진심으로 바라고 있다. 다른 배로 이동하여 새롭게 출발하는 분도 있었으면 좋겠다. 그리하여 망망대해 넓은 바다 위에 이런저런 항로를 개척하는 배들이 많이 있으면 좋겠다. 서로 의지해 가면서, 서로 격려해 가면서 두려움 없이 나아가는 모습을 보고 싶다.

교사는 이제 지식을 전달하는 매개체가 아니라고 본다. 아이들의 자율의지를 일깨워 주는 사람, 자신을 찾아가는 힘을 길러 주는 사람, 열린 마음으로 세상을 품어 줄 수 있는 용기를 알려 줄 수 있는 사람이 아닐는지.

이 자리를 빌려 지금까지 함께했던 교직원들 모두에게 감사드린다. 인간에게 있어 참된 행복이 무엇인지를 진지하게 고민해 볼 씨앗을 나에게 주신 분들이다.

행복학교가 무엇인지에 대한 해답은, 정의란 각자 자신의 할 일을 하는 것이라는 이국종 교수의 말에서 찾아볼 수 있지 않을까 싶다.

가장 기본으로 돌아갔을 때 모두가 행복한 학교, 행복한 나라가 가능하지 않을는지.

　나는 교육의 힘을 믿는다. 행복한 아이들의 힘을 믿는다. 행복한 사람들의 힘을 믿는다. 그래서 나는 믿음의 씨앗 행복학교를 응원한다.

2.

이제 문제는 우리가 낼게

작은 것들을 위한 시

김해봉황초 박수현

작은 생각이 모여

가슴은 두근두근, 머릿속으로 내가 하고 싶은 문장을 짓고, 또 짓는다. 교직원 다모임 시간에, 교사 전문적학습공동체 시간에, 내 생각을 이야기하기 직전의 모습이다. 내가 말할 때 누군가는 공감하며 바라보고, 누군가는 무표정하게, 누군가는 '뭐라고? 무슨 말?' 하며 몸을 점점 기울이기도 한다. 10년이 넘는 교직생활 동안 전체 앞에서, 혹은 동학년 선생님 앞에서 의견을 말하거나, 나의 생각을 말해 본 경험이 얼마나 있었던가? 그저 교장·교감 선생님, 업무부장님들의 이야기를 받아 적고, 학년에서 이미 만든 교육과정과 행사 내용을 기록할 뿐이었다. 마음속으로 이게 아닌데, 나는 좀 다르게 생각하는데, 할 때도 있었지만 내 생각을 한 번도 이야기해 본 적은 없다.

그런데 2018년 김해봉황초에 오면서 조금씩 내 생각을 갖게 되었다. 첫 만남부터 달랐다. 우선 2월 전입 교사 모임부터 달랐다. 교장실에 가서 먼저 인사를 하고 발령장을 드리고 내 소개를 할 줄 알았는데 전 교직원이 모여 있는 다모임실로 들어가라고 하니 어색했다. "선생님들이 원하는 학년에 포스트잇에 이름을 적어 붙이세요"라고 교무 선생님께서 말씀하셨다. 학년 배정에 대해 아직 이 학교 식구도 아닌 전입 교사에게 의사를 표시하라고 하다니…. 지금까지 학년 배정은 2월 말 조마조마하며 윗분들이 정해 주는 대로 받아들이는 것이었다. 제발 내가 원하는 학년으로, 혹은 피하고 싶은 학년을 피할 수 있기를 바라면서 결과를 기다리기만 했었다. 그런데 나는 김해봉황초에 와서 교사 생활 처음으로 누구의 도움이나 사전 작당 모임 없이 온전한 나다움으로 원하는 학년을 선택할 수 있었다.

그렇게 전체 다모임 시간은 때로는 훈훈하게 때로는 치열하게 의견을 이야기하는 시간이었다. 사소하고 작은 학교 일 하나에도 손을 들거나, 포스트잇에 쓰거나, 직접 발표하는 등 여러 가지 방식으로 각자의 생각을 표현하도록 했다. 나도 학교의 일에 참여하고 움직일 수 있는 주체라는 것을 처음으로 느끼게 되었다. 교장, 교감 선생님의 목소리도, 교직원 한 사람, 한 사람의 목소리 무게도 똑같았다. 교직원 각자가 주체로서 학교에 영향력을 미칠 수 있는 힘을 가지고 있다고 생각했다. 우리 학교는 여전히 다양한 색깔의 교직원들이 모여 자신의 색깔을 이야기하고 합의점을 찾아가고 있다. 같은 방향으로 멀리 날 수 있도록 철학을 공유하고 비전을 세우도록 노력하고 있다. 때로는 말길이 달라 충돌하고 갈등이 생기고 아플 때도 있지만 교사인 우리 어른들부터 내 생각을 말하고 소통하고 조율하며 문제를 해결해 나가면서 상대편도 안을 수 있는 넓은 품을 키우며 성장하고 있다. 작은 것들을 위한 시를 순간순간 지으며 삶을 가꾸고 한 걸음 두 걸음 나아가고 있다. 작은 나의 목소리도 들어 주고 민주적 학교문화라는 시를 지을 수 있는 꿈자리터가 바로 이곳, 내가 있는 김해봉황초등학교이다.

작은 우리가 모여

"오늘은 오후에 조퇴하는 선생님도 계시니 수업 마친 후 전학공 시작합시다."

부장님의 이야기에 나는 속으로 '또 모이라고 한다. 도대체 이 학교는 왜 이렇게 모여서 이야기를 하고 또 하는 거지?' 투덜거렸다. 함께 모여 수업 이야기를 하고 학년교육과정을 만들어 가는 과정이 낯설고 싫었다. 내 교실과 수업에 대한 자율적이고 개인적인 시간을 빼앗아 간다고 생각했다. 일상적인 이야기를 수다로 푸는 커피 타임은 있었지만, 교사로서 동료성을 구축하고 함께 연구하고 실천하며 내 수업을 성장시켜 가는 경험이 전혀 없었기 때문에 처음은 받아들이기 힘들었던 것 같다.

하지만 시간이 지나면서 우리가 했던 이야기들이 수업 속에 반영되고 달라진 수업에 아이들이 즐겁게 참여하고 의미 있는 생각을 지어 가는 과정을 보면서 교사인 나도 아이들도 수업을 통해 성장하고 있다는 느낌을 받았다. 나 혼자 수업을 디자인했더라면 이런 아이디어까지 나올 수는 없었을 것이다. 동학년 선생님들의 이야기를 들으면서 내 수업을 돌아볼 수 있고 의미 있는 피드백을 얻을 수 있었다. 내 수업 아이디어가 동료 선생님에 의해 꽃피고, 더 멋진 수업으로 탈바꿈하는 걸 보면서 교사로서 처음 느껴 보는 전문가로서의 희열도 느낄 수 있었다. 더 열심히 수업 연구를, 하고 싶은 동기를 얻었고 누가 시키지 않아도 학년교육과정을 더 잘 운영하기 위해 기여하고 싶은 열정이 생겼다.

사소하고 작아서 보잘것없던 내 생각이 함께 배우는 이 시간을 통해 의미 있고 생산적인 아이디어로 변할 수 있었다. 교실에서 외딴섬처럼 혼자 있었던 각자가 함께 배우는 이 시간을 통해 서로 주고받으며 어우러져 만드는 힘은 교사로서 처음 느껴 본 희망이고 짜릿함이었다. 내가 수줍게 내놓은 수업 활동 아이디어나 자료들에 대해 활짝 웃으며 괜찮아요! 너무 좋아요! 여기서 이런 활동을 넣어 보면 어떨까요? 하며 서로의 생각을 이야기하는 시간들이 이젠 내가 수업을 준비하는 데 꼭 필요하며, 함께라는 힘을 머리가 아닌 온몸으로 체험해 볼 수 있어 너무나 귀중하다.

아이들에게 협력하고 서로 함께해야 한다고 말했지만 정작 나는 지금까지 그렇게 살고 있었던가 하는 질문을 던져 보고 싶다. 교실 속 혼자인 '나'는 작지만 이런 각자가 모인 '우리'는 결코 작지 않았다. 학교를 이끌어 가는 핵심이자 우리 교육의 찬란한 희망이라고 말하고 싶다. 행복학교에 와서 비로소 나는 교사로서 내 자신이 자랑스럽다. 내 직업이 참 좋다.

반짝반짝 빛나고 있는 나

김해봉황초 이지현

2017년 시작

내 이야기는 2017년부터 시작된다. 관외에서 전입한 나로서는 '행복학교' 이름에 살짝 웃었다. 미심쩍었다고나 할까? '부자학교'면 부자가 되나? 이런 어이없는 아재 개그에 약간 실소를 하게 되었다. 학교는 비슷했다. 아니 2017년 '행복학교'의 첫인상은 과히 좋지 않았다. 행복학교의 대표모임이라고 할 수 있는 다모임이 민주적 회의의 모습으로 의견을 나누는 자리가 아니라, 각자의 주장을 펼치는 토론대회처럼 보였기 때문이다. 하지만 누군가 침묵은 금이 아니라 비겁함이라고 했던가. 행복을 나누는 과정에서 서로의 소리가 높아짐은 필수 불가결한 것이었다. 지금 돌이켜 보면 이미 행복학교 3년 차였으므로 서로의 뜻이 한창 물이 오를 때였으리라….

서로 한 걸음씩 양보하고 또 의견을 모으면서 새 학년, 새 학기가 꾸려지고 나 역시 행복학교의 첫발을 내디뎠다. 서로 의견을 나누고 조율하는 다모임이 끝나거나, 아이들이 하교하면 한숨 돌린다. 교실 뒷정리를 로봇처럼 끝내고 쉬기도 하고 내일 수업 준비를 끝내고 '멍' 하니 쉬기도 하고…. 하지만 그 '쉼'의 종류가 달랐다. 그 종류를 다르게 느끼게 한 것은 바로 '전문적학습공동체'였다. 수업을 나누고 수업을 담고 때로는 그 수업을 애당초 디자인하는 것부터 혼자가 아니었다. 그 덕분에 전문적학습공동체 속의 나는 2017년보다 2018년에 좀 더 성장했고, 2018년보다 현재 더 성장하고 있다. 행복학교의 옆 반 선생님들은 다르다. 기꺼이 함께 나누어 주시고, 함께 고민해 주신다. 혼자 전전긍긍할 틈이 없고, 언제든 나의 의견을 나누고 피드백 받을 수 있다. 그 고민의 중심은 아이들을 향한 오늘의 그리고 내일의 '우리의 수업'이다. 심지어 어제의 수업까지도 즐겁게 나눌 수 있다. 놀랍게도 전문적학습공동체 속을 거닐다 보면 반짝이는 아이디어를 많이 만날 수 있다.

2018년 적응

전입과 행복학교에서의 시작이라는 2017년을 보내고 2018년은 6학년과 함께 시작했다. 행복학교 하면 '다모임', '전문적학습공동체', '스몰 스쿨' 이 세 단어로 대표될 수도 있을 것이다. 사실 6학년은 특성상 행복학교가 아니더라도 스몰 스쿨 체계로 움직일 수밖에 없다. 중학교 진학, 수학여행이라는 두 가지 큰 과제뿐 아니라 6학년들의 생활지도는 여타 학년들과는 판이하기 때문이다. 특히 2018년 봉황초 6학년들은 정말 다른 시각으로 접근해야만 했다. 그 이유는 아이들 역시 행복학교 4년 차였기 때문이다. 행복학교 학생들은 달랐고 지금도 다르다.

우선 자존감이 남다르다. 행복은 자신에서부터 시작된다는 철학을 저학년 때부터 시작해서인지도 모르겠다. 스스로를 사랑할 줄 알고 남을 배려할 줄 안다. 물론 사춘기적 반항심에 자기를 비하하거나 친구를 놀리기도 한다. 하지만 그 순간이다. 자존감의 뿌리가 단단하여 스스로 잘하는 것과 못하는 것을 구별할 줄 알고 기꺼이 협동하는 모습이 놀라웠다.

두 번째로 토의, 토론에 익숙하다. 두레장이 학급의 의견이 서로 충돌할 때면 정중히 나에게 요청한다. "선생님, 서클 활동이 필요합니다. 자치시간을 활용해도 되겠습니까?" 처음 3월에는 이 요청이 낯설고 다소 당황스러웠다. 물론 자율활동의 자치시간은 말 그대로 자치적으로 할 수 있는 시간이지만 교육과정상에 정해 놓은 주제가 있었고, 또 그 주제를 바꾸거나 이끄는 사람은 교사, 즉 나라고 생각하고 있었기 때문이다. 행복학교에 전입했지만, 첫해는 1학년을 했기 때문에 학생 다모임, 학급 다모임은 사실상 2018년이 처음이었다. '두레장이 잘 진행할 수 있을까?' 미심쩍은 눈빛을 마구 쏘아 대며 서클 활동을 지켜보았다. 사실 3월에는 간섭도 꽤 했던 것 같다. 하지만 전교 두레장 모임이 매주 수요일 방과 후마다 있었고 교육과정지원팀의 인성부장님 인솔하에 나날이 두레장들이 성장하는 것이 보였다. 진행이 매끄러워졌고 학급의 의견을 잘 정리해서 수렴했다. '내가 아이들을 과소평가하고 있었구나! 이렇게도 서클 활동을 잘하고 서로의 의견을 잘 들어주는데…' 하고 생각이 바뀌니 아이들의 다모임 시간이 은근히 기대되기도 했다. '이번 다모임에는 어떤 합의를 하고, 어떤 규칙을 만들까?', '몇 반 학생이 혹은 우리 반 누군가가 기발한 아이디어를 내고 친구를 배려할까?' 하는 등의 기대로 온전히 자치시간을 내어 주기 시작했다.

마지막으로 좀 거창하게 표현하자면 지행합일知行合一이다. 선지후행

先知後行에 대립하는 양명학을 논하고자 함도 아니고 실천주의, 실행주의를 강조하는 것도 아니다. 글자 그대로 행복학교 학생들은 책에서 배운 내용을 체험해 보고 직접 경험해 보는 일이 많다. 교과서에서 풀한 포기를 마주한다면 당장 교정에 나가서라도 눈으로 확인하고자 한다. 지행일시知行一時로 표현한다면 더 맞는 표현일까? 체육책에 계절 스포츠가 나오면 계절 스포츠를 즐기고 배우러 지역 스포츠센터에 간다. 스케이트 타는 법을 글로 읽거나 김연아의 동계 올림픽 장면을 수십 번 보는 것보다는 아이들이 직접 스케이트 끈부터 묶어 보는 것이 좋다는 것은 누구나 인정하는 사실이다. 다칠까 봐, 사전 답사 귀찮은데, 옆 반 선생님이 하기 싫다고 하시면 우리 반만 해야 하나? 이런저런 핑계와 고민으로 교과서만 읽고 넘어갔었다면 여기 봉황초에서는 나부터, 교사부터 교과서 내용을 체험해 볼 수 있다. 동료 교사들과 굳이 합의하지 않아도 아이들에게 최대한 경험의 장을 마련해 주자는 이심전심이 있고, 아이들의 체험활동에서 당연히 따르는 안전사고의 예방을 위하여 최소 달에 한 번 사전 답사는 일상화되어 있다. 혹시 몸이 불편한 아이가 반에 있다면 교육과정지원팀에 도움을 요청할 수 있고, 걱정은 되시겠지만 '잘 다녀오라', '고생합니다' 하시는 관리자분들이 계셔서 든든하다. 배움과 체험이 거의 동시에 이루어지니 지행일시가 지행합일이 되는 것은 시간문제가 아닐까?

이런 특징이 있는 아이들과 드디어 11월 소위 학예회라고 불리는 성과발표회가 시작되었다. 행복학교의 성과발표회는 1년간 교육과정 속에서 배우고 익혔던 것들을 "짠!"하고 보여 주는 것이 아니라 "나누는" 자리다. "짠"하지 않아도 됨에도 불구하고 2학기가 시작되니 걱정이 되었다. 성과발표회를 보기 위해 시간을 내서 오시는 부모님들이 감격까지는 아니더라도 실망하시지는 말아야 하는데…. 끝까지 행복학교 4년 차의 이 아이들을 믿어도 될까? 성과발표회만큼은 내가 좀 많이 간섭해야 하나? 오늘은 아이들이 잘하는 것처럼 보이고, 내일은 엉망처럼 보이고….

내적 갈등의 소용돌이 속에서 나설까 말까 하다가 성과발표회 날이 되었다. 역시나 결과는 "별로였다". 구성부터 프로그램, 아이들의 등장 순서까지 사실 모두 6학년들이 해낸 결과물이었다. 별로라고 생각하지 말아야지 하면서도 결론은 별로였다. 그러나 반전은 아이들의 표정이었다. "우리 정말 엉망이네요." 하면서도 끝까지 성과발표회를 즐기고 진심으로 다른 반의 공연과 연주에 박수를 보내고 있었다. 아이들의 얼굴에는 거짓이 없다. 다소 거친 언행과 삐딱한 표정을 짓기도 하지만 진정으로 성과발표회 시간에 빠진 아이들의 표정은 '아, 우리가 해냈다!'라는 뿌듯함을 읽을 수 있었다. 성과발표회 후 적은 소감문들도 매우 긍정적이었다.

> 내가 리더가 되어 동선을 짜고 춤을 외우고 하는 게 힘들었다. 아린이 수정이와 의견이 맞지 않아 싸우고 그랬지만 오늘 잘한 것 같아서 기분이 좋다. _강○서

> 준비하면서 갈등도 있었고 내 마음대로 안 돼서 나쁜 점도 있었지만 공연하면서 아이들이 소리도 질러 주고 잘했다고 해 주어서 재밌었다. _구○린

내가 못하면 민폐가 될 수 있을 것 같아서 너무 부끄러웠지만, 열심히 웃는 모습으로 마무리했다. _권○남

다리가 후들거리고 너무 긴장되고 집에 빨리 가고 싶었다. 그런데 생각보다 시간도 빨리 갔고 쉬웠고 재밌었다. 빨리 끝나서 아쉬웠다. _김○우

행복학교가 멀리 있는 거창한 철학이 아니었다. 아이들을 진정으로 믿어 주고 그 성장을 기다려 주는 것에서 시작하는 것이 그 첫걸음이었다.

2019년 성장

내가 아이들에게 온전히 가지지 못했던 믿음이라는 구명조끼를 이제는 드디어 장착하고 전문적학습공동체라는 배에 몸을 실으면서 항해를 시작했다. 목적지 중 한 곳은 올해 1학년을 하면서 했던 '입학 100일 프로젝트'이다. 괜히 6학년 교육과정에 방해가 되지 않을까? 요즘 백일도 챙기나? 물품들 주문하고 기안 올리는 것도 좀 귀찮은데…. 괜히 어수선한 하루를 보내지 않을까? 만약 행복학교의 전문적학습공동체가 없었다면 어쩌면 시도하지 않았을 것이다.

그런데 이 갈등은 100일 프로젝트 첫날 말끔하게 사라졌다. 1학년들은 눈빛이 어리둥절하다. '저 키 큰 언니 좀 무섭게 생겼는데, 나 저 형 이름도 못 읽는데, 왜 나를 챙겨 준다는 거지? 난 집에도 형, 누나 없는데.' 경계 어린 1학년들의 눈동자 움직임과는 다르게 6학년들의

눈빛은 따스했다. 아직 3월 꽃샘추위가 만연했지만, 벚꽃이 만개한 봄처럼 1학년 동생들의 두려운 눈빛에 따뜻하게 답하고 있었다. '나, 무서운 언니 아니야. 내가 널 잘 챙겨 줄게. 동생들아, 너무 귀엽구나'라고 말하는 것 같았다. 6학년들은 돌보아 주어야 할 동생이 생겼고 1학년들은 낯선 학교에 듬직한 형들이 생겼다. 6학년들이 더 좋아하는 모습에 '이 프로젝트는 정말 잘 계획했구나.' 하는 자신감이 생겼다. 물론 계획을 하고 준비를 하는 과정이 쉽지는 않았다. 수업 후 함께 모여 의논하고, 또 그 의논된 계획들을 수정하고, 6학년 선생님들과 시간표를 맞추고, 아직 학교가 낯선 1학년들에게 언니, 오빠와 친해지는 과정을 프로젝트로 진행한다는 것이 여간 신경 쓰이는 일이 아닐 수 없었다. 하지만 결과적으로 6월 11일 입학 백일잔치는 대성공이었다. 입학 100일 프로젝트의 백미였기도 하지만 그만큼 전문적학습공동체가 함께 고민했기 때문이었다.

프로젝트의 성공 덕분에 나 역시 그 하루는 빛나는 느낌이었다. 물론 매번 전문적학습공동체가 진행한 프로젝트들이 성공하지는 않을 것이다. 우리가 나누고 고민했던 시간이 무색할 정도로 그 결과가 우리의 기대에 못 미칠 때도 있을 것이다. 하지만 그 어리석은 결과라도 우리는 또 나눈다. 이런 점은 미처 생각하지 못했군요. 다음에는 더 고민해 보도록 합시다. "함께 말입니다." 이 말이 정말 든든하다. 길을 돌아올 때 동료가 있다는 것이 참 좋다. 때로는 그 길이 더 멀리 돌아오는 길일지라도…. 혼자 돌아올 때는 무척 쓸쓸하고, 심지어 '길을 나서지 말아야지.' 할 때도 있었지만 이제는 떠날 채비부터 한다. 무척 설레고 기대되기 때문이다.

성장 후 나의 목표는 "나눔"이다. 그 작은 실천 중 하나로 이 글을 쓰기로 했다. 스스로 반짝반짝 빛날 수 있는 경험을 모두와 나누고 싶었다. 행복나눔학교에 구성원들과 함께 발맞추려면 아직은 더 성장해야 하지만 지금, 이 순간에도 내가 단단하게 성장하고 있다는 사실은 분명하기 때문이다.

행복학교에서 살아남기

동광초등학교가 행복학교로 지낸 지난 5년을 겨우 2년 차인 내가 서술하기에는 무리가 있을 것이다. 그리고 우리 학교의 사례가 다른 행복학교와 크게 다르지 않을뿐더러 독자들에게 와닿지 않을 것도 같다. 그래서 짧은 기간이지만 동광초등학교에서 근무하면서 했던 나의 고민, 함께 근무했던 선생님들의 고민, 잠시 스쳐 지나가면서 만난 지역 네트워크와 여러 연수에서 만난 행복학교에 근무하는 선생님들의 고민을 들으면서 행복학교에서 어떻게 살아남으면 좋을지, 그리고 나는 어떻게 행복학교에서 살아남았는지 이야기해 보고자 한다.

먼저 우리 학교에 대한 설명이 필요할 것 같다. 동광초등학교는 면 소재지와 멀지 않은 전교생 51명, 6학급의 작은 학교이다. 8년 전, 학생 수가 줄어들고 1면 1교 정책으로 학교 통폐합의 위기에 처하게 되었고 학교의 존립이 위태로웠다. 인근 10분도 안 되는 거리의 면소재지에는 이미 큰 학교가 있어 통폐합이 되어도 이상하지 않을 학교였지만, '작은 학교 살리기'의 한마음으로 모인 교사들의 노력으로 2012년 농어촌 전원학교로 지정되었고, 2015년에는 행복학교로 지정되었다. 인근 지역의 학생들이 유입되면서 지금의 학교 규모가 유지되고

100 함께여서 아름다운 몸짓, 경남 행복학교 이야기

있다. '작은 학교 살리기'에 힘썼던 교사들은 모두 소임을 다하고 흩어졌고, 지금은 1~3년 차 교사들로만 구성되어 있다. 작은 학교 살리기 운동 이후 지난 8년간 우리 학교의 특색은 학생, 학부모 깊숙이까지 자리 잡았지만 겨우 행복학교에 첫발을 디딘 교사들은 힘겨운 적응기를 거쳐야 했다.

자발적으로 참여했는가?

동광초등학교에 오기 전까지만 해도 행복학교는 나의 관심사 밖이었다. 그저 현재 교육감이 추진하고 있는 정책 중 하나에 불과했다. 행복학교가 어떤 학교인지, 무엇을 추구하는 학교인지, 왜 해야 하는지에 대해 알지도 못했고 관심을 두지도 않았다. 그런 내가 경남에서 행복학교의 시작점이라고 하는 동광초등학교에 전입하게 된 것은 행복학교에 대해 아는 것이 전무하기도 했거니와 그로 인해 행복학교에 대한 거부감이 없었기 때문이다. 어떤 이유에서든 나는 행복학교를 희망해서 들어왔다. 행복학교는 나의 선택이었다. 선택에 대한 후회는 있을 수 있지만 선택 결과에 대한 책임은 나에게 있다는 생각에 좀 더 적극적인 자세를 가지려고 노력했다. 이것은 나의 자발성의 시작점이다.

아직 전입하기 전에 새 학년 맞이 워크숍이 있었다. 당시에는 흔치 않은 일이고 경험해 본 적도 없어서 어떤 활동을 하는지 궁금함을 지닌 채 참석을 했다. 학교 연구부장이었던 선생님이 주도하여 학교의 비전 나누기와 학교교육과정을 안내하고, 업무분장을 발표하는 내용으로 구성되었다. 봄방학을 빼앗긴다는 아쉬움도 들었지만 왠지 중요한 일인 것 같아서 엄청 집중했던 기억이 난다. 이틀간의 워크숍을 마치고 이 학교가 보통 학교가 아니라는 생각과 함께 1년 내내 쉴 틈 없이 돌아갈 것 같다는 부담감이 들었다. 가장 큰 부담은 사계절 프로젝트 운영이었는데, 하나가 끝나면 다음 프로젝트를 준비하고 또 하나가 끝나면 바로 다음 프로젝트를 준비해야 하는 과정으로 1년 내내 프로젝트를 한다는 것이다. 한편으로는 도전 프로젝트, 참살이 프로젝트, 동행 프로젝트, 끼 프로젝트라는 프로젝트의 명칭처럼 성격이 분명했고, 그동안 다른 학교에서 하지 못한 새로운 경험을 할 수 있다는 설렘으로 기대가 부풀었다.

봄 학기 프로젝트인 도전 프로젝트를 준비하면서부터 의견이 분분했다. 도전이라는 의미를 어떻게 바라볼 것이냐, '기존에는 이렇게 했다는데 더 새로운 게 없느냐?', '왜 굳이 1박 2일로 해야 하나?', '왜 쉬운 방법을 두고 힘든 방법으로 하느냐?' 등 모든 과정을 전 교직원이 모여서 의견을 나누고 결정을 했다. 그 과정에 많은 시간과 에너지가 소모되어 첫 프로젝트를 힘겹게 꾸려 나갔다. 새로 전입한 교사든, 기존 2~3년 차 교사든 모두가 힘겨운 과정을 거쳤다. 지쳐서 혀를 내두르는 교사들도 있었지만, 한편으로는 관리자의 일방적 지시가 아니라 교사의 의견대로 교육활동이 만들어지고 학생들이 즐거워하는 모습을 보면서 뿌듯함을 느끼고 힘들었던 과정에 대한 보상을 받을 수 있었다.

동광초에서는 교사들이 억지로라도 자발적일 수밖에 없다. 우리 학교 교사들은 교실 속에서 단지 수업을 하는 데 그치지 않고 전 학년이 함께 하는 프로젝트 활동부터 입학식, 운동회, 졸업식 등 학교 행사들까지 회의를 거치지 않고 진행되는 것이 없기 때문이다. 무엇보다 작은 학교에서 적은 수의 교사들이 학교 일을 하니까, 힘을 합치지 않으면 너무나 힘이 들기 때문이다. 우리 학교에서는 교사의 손을 거치지 않고 추진되는 일이 거의 없다. 만약 기꺼이 자발적으로 참여하지 않았다면 학교에 있는 시간은 고난의 시간이었을 것이다.

교사의 자발성에 기초하지 않은 교육활동은 아무리 학생들에게 교육적이고 의미 있는 활동이라 하더라도 결국 오래 유지되지 못하고 일회성으로 그치고 만다. 그리고 이를 실천으로 옮기는 교사들이 학교를 옮길 수밖에 없게 만드는 하나의 이유가 되기도 한다. 학생들의 경우도 마찬가지 아닌가? 우리는 수업시간에 학생들이 능동적으로 참여하길 원한다. '이거 해라', '바로 앉아야지', '수업에 집중 좀 하거라' 등 수업에 관심이 없는 학생들을 수업에 끌어들이려고 애를 많이 쓰고 있다. 왜 학생들이 수업에 자발적으로 참여하지 않을까? 그중 하나는 자신들이 원하는 수업이 아니기 때문일 것이다. 학생들도 자신들이 하고 싶어 하는 놀이나 수업은 억지로 시키지 않아도 정말 열심히 참여한다. 교사도 같다. 자신들이 하고 싶어 하는 교육활동을 하게 두면 자연스럽게 활기를 띠고 다양한 시도를 하며 자신들의 입맛에 맞는 교육활동을 적극적으로 만들어 나갈 것이다. 이런 환경을 만들어 주는 것이 행복학교의 역할이고, 또한 모든 학교들이 그래야 할 것이라고 생각한다.

그룹별 네트워크숍에서 들었던 안타까운 사연이다. 그 학교는 행복학교의 철학을 존중하고 이를 실천하기 위해 뜻있고, 열정적인 교사들이 모였다고 한다. 그중에서도 앞장서서 학교를 변화시키고 수업을 변화시키려는 한 교사가 있다. 문제는 그 교사의 주장이 너무 강하여 그 의견을 벗어난 교육활동을 할 수 없다는 것이다. 계절학교 프로그램도, 전문적학습공동체도, 수업 방법도, 모두 그 선생님의 의견에 맞추어 진행된다는 것이다. 교사 다모임에서 자신의 의견이 관철되기 전까지 회의를 진행하고, 주말이든 방학이든 상관없이 교사의 열정을 요구하는 학교 분위기를 조성하여 결국 버티지 못하고 이동하는 교사들이 많다는 이야기를 듣고 모두가 안쓰러워했던 기억이 난다.

교육활동에 의미를 부여했는가?

"그 학교 행복학교 아냐? 그럼 힘들지 않아?" 지역 연수에서 오랜만에 만난 대학교 선배에게 건넨 인사는 이런 물음으로 돌아왔다. 많은 선생님들이 행복학교에 근무하면 힘들다고 생각하는 것 같다. 행복학교 선생님들은 너무나 많은 활동을 한다는 것이다. 그 활동의 중심이 학생에 있다 보니 '선생님들은 힘들고 학생들만 행복한 학교'라는 우스갯소리를 들을 때도 있다. 왜 이런 이야기가 공공연하게 들리는 것일까? 아마 가장 큰 이유는 내부자들의 자조적인 이야기가 밖으로 퍼져 나갔을 것이다. 행복학교에 왔더니 쉬는 시간마다 회의를 하고 퇴근 시간이 넘었는데도 안 마치더라. 뭔 체험학습이 그렇게도 많은지 한 달에 한두 번씩 체험학습을 나간다. 학부모의 요구는 또 얼마나 많은지. 행복학교에서 근무하는 선생님들의 신세한탄이 행복학교는 학생만 행복한 학교라는 수식어를 만들었을 거라고 생각한다. 전적으로 동의하는 말이다. 우리 학교에도 같은 일들이 일어나고 있었고, 나에게 가장 힘들었던 점도 그중에 있기 때문이다.

　힘들다는 말은 무슨 뜻일까? 나는 무의미한 일을 반복적으로 했을 때 가장 힘들었다. 우리 학교에서 가장 힘들었던 것은 바로 회의 시간이었다. 이전 학교에서의 회의는 일주일에 한 번 또는 한 달에 한 번 정도 정기적으로 갖는 업무회의이거나, 특정 업무 추진을 위한 부서별 회의가 전부였다. 물론 이 당시에도 회의 시간은 힘들었다. '메신저로 보내면 되는데 왜 굳이 모여서 업무 전달을 할까?', '발표만 하고 끝날 건데 이게 무슨 회의인가?' 길어야 한 시간 남짓이었지만 정말 무의미하고 필요가 없다고 느껴졌다. 그래도 참을 수 있었던 건 일주일에 한 번 정도였기 때문이다. 하지만 우리 학교에서의 회의는 수업시간을 제외하고 가장 많은 시간을 차지했다. 학교의 중요한 행사나 프로젝트 학습부터 아주 작은 사소한 일까지 회의를 거쳐서 추진했고, 결정이 날 때까지 회의는 끝나지 않았다. 처음에는 새롭기도 하고 나의 의견이 학교 운영에 반영되어 존중받는 느낌까지 들면서 '이래서 행복학교라고 하는 거구나' 싶을 정도로 좋았다. 그런데 시간이 갈수록 정말 이런 것까지 회의를 해야 하나 할 정도로 사소한 것을 주제로 회의를 하고, 수업에 침해를 줄 정도로 회의 시간이 길어지다 보니 이건 정말 잘못된 방법이라는 생각이 들었다. 회의의 의미가 퇴색되어 갔다. 이렇게 무의미한 회의를 매일 해야 한다는 것은 정말 고역이 아닐 수 없다. 올해는 회의 규칙을 정하고 회의 방법을 바꾸었지만 당시만 해도 회의 시간은 가장 힘든 시간이었다.

　"공부는 왜 하는 거예요?" 가끔 이런 질문을 하는 학생이 있다. '이 녀석 공부하기 싫어서 큰일이다'라는 생각도 들지만, 정말로 대답하기 어려운 질문이었다. "공부를 열심히 해야 나중에 좋은 직장도 갖고 훌륭한 사람이 되지"라고 대답한다면 그 학생에게 충분한 답이 될 수 있을까? 스스로 의미를 찾지 못한다면 어떤 미사여구도 충분한 설명이 될 수 없을 것이다. 그렇다면 우리 학교는 행복학교라서 힘든 것일까? 행복학교라서 힘든 게 아니다. 행복학교에서 의미를 찾을 수 없기 때문일 것이다. 행복학교뿐만 아니다. 지금 자신이 근무하는 학교와 자신이 수행하고 있는 업무, 수업의 의미를 찾지 못한다면 그 학교에서의 생활은 정말 참기 힘든 일일 것이다. 우리는 교사로서 끊임없이 질문해야 한다. 내가 왜 이 일을 시작하게 되었는지, 이 일을 통해 무엇을 추구할 것인지, 내가 가르치는 학생들이 어떻게 성장하면 좋을지. 그렇게 하나씩 의미를 부여하다 보면 우리의 교직생활은 어떤 학교에서 근무하든 의미 있는 시간이 되지 않을까?

여름 학기에는 참살이 프로젝트가 진행된다. 사계절 프로젝트 중 참살이 프로젝트를 준비하면서 가장 힘들었던 기억이 난다. 그 이유는 참살이의 의미를 어디에 둘 것인지 정하는 게 너무 힘이 들었기 때문이다. 참살이의 사전적 의미는 '웰빙wellbeing을 순화하여 이르는 말'이다. 하지만 우리 학교에서는 학교 비전을 '참삶을 함께 가꾸는 행복자람터'로 정하면서 참삶의 의미를 '살아 나가야 할 사회에서 자기 존재의 가치를 인식하고, 다른 존재와 협력할 줄 알며 스스로 실천하고 책임지는 삶'이라고 정의했다. 그렇다면 참살이 프로젝트는 우리 학교의 비전을 실현하는 프로젝트가 되어야 하지 않을까? 그럼 우리 학교의 다른 교육활동 중 가장 비중을 두어야 하는 활동일까? 다른 프로젝트는 비전을 실현하는 교육활동이 아닌가? 등 프로젝트의 방향을 정하는 과정에서 많은 에너지를 쏟아야 했고, 최종적으로는 소프트웨어 교육을 접목한 진로교육의 새로운 의미가 부여되었다. 기존의 틀을 깨기 위해 힘겨운 과정을 거쳤지만 우리들만의 의미를 담은 새로운 참살이 프로젝트가 만들어졌다.

함께 만들기에 동참하는가?

우리 학교는 전교생 51명에 6학급인 시골의 작은 학교이다. 그렇다 보니 교육활동이 학급별로 이루어지기보다 학교 전체가 함께 움직이는 경우가 많다. 나는 원래가 개인주의적 성향이 있고 동학년이나 학급 중심으로 움직이는 데 익숙해서인지 학교 전체가 함께 하는 활동이 조금은 불편했다. 아무래도 하나의 활동을 하더라도 나 혼자 주도해서 하는 것이 아니라 함께 의견을 맞추어야 하고, 맞추는 과정에서 내가 원하지 않는 방향으로 흘러갈 때도 있어 하고 싶은 교육활동을 하지 못하는 경우도 있기 때문이다. 하지만 우리 학교는 농어촌 전원학교와 행복학교를 하며 8년간의 무학년제 활동이 학교의 문화로 자리 잡았고, 아이들과 학부모들도 무학년제 활동에 대한 선호도가 높았기 때문에 많은 활동들이 무학년제로 계획되어 운영되고 있었다.

동행 프로젝트로 우리 학교는 3~6학년 학생들이 함께 수학여행을 떠난다. 장소는 전국을 서울·경기권, 충청·전라권, 경상도권, 강원도권의 네 권역으로 나누어 4년이 지나면 전국을 여행할 수 있는 매우 획기적인 프로젝트이다. 프로젝트 내용도 학생들이 계획하여 하고 싶은 체험을 하고, 먹고 싶은 음식을 먹기 때문에 우리 학교 학생들이 가

우리가 손수 만든 가족, 놀이한마당에서 엄마와 함께 하는 놀이활동

장 좋아하는 프로젝트이기도 하다. 구성은 3~6학년 학생을 5~6명씩 한 모둠으로 하고 그림자 선생님을 모둠당 한 명씩 지원한다. 상급생과 하급생들이 서로 머리를 맞대어 여행 계획을 세우고 여행지에서 자기들이 세운 계획대로 여행을 다니게 된다. 이때 그림자 선생님은 학생들이 도움을 요청할 때에만 지원을 하고 대부분의 활동은 학생들이 주도하게 되는 것이다. 이런 과정을 통해서 학생들도 많은 배움을 얻지만 교사인 나도 학생들을 통해 함께 만들어 가는 배움에 익숙해지고 있다.

우리 학교의 대부분의 교육활동이 무학년제 중심으로 이루어지다 보니, 한 사람이 주도하기보다 함께 의논해서 만들어 가는 경우가 대부분이다. 그런데 교사들이 추구하는 방향이 언제나 같을 수는 없다. 사람마다 가치관이 다르듯 같은 활동을 하더라도 거기에 부여하는 의미가 다르다. 서로의 의견이 다르다 보면 회의 시간은 길어지고 결론도 쉽게 나지 않는다. 그러나 힘든 과정을 지나 결론이 나면 그 후로는 일이 일사천리로 진행이 된다. 모두가 한 방향을 보고 나아가는 것이다. "빨리 가려면 혼자 가고 멀리 가려면 함께 가라"라는 아프리카 속담이 있다. 혼자서 일을 하면 빨리 처리할 수 있지만 문제 상황에 부딪혔을 때 포기하기 쉽다. 하지만 함께 일을 하면 일이 추진되는 데 시간은 오래 걸리지만 문제 상황에 부딪혀도 서로의 도움을 통해 문제를 해결해 나갈 수 있다.

우리 학교의 한 선생님 이야기다. 그는 나보다도 더 개인주의적인 성향이 강한 사람이다. 교사들 회의에도 제대로 참여하지 않고, 참여한다 해도 의견을 잘 드러내지 않는다. 의견을 낸다 하더라도 꼭 함께 해야 하는 거냐는 식으로 이야기하며 회의의 분위기를 다운시키기도 한다. 그래도 그 선생님의 의견을 충분히 존중한다. 그럴 수 있다고 여기기 때문이다. 그리고 학교 행사에는 또 적극적으로 참여하고 자신의 역할을 몇 배로 잘 수행해 내기 때문에 인정도 받고 있다. 그렇게 한 해를 지나고 올해는 그 선생님이 조금은 달라진 것 같다. 말은 여전히 혼자 하면 안 되느냐고 툴툴거리지만, 여름 학기인 나눔 프로젝트를 맡아 성공적으로 해내고, 스스로도 굉장히 뿌듯해하는 게 보였다. 또한 이번 행복학교 4년간의 이야기 글쓰기에 힘을 보탤 수 있느냐는 제안을 기꺼이 받아 주어서 매우 고마웠다. 아직은 혼자서 하는 활동이 더 편한 것 같지만 함께 하는 활동에서도 즐거움을 느끼는 것 같다.

스스로 교육과정의 주체라고 생각하는가?

대부분의 교사는 이미 스스로가 교육과정의 주체라고 생각할 것 같다. 학급교육과정을 짜면서 시간표도 만들고, 학교 행사에 따라 교과 진도도 조절해야 하고, 수업 시수도 맞춰야 하고, 성취기준에 따라 평가 계획도 세워 나간다. 그렇게 학급교육과정을 만들어 놓으면 그것은 1년간의 나의 교육과정이 되는 것이다.

정말 그럴까? 큰 학교에서 근무를 하면 학년 연구라는 업무가 있다. 모두가 기피하는 업무라서 나도 젊다는 이유로 학년 연구를 여러 번한 적이 있다. 학교 연구도 아니고 학년 연구는 뭘까? 학년 연구 업무를 맡게 되면 가장 큰 일은 학년교육과정을 만드는 것이다. 학교교육과정을 보면서 형식적으로나마 학년 교육 목표와 특색교육을 만들고, 학년에 주어진 수업 시수에 맞게 연간 시간표를 만들고, 수행평가 계획을 세워 학년교육과정을 만들어 놓으면 동학년 선생님들을 불러 시수는 이렇게 맞춰야 하고 이때는 행사로 잡아야 한다, 평가는 이렇게 하면 된다 등 설명을 자세히 한다. 그럼 다른 선생님들은 학급에 맞게 조금씩 수정하면서 학급교육과정을 만든다. 지금도 이렇게 하는 학교가 있을까마는 예전에는 이런 일을 하는 게 학년 연구의 업무였다. 과연 이렇게 만든 교육과정이 나의 교육과정이라고 할 수 있을까?

우리 학교는 사계절 프로젝트를 1년 동안 꾸려 가기 때문에 교육과정 재구성을 하지 않으면 안 되는 환경이다. 그렇지만 여전히 교과서를 버리지 못하는 딜레마에 빠진 분들이 많다. '그래도 교과서는 다 봐야 하지 않을까요?' '학력이 떨어지지 않을까요?' '교과서를 하지 않으면 불안해요.' 프로젝트 수업을 하다가 교과서 진도를 다 나가지 못한 선생님들은 초조해하며 학교의 사계절 프로젝트를 탓하기도 한다. 그렇다고 교과서를 안 해도 된다고 말할 수는 없다. 학급교육과정의 주체이자 책임자는 내가 아니라 그 선생님들이기 때문이다. 물론 우리 학교의 학교교육과정이 빡빡하게 짜인 것도 문제점이라고 생각한다. 학급의 자율성을 제한하기 때문이다. 그럼에도 불구하고 나는 교과서를 조금씩 버려야 한다고 말하고 싶다. 교과서를 교육과정이라고 말할 수 없기도 하거니와 교과서는 내가 만든 교육과정의 내용이 아니기 때문이다. 이제는 모든 선생님들이 자신만의 교육과정을 만들어 가야 하는 시대가 왔고, 우리 학교는 그런 면에서는 아주 좋은 환경을 제공해 준다.

나와 학교의 지속적인 변화를 기대하며

행복학교 4년 동안의 이야기를 담자는 제안에 행복학교 업무 담당자라는 책임감으로 받아들이기는 했지만 글을 쓴다는 것이 참 쉽지 않다. 하지만 평소 내가 고민한 내용을 적으면서 나와 같은 고민을 하는 선생님들께 도움이 되었으면 좋겠다는 생각이 들었다. 물론 이 글은 우리 학교에 근무하면서 고민했던 나의 개인적인 주관이기 때문에 일반 학교나 다른 행복학교에 일반화시킬 수 없을 것이다. 짧은 교육 경력이지만 일반 학교에서 채우지 못한 갈증도 있었고, 비정상적으로 운영되는 사례를 지켜보면서 학교가 변화해야 한다는 필요성을 느꼈다. 행복학교가 정답이 될 수는 없지만 확실한 건 점진적으로 변화를 시도하는 학교라고 말하고 싶다. 올해의 우리 학교는 지난 4년과는 또 다른 새로운 변화를 모색하고 있다. 결국 행복학교에서 살아남는 방법은 우리 자신과 학교를 지속적으로 변화시키는 것이고 변화를 두려워하지 않는 것이다.

변화? 제자리 찾기?

충무여중 박명우

충무여중의 첫 모습은 인상적이었다. 시골 학교처럼 주변에 학생들을 유혹할 만한 오락시설이나 유흥 시설들이 거의 없어 깨끗한 교육환경을 유지하고 있었고, 교실에서 창문만 열면 산과 바다와 마을이 조화롭게 늘어선 아름다운 전망을 감상할 수 있었다. 교정의 우거진 수목은 학생들에게 쉴 수 있는 그늘을 제공했으며, 매실이나 보리수, 편백나무 열매들은 아이들에게 놀 거리를 제공했다. 교정은 다양한 꽃들이 향기를 날렸다.

충무여중에서의 첫 시간이었다. "어디에서 오셨어요?" 학생들의 질문에 거제에서 왔다고 했다. 그러자 학생들이 이구동성으로 "그럼 내년에 가시겠네요. 거제 선생님들은 1년 있다 가시던데요. 통영 선생님들도 금방 가시고요"라고 대답했다. 왜 그러느냐고 물었더니, 학생들은 자주 바뀌는 교사들에게 적응하기 힘들다고 했다.

충무여중에서의 첫해인 2014년에는 2학년 담임과 정보부장을 맡았다. 주로 고등학교에서 근무한 내가 중학생들을 이해하기는 쉽지 않았다. 고등학생과 달리 중학생들의 태도는 가정환경의 변화나 친구관계의 변화에 따라 수시로 변해서 종잡기 힘들 때가 많았다. 어떤 때는 원칙을 강조하며 학생들과 대립하는 경우도 생겼다.

2014년 2학기에 새로 부임한 공모 교장은 의욕적으로 행복학교 공모에 참여했다. 그런데 1기 행복학교로 지정되자 많은 선생님들이 학교를 떠났다. 교장은 정보부장인 나에게 교무기획부장과 함께 변화의 방법과 방향에 대해 고민하고 전체적인 운영의 틀을 짜 보라고 했다. 그래서 몇 군데 연수도 다녀오고, 이미 들었던 원격연수도 다시 들었다. 하지만 변화의 방향을 명확하게 가늠하기 어려웠다.

2015년 '행복학교'가 시작되었다. 교장은 일종의 바람을 일으키길 원했다. 강력한 동력을 가지고 독서교육과 진로교육에 전념하고자 한 것이다. 아침독서 시간이 정해지고 '목련 향기'란 독서기록장을 제작했다. '목련의 꿈'이라는 진로기록장도 만들어졌다. 그리고 학생들의 독서활동과 진로탐색활동을 격려하기 위한 행사와 장학금이 준비되었다. 나는 일회성 행사가 아니라 다른 학생들을 자극할 수 있는 기회가 되었으면 하는 바람으로 학생들의 발표를 지도했다. 그러나 상이나 장학금을 받지 못하고 탈락한 학생들이 맛보게 될 실망감에 대해서는 둔감했다. 열심히 준비해서 발표했는데 상을 받지 못한 학생들의 상처는 생각보다 컸다.

2016년 3학년 부장을 맡게 되었다. 행복학교를 시작했다고 해서 변화가 저절로 일어나는 것은 아니었다. 학교에서는 배움중심수업 풍토 일구기, 학생자치 실현, 독서를 통한 사고의 변화, 꿈을 찾기 위한 탐색 등을 위해 노력했으나 그것은 학생들의 자발적인 참여를 끌어내는 과정을 생략하고 있었다.

아침독서 시간은 학생들이 특히 싫어하는 시간이었다. '내가 읽은 책 소개하기 대회'와 '나의 꿈 발표대회' 역시 발표하는 학생과 듣는 학생 모두에게 심리적 부담을 주었다. 반면 체육대회, 합창제, 학교축제와 같은 학생회가 기획하고 진행하는 행사들은 준비에 많은 힘이 들었지만 적극적으로 참여했다. 학생들은 함께 참여하는 행사와 그렇지 않은 행사를 뚜렷하게 구분하고 있었다.

2017년 교사 다모임에서 '내가 읽은 책 소개하기 대회'와 '나의 꿈 발표대회' 같은 경쟁적인 성격의 대회는 더 이상 개최하지 않는 것으로 결정되었고, '목련의 꿈' 역시 더 이상 발행하지 않는 것으로 결정했다. 다만 독서 활동은 의미 있는 교육활동으로 인정되어 학생들의 부담을 덜어 줄 수 있도록 완화하여 지속하기로 했다.

2017년 학생들이 함께 참여하는 자치활동을 하고 싶어 인성안전부를 맡았다. 3월 초 처음 시도한 일은 선도부 활동을 지도가 아닌 홍보활동으로 변화시키는 일이었다. 과거에 하던 대로 선도부가 학생생활지도를 하고 있었기 때문이다. 그러나 선도부원들의 반발은 의외로 강했다. 그동안 학교가 선도부원들에게 맡겨 왔던 복장과 생활에 대한 지도 권한이 학생들 사이에서는 위계질서로 작동하고 있었음을 깨닫게 되었다. '등교 학생 맞이'를 위해 시급하게 이루어져야 할 일은 학생생활 관련 규정의 제·개정이었다. 학생생활규정 제·개정을 위한 학생회의 활동을 권유했지만 바꿀 필요를 느끼지 못한다는 답변이 돌아왔다. 하지만 '우리가 정한 규정도 아닌데 왜 따라야 하느냐'는 학생들의 불만은 여전했다.

그래서 학생회 간부수련회 과정활동으로 학생생활규정 개정에 관한 토론을 하도록 계획을 세웠다. 모둠별로 학생생활규정의 문제점을 찾고 개정안을 제안하는 활동을 진행했는데, 밤늦도록 다양한 의견에 대해 활발하게 토론이 진행되었다. 곧 학생회를 중심으로 학생생활규정을 개정하자는 의견이 나올 것으로 기대했다. 그러나 후에 학생회가 중심이 되어 실시한 설문조사 결과는 학생생활규정 개정의 필요성을 느끼지 못하는 것으로 나타났다. 학생들은 주로 자신들의 생활과 직접 관련이 있는 복장, 용모에 관심이 있었는데, 학교의 허용적인 분위기 때문에 큰 불편을 느끼지 못하는 것 같았다. 결국 학생생활규정은 12월에 인성안전부 주도로 학생, 학부모, 교사의 설문조사 결과를 반영하여 개정되었다.

2017년 학생생활규정의 개정은 온전한 절차를 거쳐 이루어진 일이 아니었다. 학생들이 자신의 문제를 인식하고 민주적 절차에 따라 규정을 개정하는 것이 규정의 정당성을 확보하는 길이기 때문에 2018년 학생회 간부수련회에서도 동일한 주제를 가지고 과정활동을 준비했다. 2017년과는 달리 회의 기법과 의사결정 능력, 의견 수렴 방법의 절차에 대해 체계적인 훈련을 진행할 수 있도록 액션러닝 전문가를 초빙하여 학생생활규정에 관한 토론을 진행했다. 수련회를 마치고 학생회를 중심으로 학생들의 의견 수렴에 나섰지만 결과는 2017년과 같았다. 2017년 개정된 학생생활규정의 정당성을 확보하기 어렵게 된 것이다.

2019년 학생회 간부수련회에 다시 학생생활규정의 개정을 위해 액션러닝 전문가를 초빙하여 토론을 진행했다. 예전과 마찬가지로 학생회 임원들 간의 토론은 활발하게 진행되었다. 학생들의 의견을 모아 학생생활규정을 개정하겠다는 학생회장과 임원들의 의지도 분명해졌

공동체 놀이를 통한 평화로운 학급 만들기

다. 그리고 6~7월 의견 수렴 절차를 거쳐 9월 학생회를 중심으로 생활 규정 개정을 위한 '다모임'을 가지게 되었다. 3년 만의 일이었다.

우리 학교의 자치활동은 이와 같은 발전 과정을 거치며 전반적으로 활발하게 이루어지고 있다. 학생회를 중심으로 입학식, 졸업식, 학교폭력예방캠페인, 어버이날 행사, 체육 행사, 합창제, 천함제 등의 각종 행사 활동뿐만 아니라 일본군 위안부 동상 세우기, 세월호 추모제, 양심 우산 운영, 친구의 날 운영, 애플데이 운영, 프리마켓 운영을 통한 기부활동 등 많은 활동들을 해 오고 있다. 학급에서도 월 2회 편성된 학급 자치시간을 이용하여 회복적 생활교육을 진행하는 등 활발한 의사소통이 이루어지고 있다.

충무여중에서 배운 것들을 말하려다 보니 지난 6년의 변화를 너무 단편적으로 늘어놓았는지 모르겠다. 처음에는 변화의 방향과 방법을 가늠할 수도 없었지만, 충무여중은 나의 변화가 학생과의 관계를 변화시킬 수 있다는 것을 가르쳐 주었고, 함께 하는 활동이 학생들을 행복하게 한다는 것을 가르쳐 주었으며, 변화는 학생들의 이야기에 귀 기울이는 과정에서 서서히 온다는 것을 가르쳐 주었다. 그리고 배움은 교사가 아니라 학생들이 원할 때 이루어지는 것임을 가르쳐 주었다.

이 학교에서 어느새 6년이 되었다. 나만 그런 것은 아니다. 학교와 학생들의 변화가 좋아서 오래도록 남는 선생님들이 늘고 있다. 아마 선생님들만 그런 것은 아닐 것이다. 학생들에게도 충무여중이 낭만적이고 아름다운 추억의 장소가 되리라고 생각한다.

민주적 의사소통 방법을 실천하는 학생회

방향치 초보 교사의 행복학교

지난 6월 어느 날, 프로젝트를 하나 끝내고 잠시 숨 돌릴 여유가 있었습니다. 그때 교육청에서 한 가지 일을 배달하러 온 달갑지 않은 손님이 동광초에 방문하셨습니다. 파견 선생님이 동광초에 방문하여 행복학교에 대한 책 출판 계획을 알려 주셨습니다. 누구에게나 그러하듯 일을 주는 사람은 달갑지 않습니다. 저의 달갑지 않은 반김에도 인자한 표정으로 제가 느낀 행복학교와 일반 학교의 미묘한 차이를 솔직하게 글로 옮겨 달라는 요청을 했습니다.

더구나 저는 초보 교사입니다. 아직 교육이 무엇인지 모릅니다. 제가 하루하루 꾸역꾸역 삼키듯이 하는 수업이 무엇인지 모릅니다. 그리고 지금 제가 살아가는 동광초살이가 저와 아이들에게 어떤 의미가 있는지 모르겠습니다. 아무것도 모르는 제가 이 글을 쓰고 있다는 것이 낯 뜨겁습니다.

초보 교사인 저의 글이 이 책의 일부분을 차지해도 되는지에 대한 자격지심을 가지고 제가 감히 행복학교에 대해 이야기하려 합니다.

나의 2018 사계절 프로젝트

저의 동광초와의 첫 만남은 어느 해인지는 정확히 기억나지 않는 겨울입니다. 동광초등학교에서 교사 대상으로 연수를 실시했습니다. 그날의 연수에서 동광초만의 자유로운 교육과정 재구성 내용과 그것을 운영하고 지탱해 주는 학교 시스템이 저에게 아주 신선하게 다가왔습니다. 개별 교사의 자율성과 창의성을 발휘하는 허용적인 교육과정 운영은 저에겐 별천지로 느껴졌습니다. 그날 이후 저에게 동광초는 가고 싶은 학교가 되었습니다.

2018학년도, 드디어 동광초에 입성하게 되었습니다. 설렘 가득한 저와 동광초의 첫 만남은 2018학년도 2월 중순, 읍내 카페에서 시작됩니다. 아직 낯선 동료 선생님들 사이에서 자유롭게 의견을 주고받으며 업무분장이 이루어졌습니다. 업무분장은 늘 그러하듯 만족스럽지 못했습니다. 하지만 모두가 자신의 의견을 거침없이 이야기하는 분위기가 형성되어 있다는 사실이 무척이나 반가웠습니다. 그때 그 순간까지는 여전히 저에게 기분 좋은 동광초였습니다.

모든 학교교육과정이 그러하듯 2018학년도의 교육과정은 2018학년도에 새로 온 선생님들이 만들지 못합니다. 2018학년도 교육과정은 대부분 2017학년도에 스케치가 다 되어 있기 때문입니다. 현실적인 문제이기 때문에 어떠한 불만도 없었습니다. 그전의 선생님들이 만들고 간 가이드라인이라고 생각하며, 학교교육과정에 대해 그저 내면화하면 될 문제라고 생각했습니다. 이는 가장 중요한 새롭게 만날 아이들을 위한 학급교육과정을 만들어 가는 데 집중할 수 있는 좋은 기회였다고 생각했습니다. 그런 소중한 시간이 저에겐 중요하지 않은 일들로 가득하게 되었습니다.

　본격적으로 교육과정 준비가 3일 동안 이루어졌습니다. 3일 동안의 교육과정 준비 기간이 이렇게 알차게 준비되어 있을지는 예상치 못했습니다. 아주 좋은 연수라고 생각했습니다. 단, 주제가 저의 관심과 거리가 멀었고, 제가 끼어들 여지가 없는 문제로 시간을 허비하고 있다는 것이 문제였을 뿐입니다.

　신참 행복학교 전입 교사 4명은 행복학교의 철학과 이미 스케치가 다 된 사계절 프로젝트에 대한 이야기를 3일 동안 들었습니다. 뜯어고칠 필요도, 고칠 수도 없는 프로젝트에 대하여 하다 보면 알게 될 것이라는 말과 함께 사계절 프로젝트에 대해 생각을 나누었습니다. 견고한 성 같은 사계절 프로젝트를 붙잡고 정작 중요한 학급교육과정을 고민할 겨를이 없었습니다. 이러한 불필요하고 생산성 없다고 느껴지는 회의가 1학기 동안 지속적으로 이루어졌습니다. 행복학교에 재직하시는 많은 선생님이 아시겠지만 민주적 절차라는 미명하에 비효율적인 업무 추진이 굉장히 많았습니다. 그렇게 지쳐 가고 있었습니다.

　저는 자율적이고 독창적인 학급교육과정이 모여 학교교육과정이 만들어진다고 생각합니다. 그렇기에 사계절 프로젝트 회의는 수면유도제의 역할을 했습니다. 사계절 프로젝트를 만들었던 1기 동광초 선생님들과 2018학년도 저와 함께 사계절 프로젝트를 운영했던 선생님들은 어떻게 생각하는지 모르지만. 저에게는 적어도 사계절 프로젝트는 운동회, 학예회, 졸업식과 같은 학교 행사의 의미 그 이상도 그 이하도 아니었습니다. 학급교육과정을 되돌아볼 틈 없이 이루어지는 무학년제 프로젝트는 힘겹게만 느껴졌습니다.

동광초의 사계절 프로젝트는 아이들에게 교과와 성취기준만으로는 어려운 삶의 경험을 줄 수 있는 좋은 프로젝트이며, 그 자체로 충분한 의미가 있었습니다. 단, 외부의 시선 또는 행복학교라는 타이틀이 주는 무게감에 행사 활동을 억지 성취기준을 끌어와 포장하려고 부단히 노력했습니다. 그 노력이 동광초 안에 숨쉬고 있는 학생과 교사를 위한 노력이었는지, 동광초와 행복학교라는 타이틀을 위한 노력인지는 알 수가 없었습니다. 저는 행복학교라고 일반 학교와 다를 필요는 없다고 생각합니다. 일반 학교와 다른 것이 아니라, 지금 동광초라는 장소에서 숨 쉬고 살아가는 학생들과 선생님들에 따라 달라져야 되겠지요.

나의 2018학년도를 되돌아보며

2018학년도에는 행복학교 1기의 평가가 있었습니다. 그 평가에 따라 행복학교로서의 동광초를 잘 마무리해야 한다는 분위기가 팽배했습니다. 결국 잘 마무리하는 방법은 지금 여기에 없는 선생님들이 만들었던 동광초를 흉내 내는 법이었습니다. 동광초를 행복학교로 만들었던 선생님들의 철학이 무엇인지는 모르고, 따라 하는 것에 초점을 두었습니다. 그것이 옳지 않다는 것은 알고 있었지만 달리 뾰족한 수는 없었습니다. 변명으로 들리겠지만 새로운 동광초를 설계하고 운영하기에는 제가 마주한 동광초는 낯설었고, 제 역량이 부족했습니다.

그러한 저의 역량 부족에서 비롯된 자격지심은 달리 문제될 것이 없는 동광초의 불합리함과 잘못된 부분을 지독스럽게 찾아 나갔습니다.

저의 2018학년도를 되돌아본다면 남들이 보기에는 제가 하고 싶은 것은 다 하고 살고, 불만은 항상 부리고 산다고 이야기를 할지도 모릅니다. 학급교육과정에서 제가 하고 싶은 것은 고집부리며 다 하고 지냈습니다. 그리고 공동의 일에 대해서는 중요하게 생각하지도 않았으며, 아직도 중요하다고 생각하지 않습니다. 제가 생각하기에는 중요하지 않은 일에 열심인 선생님들을 제3자의 눈으로 안타깝고 답답하게 바라볼 뿐이었습니다. 그렇게 남들이 보기에는 이해할 수 없는 불만을 가득 채우고 학급에서만 그럭저럭 즐겁게 생활했습니다.

제가 좋아하는 노래가 있습니다. 김창완밴드의 '열두 살은 열두 살을 살고 열여섯은 열여섯을 살지'라는 노래입니다. 이 노래에 담긴 의미는 '삶이란 매 순간 완성된다'는 것입니다. 동광초는 이 노랫말과 다르게 2018학년도를 살았습니다. 동광초는 2018학년도를 살며 2015학년도의 행복학교 동광초를 완성하고자 했습니다.

나의 2019

2018학년도, 동광행복학교 1기 선생님들의 그림자를 완전히 벗어던질 기회가 왔습니다. 행복학교 현판도 새롭게 받았겠다, 새 판을 짤 기회가 드디어 왔습니다. 그동안 쌓아 두었던 제 개인적인 생각과 불만을 토로했습니다. 그리고 지금 여기에 없는 선생님들을 배제하고 우리들만의 동광교육과정을 만들어 가길 바랐습니다. 사계절 프로젝트 대신 학급별 프로젝트 학습을 구현하고자 했던 제 생각이 완전히 받아들여지진 않았습니다. 그럼에도 성취기준과 연결 짓기 어렵고 학년교육과정 운영에 장애가 되었던 무학년 사계절 프로젝트를 개선할 수

다모임 모둠원들의 단합심을 알아보는 한마음 한뜻 뛰어오르기 모습

있었습니다.

- 도전 프로젝트(봄): 다모임이 중심이 되어 학생이 만들어 가는 운동회와 뒤뜰야영
- 나눔 프로젝트(여름): 동아리 활동을 통해 꿈을 만들고 마음을 기부하는 나눔장터
- 동행 프로젝트(가을): 한 손에는 가을바람과 한 손에는 친구의 손을 잡고 세상을 나아가는 동행 프로젝트
- 끼 프로젝트(겨울): 동아리 활동을 통해 자신의 끼를 키우고 키운 끼를 무대에서 발휘하는 학예회

이 사계절 프로젝트 중 2019년 8월 현재 도전, 나눔 프로젝트를 마친 상태입니다. 어쭙잖게 억지로 교과 성취기준을 끼워 맞추던 프로젝트가 아닌 아이들의 요구와 흥미를 반영하며 자연스럽게 연결이 가능한 창의적 체험활동을 활용한 프로젝트를 통해 학급교육과정의 여유가 좀 더 생겼습니다.

특히나 제가 맡은 나눔 프로젝트는 회의 시간를 거의 가지지 않았습니다. 각 동아리별 선생님들이 학생들과 힘을 합쳐 창의적으로 동아리 활동에 집중하고, 그 노력들이 모여 나눔 프로젝트가 풍성하게 이루어졌습니다. 그 풍성함 속에는 아이들의 성장이 더해졌기에 더할 나위 없었습니다.

지난 사계절 프로젝트를 통해서 아이들은 친구들과 동생들과 함께 성장했습니다. 사계절 프로젝트는 무학년제 행사 활동으로, 학년틀에

서 벗어나 동광초 어린이들 모두가 만들어 가는 활동으로서 가치가 있습니다. 그것으로 충분합니다. 더 이상의 욕심을 부리며 그럴듯하게 포장된 스토리가 첨가되길 바라지 않습니다. 말장난은 결국 자기만족에 불과합니다.

저는 사계절 프로젝트보다는 교실수업에 집중해야 된다고 생각합니다. 교실은 아이들에게 늘 어색하고 낯설게 느껴집니다. 그 낯선 공간에서 어쩔 수 없이 받아들여지는 수업을 보다 아이들과 친해지게 하는 방법을 찾는 것이 무엇보다 중요하다고 생각합니다. 사계절 프로젝트는 교사의 노력 없이도 아이들이 스스로 흥미와 배움을 실천해 나가고 있습니다. 그렇기에 앞으로도 교사가 사계절 프로젝트보다는 교실수업에 관심을 기울일 수 있는 시간이 더 늘어나길 바랍니다.

멋들어지고 특별한 사계절 프로젝트가 아닌, 동광초에서 살아가는 매 순간이 배움의 즐거움으로 가득해져야 진정한 행복학교가 아닐까요?

내가 생각하는 행복학교와 일반 학교의 미묘한 차이

먼저 이 글을 읽는 분들은 행복학교와 일반 학교의 미묘한 차이를 알고 있는지 묻고 싶습니다. 저는 그 미묘한 차이가 어디에 있는지 모르겠습니다. 적어도 그 미묘한 차이는 행복학교라는 타이틀이 아니라 교육을 혁신하려는 교원, 학부모, 학생들, 즉 교육의 주체들이 노력하면서 천천히 만들어 가고 있을 것이라 생각합니다.

다만 안타까운 점은 많은 사람들이 생각하는 행복학교가 정형화되고 획일화되고 있다는 사실입니다. 행복학교가 표방하고 있는 철학과

우리 고장 산 오르기 중 힘들어하는 동생을 업어 주는 언니의 모습

가치는 혁신학교의 좋은 밑바탕이 될 수 있습니다. 하지만 각 학교마다의 구성원들이 각자 철학을 정립하며 그 철학을 바탕으로 앞으로 나아갈 수 있게 독려한다면 만 가지의 행복학교 형태가 만들어지지 않을까라는 생각을 합니다. 아이들을 바탕으로 최선을 다한다면 어떤 형태이든 정답도, 오답도 없다고 생각합니다.

흔히들 인생은 속도가 아니라 방향이라고 합니다. 그렇다면 한 번 사는 인생에서 인생의 방향을 알고 올바르게 살아가는 사람은 누가 있을지 궁금합니다. 수많은 삶의 이정표 앞에서 올바른 방향으로 걸어간다고 호언장담할 수 있는 사람은 없습니다. 방향을 알 수 없기에 학생들도 배우고 교사들도 배워 나갑니다. 그럼에도 방향을 잡는 것은 어렵습니다. 그 방향으로 걸어가는 것은 오늘이지만, 그 방향은 종착지는 알 수 없습니다. 제가 할 수 있는 일은 아이들을 위해 최선을 다하고, 저의 노력이 아이들에게 도움이 되길 바랄 뿐입니다.

저는 행복학교의 방향이 올바르고, 앞으로 나아가는 길이길 기대합니다. 하지만 방향이 비록 틀렸을지라도 행복학교를 위해 노력한 사람들의 노력 그 자체로도 칭찬받아 마땅합니다. 교육에서도, 삶에서도 라플라스의 악마는 없습니다. 행복학교가 올바른 방향이라기보다 어디서든 아이들을 위해 더 노력한 사람들이 칭찬받기를 기대합니다.

다시 교사로서 꿈과 성장을 품다

작은 학교지만 다양한 색깔의 교육 방식

처음으로 교사가 되었을 때 '꿈'이 있었다. '나에게 배운 아이들은 멋지게 변화하고 성장할 것이다.' '교육 경력이 쌓이면 교사로서 전문가가 되어 있겠지.' 아이들을 척 보면 어떻게 성장시키고 변화시킬 수 있을 줄 알았다. 그러나 교사로서 세월이 흐르면서 아이들이 변하지 않아 연말이 되면 모래알을 씹는 기분이 들 때가 많았고, 교사로서 성장하지 못하는 내 모습에 우울할 때가 많았다.

'교사로서의 성장'이 한계에 직면하면서 '도피처'로 승진의 길을 고민하기도 했다. 어느 선배 교사의 "나이 들어 봐라, 아이들도 싫어하고, 부모들도 싫어하고, 동료들도 싫어한다. 빨리 승진 준비해라"라는 말이 생각난다. 그러나 나는 교사로서 행복할 수 있는 길을 찾고 싶었다.

교사로서의 한계와 우울증에 빠져 있을 때 행복학교를 만났다. 아니 행복학교를 찾았고 쭉 품어 왔던 그 꿈에 도전했다. 수곡초등학교는 진주 외곽 지역에 자리하고 있다. 관외에서 들어와 1~2년마다 시내로 들어가는 경유지 학교였다. 그래서 마음을 함께 모으기가 쉽지 않았다.

2014년 행복학교 공모 지원서를 받았을 때, 수곡초등학교 구성원들은 교육계에서 상처받고 아웃사이더 같은 처지였지만 그동안 잊었던 교사로서의 꿈에 대한 희망이 우리의 마음을 모았다.

우리는 먼저 서로의 교육에 대한 고민과 기대를 함께 나누었다. 형식적인 것은 버리고 각자에게 의미 있는 것을 찾아 나가는 것이 중요하다는 것에 공감했다. 한 선생님이 'EBS 다큐 슬로리딩'을 함께 적용해 보자는 제안을 하자 모두 동의했다. 그때부터 저녁마다 동영상을 보면서 어떻게 적용할지를 논의했다. 그러나 모든 선생님이 슬로리딩을 똑같이 적용하는 틀은 만들지 않았다. 다음 해에 살펴보니 일 년 동안 책 한 권을 정해서 실천하는 선생님도 있었고, 한 달에 한 권씩 읽는 방식을 택한 선생님도 있었다. 선생님마다 맞는 방식으로 슬로리딩을 적용해 나가고 실천하는 모습이었다.

이런 분위기에서 수곡초는 작은 학교지만 선생님마다 슬로리딩, 주제 중심, 역량 중심의 프로젝트 수업 등 다양한 색깔의 교육 방식을 만들어 나갔다. 모두가 처음으로 걸어가는 길이기 때문에 서로에게 귀를 기울였다. 서로에게 배우기 위해 월 교육기획 협의회를 열어서 각자가 기획하고 있는 주제 중심 및 프로젝트에 대해서 함께 나누고 도움을 받는 시간을 가졌다. 어떤 때는 그 시간이 길어져 밤늦게까지 이어지기도 했다. 그런 시간을 통해서 선생님들은 자기 나름의 빛깔 있는 교육과정을 만들어 갔다. 평가도 마찬가지였다. 평가에 대한 연수와 철학은 공유하면서 자신의 평가 방식들을 만들어 나갔다. 어떤 선생님은 4분기로 체크리스트 방식으로, 어떤 선생님은 편지 방식으로 자기만의 방식을 만들었다. 또한 모든 선생님들이 문집을 만들어 학부모와 공유하는 문화를 공동으로 만들어 나갔다. 만약 한 가지 방식으로 강요했다면, '아직 익지 않아서 떨어지는 과일처럼' 첫해는 화려해 보일지 모르지만 참된 변화와 성장은 보지 못했을 것이다.

아무도 가 보지 않은 나만의 길

나는 행복학교의 그러한 경험을 통해 두렵고 떨리는 가운데서 나의 교육과정을 만들어 나갔다. 담임교사의 교육권과 평가권 보장은 나의 교육철학을 실험하고 깊이 있게 만들어 주었다. 행복학교에서는 공부하고 듣기만 해 온 남의 것이 아니라, 온전히 내 것으로 아이들을 만나고 가르치는 기쁨을 누릴 수 있었다. 아이들의 삶을 가꾸기 위해, 살아가는 힘을 기르기 위해 교육과정을 자유롭게 다룰 수 있는 힘과 자신감이 생겼다. 교사로서 가장 큰 보람이었던 레지던트 과정이었다. '교사로서의 성장'은 늘 가지고 있던 궁금증이며 의문이었다. '왜 교사로서 성장하지 않는가?' 그리고 '아이들은 왜 변하지 않는가?' 이 두 가지 질문은 교사로서 우울증을 가중시키는 질문이었다. 그러다 '수곡 행복학교'의 경험을 통해 '교사로서의 삶'과 '학생의 배움'에 대한 실마리와 방향성을 찾게 되었다. 아무도 가 보지 않은 나만의 길을 걸어가야 했기 때문에 열정과 자발성이 샘솟는 것이 수곡 문화의 특징이다.

'교사로서의 성장'은 '나 개인의 성장'과 다르지 않다는 것을 알게 되었다. 우리는 교육의 중립성이란 이름으로 교사의 철학은 가치 없는 것처럼 생각하도록 강요받았다. 그리고 국가수준의 교육과정, 즉 교과서를 열심히, 재미있게 효과적으로 아이들에게 전달하는 것만이 교사의 역할인 줄 알고 있었다. 그런 문화 속에서는 기능 숙달은 있더라도 교사로서의 총체적인 성장을 기대할 수는 없다. 그런 문화 속에서의 교육은 앙꼬 빠진 찐빵처럼 비어 있는 공소교육인 것이다. 우리는 교육에 생명력을 부여해야 한다. 그것은 교사의 총체적 삶에 눈을 뜨고, 교사가 먼저 자신의 삶을 풍요롭게 하는 것이며, 나아가 아이들의 삶을 가꾸는 교육으로 드러나야 한다. 그것이 교육에서 교사 자신의 정체성과 성실성을 회복하는 길이다. 끊임없이 성실하게 가야 할 길이다. 또 교육에서 '나다움'을 회복하는 길이다.

어느 30년 교사의 고백

해성중 임은경

4월 교정의 벚꽃나무 아래, 활짝 핀 아이들의 미소가 더 꽃답다. 아이들의 웃음을 보며 그들이 늘 꽃 같은 미소로 행복한 삶을 살았으면 좋겠다는 바람이 절로 생긴다.

그렇게 활짝 핀 아이들의 웃음을 보며, 학교가 너무 행복하지 않아서 모두가 힘겨웠던 지난 시간을 돌이켜 보게 된다. 삶은 늘 우리에게 호락호락한 것이 아니어서 어제도 오늘도 내일도 늘 새로운 과제를 던지며 머리를 싸매게 하고, 또 시간이 흐르면서 짓누르는 고통의 기세가 누그러지기 마련이지만, 그때는 당면한 난제를 어떻게 해결해야 할지 막막해서 학교생활이 참 힘들었다.

결국은 내가 편하려고 해 오던 수업

지금에 와서야 부끄러운 자신을 성찰하게 되지만, 예전에 나는 누구보다 교사로서의 삶에 자신이 있었고 당당했다. 수업이 시작되기 전에 학생들이 옷 매무새를 고치며 단정한 자세로 나를 맞아 주기를 바랐고, 지난 시간에 배운 내용을 복습해 와서 어떤 질문에든 답할 수 있는 준비 자세, 모든 학생이 시종일관 나와 함께 호흡하며 내 목소리에 집중하는 수업시간…. 늘 그런 수업시간을 유지하려고 노력했다. 그렇게 만들기 위해 회초리를 들었고, 타고난 목청과 매서운 눈빛으로 아이들을 통제했다. 수업이 편했고, 나는 준비해 간 수업거리를 맘껏 펼쳐 내는 원맨쇼를 마치고 난 후 교실을 나서며 뿌듯해했었다. 교사가 천직이라 생각했고 엄격한 교사로 자리매김하며 그렇게 오랜 시간을 평화롭게(?) 보내 왔다. 적어도 그 아이들을 만나기 전까지는 그랬다.

보이지 않는 상처를 보지 못하고

2012년 입학한 아이들은 시작부터 버거웠다. 유난히 결손가정, 조손가정에서 사랑을 못 받고 자란 아이들이 많았다. 교실에서는 저희들끼리의 폭력으로, 교사들에게는 반항으로. 그렇게 드세게 다가오는 중1들을 예전에는 본 적이 없었다. 처음에는 전체적인 분위기를 좌우하는 4~5명의 아이들이었지만 2학년, 3학년이 되면서 화선지에 퍼지는 먹물처럼 대부분의 학생들에게 영향을 미쳤고 수업시간에는 그 아이들과 싸우느라 준비해 간 수업이 한 번도 제대로 되지 않았다. 3학년이 되면서는 수업 중에 교실을 박차고 나가거나 교사에게 욕설을 뱉는 아이들까지 생기면서 학교는 그야말로 총체적인 난국에 빠지고, 나이 든 몇몇 교사들은 학교를 그만둘 날이 왔다고 느꼈다. 아이들 장악에는 자신이 있다고 생각했던 나도 처음으로 명퇴를 고민한 시점이기도 하다. 그런데 담임이기에 그 아이들이 자라 온 가정환경이 힘들었다는 것은 알고 있었으나 아이들이 지금까지 살아온 삶이 그래서, 받은 사랑이 부족해서 그럴 수밖에 없을 거라는 인정과 이해와 공감으로 다가가지 못했다. 마음에 상처를 입어서 아픈 아이들, 그 아이들

벚꽃 교정에서

을 제대로 이해하고 받아들일 만큼 교사로서의 능력이 부족했던 것이다. 늘 현상과 반응에 온 감각을 곤두세우면서 할퀴고 일방적으로 가르치려고만 했고, 그러기에 지쳐서 심연을 들여다보고 성찰할 여유도 능력도 없었다.

부끄럽지만 문제는 우리였다

그 아이들 때문에 못 살겠다고들 했다. 2012년 입학생은 3학년 말 마지막까지 대규모 학교폭력사건을 일으키고 경찰서까지 왔다 갔다 하며, 결국 졸업을 했지만 그 생채기는 쉬 가시지 않았고 우리는 번 아웃 상태가 되었다. 하지만 시간이 흐르면서 어쩌다가 재수 없게 그런 아이들을 만나 졸업할 때까지 고생만 했다는 생각이 우리의 큰 착각이었다는 사실을 서서히 깨닫기 시작했다. 실은 그 아이들이 문제가 아니라 시대가 변하고 있고 아이들의 특성이 변하고 있는데 변화에 둔감한 채 늘 하던 방식을 고수하며 아이들을 가르치려고 했던 우리의 일상이 문제였던 것이다. 지식 전달의 수업이 통하고, 교사를 통하지 않고서는 별로 배울 수 있는 여건과 기회가 없었던 시절은 이미 지나갔다는 것을. 관심사가 다양하고 개성이 분명해서 어디로 튈지 모르는 새로운 세대의 아이들을 마주하면서도 가르치는 방식은 바꾸지 않은 채 아이들이 잘 따라오기만을 강요했다는 것을. 그런 우리의 모습을 자각하게 되면서 결국은 아이들의 탓이 아니라 우리의 안주가 문제였다는 사실을 깨닫게 된 것이다.

쏟아지는 성찰

나는 졸업한 제자들을 만나거나 연락을 나눌 때, 자꾸자꾸 미안한 마음이 든다. 멋모르던 초임 시절의 미숙했던 내가 미안하다. 가르침이 모자랐고, 아이들을 어떻게 대하고 어떤 방식으로 지도를 해야 할지 몰랐던 내가 미안하다. 젊은 교사로서의 열정, 아이들과 나누었던 사랑과 정의 깊이는 자찬할 수 있지 않겠느냐는 스스로의 위로로도 그 허전한 마음을 채울 수가 없다. 그리고 2012년 그해 말썽꾼들 속에서 조용히 나를 따르던 다수의 아이들에게 너무 미안하다. 수업이 잘 안 되기 일쑤였고 말썽쟁이들을 혼내느라 많은 시간을 허비하던 그 수업들 속에서 툭하면 쏟아져 나오던 교사의 고함소리, 언짢은 이야기들을 버티며 들어 줬던 아이들을 생각하면 눈물이 나올 정도로 미안하다. 가끔씩 그 아이들에게 너희들한테 너무 미안했다는 말을 하면 아이들은 대수롭지 않게 받아들이지만, 나는 평생의 빚으로 그 아이들을 보게 될 것 같다. 그저 어떤 방식으로든 잘해 보려고 애쓰던 나의 모습만 오롯이 기억해 주기만 바랄 뿐이다. 또, 끝까지 얼른 졸업해 버렸으면 하는 마음으로 바라봤던 그해의 몇몇 아이들에게 올바른 가르침을 주지 못했다는 기억 또한 한없이 나를 작아지게 만든다.

오늘, 어제의 내가 부끄럽고, 내일은 또 오늘의 내가 부끄러워지겠지만 그래도 나는 행복학교를 만나면서 교육이 바뀌고 수업이 바뀌어야 한다는 신념과 철학이 생겼다는 사실 하나만으로 조금은 덜 부끄러워하며 살아가도 괜찮지 않을까 생각해 본다. 내년이면 교직생활 30년이 되는 나. 늦었지만 그래도 학교를 떠나기 전에 이런 깨달음을 가지고 실천하려고 노력하고 있다는 사실만으로도 부채의식이 조금 줄어

든다. 그리고 퇴직을 하고 난 뒤, 추억하게 될 내 교직생활의 끝자락이 지금의 모습이기에 행복하다. 가장 따끈따끈하게 기억될 아이들과의 수업이 지금의 수업이라 그래도 행복할 것 같다.

새롭게 깨어난 교사들

2015년 행복학교를 시작하면서 교육활동의 근본이 수업이고, 수업 혁신만이 우리가 처한 이 어려움을 해결할 수 있는 유일한 방법이라 생각하며 배움의 공동체 수업 철학을 공부하기 시작했다. 돌이켜 보면 주말 연수, 방학 연수 등을 전 교사가 함께 했던 것이 수업혁신의 일등공신이라는 생각이 든다. 쉬고 싶고, 또 여러 가지 해결해야 할 사적인 일들이 있었고, 피로하기도 해서 가기 싫다는 생각을 한 적도 많았다.

혼자의 의지로는 그러한 실천이 불가능했을 것이고, 변화를 위한 과제 앞에서 늘 다양한 핑계거리를 만들며 스스로의 의지를 주저앉히고 다시 제자리에서 일상을 반복했을 것임이 틀림없다. 다행히 우리는 여러 가지 어려움 속에서도 함께 다녔고, 함께 보고 배우고 학교로 돌아와 머리를 맞대며 고민을 나누었다. 무엇보다 연수 후에 모여서 이야기를 나누는 시간을 갖는 것이 참 중요했다. 같은 학생들을 가르치는 교사들이 공통적인 어려움이나 동일한 상황들에 직면하게 될 때, 각자 혼자서 의지를 불태우는 것보다 문제를 함께 나누며 해결 방법을 찾아 나가는 것이 교사 수만큼 아니 그 몇 배로 시너지효과를 낸다는 것을 우리 학교 교사들은 몸으로 경험했다. 그리고 부지불식간에 우리들의 일상이 되어 버린 제안수업과 수업협의회를 통해 수업은 우

멘티들과 정겨운 시간

리의 모든 것이 되고 있었다. 처음에는 잦은 교사연구회 시간에 대한 짜증과 수업공개에 대한 부담감으로 스트레스가 많았고, 수업도 마음먹은 대로 되지 않았다. 지금도 여전히 끝없는 실패와 시행착오 속에서 늘 목마름을 경험하긴 해도 언제부터인가 혼자의 무게를 전체가 나눔으로 인해 가벼워짐을 경험하면서 정해진 시간이 아니더라도 각자의 필요에 의해 자발적으로 모임을 요청하기도 하면서 짐을 나눠 들었다.

철학과 삶이 있는 수업을 꿈꾸며

2015년 1학기, 교사 9명이 일주일에 한 번씩 돌아가면서 수업을 공개했다. 수없는 컨설팅과 공개수업, 협의회 속에서 수업력이 길러졌다. 본말이 전도된 듯도 하지만 시작 무렵에는 철학도 미처 깨닫지 못한 채 수업을 공개해 나가면서 멋모르고 흉내만 냈는데, 수업을 거듭할수록 배움의 공동체 철학에 감동하고 공감해 나갔다. 소외되는 학생 없이 모든 학생들을 존중하고 보살피며 질 높은 배움이 일어나도록 하는 수업, 수업을 통해 삶의 역량이 길러지는 수업. 이상적인 말처럼 현실이 뒤따라가지 못했고 지금도 여전히 어렵지만 철학이 분명히 정립되고 나니 어느 방향으로 걸어가야 할지 목표가 분명해지기 시작했다. 철학과 목표가 없는 수업은 늘 가변적이고 안정적이지 못하지만, 나아갈 방향이 무엇인지를 알게 되면 준비가 어렵긴 해도 어디로 가야 할지는 늘 분명하다. 그래서 지금도 수업 디자인을 위한 마음이 엄청나게 바쁘고 설렌다.

교사가 어떻게 질문하느냐에 따라 아이들 생각의 스펙트럼이 달라진다. 국어 시간에 시를 공부하면서 표현기법이 무엇인지, 운율은 어떻게 형성되었는지 등등을 묻는 교사의 목소리에 힘이 들어가면 아이들은 거기에 매몰되지만, 시인이 우리에게 어떤 삶을 살라고 이야기하느냐를 찾아보자는 교사의 목소리에 힘이 실리면 아이들이 관심을 가지고 생각하는 방향이 사뭇 달라지기 마련이다. 물론 교사의 철학과 소양과 공부가 선행되어야 됨은 두말할 필요가 없다. 올바른 철학을 바탕으로 성취 목표를 달성하기에 적합한 텍스트를 엄선하는 것만으로도 교사의 품이 많이 든다. 어떤 재료를 가지고 활동하게 하고, 그 활동을 어떻게 말로 표현하게 할까를 고민하는 수업 디자인을 위해서도 교사의 숙고가 뒤따른다.

　행복학교의 가장 큰 수혜는 업무의 적정화와 분담이라고 생각한다. 업무 덜어 내기와 교무행정원의 업무 처리가 교사에게 시간적 여유를 안겨 주었고, 그 시간에 수업 디자인을 위한 고민을 할 수 있다는 것은 큰 행운이다. 그러한 취지를 온전히 받아들이지 않고 시간과 정력을 다른 곳에 낭비하고 있는 교사가 있다면 양심으로 가책하고 본연의 임무를 인식해야 한다고 생각한다. 나는 오늘도 책을 읽고, 인터넷 강의를 듣고, 수업자료를 찾으며 한 시간 한 시간의 수업을 책임 있게 운영하기 위해 노력하고, 이런 시간이 너무 좋다. 솔직히 수업 준비와 수업만 하면서 매일매일을 보낼 수 있다면 너무 행복할 것 같고, 유럽의 선진 교육 시스템처럼 교사가 온전히 이런 행복을 만끽하며 생활할 수 있는 날이 빨리 왔으면 좋겠다.

행복학교 교사로 살아가는 법

미국의 교육자 조너선 코졸Jonathan Kozol은 "교사의 진정성과 살아 있는 신념이야말로 가장 중요한 잠재적 교육과정"이라고 말했다. 이 말을 듣고 얼마나 가슴이 뛰었는지 모른다. 그리고 많은 질문들을 스스로에게 던지며 한없이 초라해지는 자신을 발견했다. 지역과 학교의 특성에 대한 고민이 담겨 있지 않은 국가교육과정, 교사의 영혼이 담기지 않은 교육과정을 들입다 가르친 나는 얼마나 무모하고 무책임한 교사였던가. 교육과정이나 성취수준 같은 것에는 관심을 가지지도 않았고 교과서 떼기에만 급급했던 나는 얼마나 무식한 교사였던가. 과연 내가 아이들을 어떤 사람으로 길러 나가야 하는지에 대한 비전을 설정하고 그것을 실천하는가. 그러기 위해 교육과정을 어떻게 재구성해야 하는지 그 과정에서 수업이 어떻게 준비되고 진행되어야 하는지에 대해 고민하고 있는가. 과연 나는 진정성 있는 교사이며 매 순간 교육공동체가 함께 수립한 비전을 떠올리며 아이들을 바른 인간으로 성장시키기 위해 살아 있는 신념으로 직분을 수행하고 있는가.

한나 아렌트가 "교육은 우리가 세상에 대한 책임을 떠안을 만큼 세상을 사랑하는지 결정하는 순간이다"라고 말했다. 교사라는 직업의 위대성이라고 해석한다면 자부심을 가져야 할 말이지만, 교사의 책무성에 대한 말이라고 이해한다면 너무나 위축되고 한없이 작아지는 자신을 발견한다. 세상을 떠안을 수는 없지만 최소한 내게 온 아이들의 미래를 염려하고 도와주는 것이 내가 해야 할 일이라면 거기에 대한 책임감은 절대 방기하지 말아야 한다고 생각한다. 적어도 행복학교 교사라면 말이다.

가르친다는 것

교사들에게 던지는 윌리엄 에어스의 조언이 너무나 뾰족해서 가슴까지 시리고 아프다.

"가르치는 것은 짓고 또다시 쌓아 올리는 일이고, 다른 사람에게 자기 자신을 선물하는 일이다. 나는 세상을 더 나은 곳으로 만들고자 하는 희망에서 가르친다."

행복학교 교사로서 공부를 시작하기 전까지 나는 이런 말의 의미가 무엇인지 잘 이해하지 못했다. 글자로는 당연히 이해했겠지만 영혼까지 그 의미가 와닿지는 못했을 것이라는 말이다. 이해를 넘어 실천에까지 이르는 길이 아직도 요원하다고 생각하지만 몇 가지 분명한 각오는 있다.

무엇을 지어야 하며 어떨 때 무너뜨려야 하며 어떻게 다시 쌓아 올려야 하는지를 판단하고 행동하는 열정과 혜안을 길러야겠다. 그리고 아이들에게 온전한 나를 선물하기 위해 정의로워야 하고 올바른 판단을 하기 위해 늘 자신을 가다듬고 교사로서의 양심을 저버리지 않을 것이다. 또 오늘보다 나은 내일을 만들 주역인 우리 아이들이 자신의 앞만 보지 않고 사방을 돌아보고 모두가 행복하기를 꿈꾸며 살아갈 수 있도록 가르치는 일에 매진할 것이다.

교무실 2층 창문 너머 나무들의 싱그러운 잎사귀와 재잘거리는 아이들의 웃음소리가 닮았다. 그 웃음소리를 들으며 미소를 머금는 교무실 선생님들의 모습이 또한 정겹다. 아이들과 선생님들의 행복이 우리의 터전에 늘 넘쳐나기를 소망하면서 오늘도 힘찬 하루를 시작할까 한다.

제안수업 국어과

3.

뭔 놈의 꿈이 세상을 다 짊어져

어쩌다 봉명

어쩌다 봉명

2012년, 첫 아이들을 만났습니다. 김해 봉명중학교 2학년 3반 아이들. 아직도 처음 교실 문을 열고 들어갔을 때의 설렘이 기억납니다. 설렘이었을까요? 긴장감이었을까요? 아무튼 교생 실습 때와는 다르게 무척이나 심장이 뛰었습니다. 게다가 중2의 남학생이라니…. 아무튼, 그렇게 미묘한 감정을 가진 채 만난 첫 아이들이었지만 서로에 대한 인상은 좋았던 걸로 기억합니다. 의외로 아이들은 저를 잘 따라 주었고, 저도 조금씩 학교에 적응해 나갔습니다. 적어도 4월까지는요.

4월이 지나자 점점 힘들어졌습니다. 떠드는 아이, 집중 안 하는 아이, 무기력한 아이, 집에 문제가 있어서 학교에서 문제를 일으키는 아이 등 수업에서 빠져나가는 아이들이 생겼지만 저는 어떻게 해야 할지 전혀 몰랐습니다. 아이들에 대한 고민, 수업 고민만 하며 학교생활을 할 수도 없었습니다. 첫 업무가 일과였는데 저에게는 너무나도 생소한 일이었습니다. 학생 때에는 선생님들의 시간표가 별로 바뀐다는 생각을 안 해 봤는데, 교사가 되고 나서 업무를 맡으니 완전 지옥 그 자체였습니다. 수업 하나를 바꾸기 위해서 이 선생님, 저 선생님 만나다

보면 말 그대로 정신이 날아갔습니다. 또 시간표를 짜고 나면, 몇 분이 오셔서 바꿔 달라고 했습니다. 게다가 저는 학창 시절 공부만 했지, 다른 것에는 융통성도 별로 없어서 모두가 만족하는 결과를 만들어 내고 싶었기 때문에 오랫동안 고민하다 수업이 펑크 나는 경우가 많았습니다. 그럴 때면 펑크 난 수업을 제가 메꾸는 일도 있었습니다. 이렇다 보니 수업 준비도 제대로 안 되고 매번 임기응변으로 때웠습니다. 그러니까 원래 잘 빠져나가는 아이들은 수업에서 더 빠져나가려고 용을 썼지요. 그러면 저는 아이들에게 욕을 하기도 하고 위압적인 모습으로 제압하려고 했고, 그런 모습을 보는 아이들은 점점 저와 멀어져 갔습니다.

이상하게 사회 시간에 배우는 경제의 법칙과 같이 악순환은 악순환을 낳았습니다. 아이들과의 관계가 나빠지고 아이들의 반응이 차가워지니, 저로서는 아이들에게 서운한 마음이 들었습니다. 그러니 아이들에게 더 차갑고 매정하고 때로는 폭력적으로 다가갔고, 그럴 때마다 아이들은 그것을 고스란히 느꼈습니다. 그렇게 1년을 보내고 나니 아이들과 저는 완전히 낯선 사람이 되어 있었습니다. 학교에 가는 것이 너무나도 두려웠습니다. 때로는 큰 병이라도 걸려 학교에 안 가게 되면 좋겠다는 나쁜 생각도 했습니다. 매일 일어나는 것이 힘들 정도였습니다. 학교에 가서 잘 웃지도 못했습니다.

아이들뿐만 아니라 선생님들과의 관계도 좋지 못했습니다. 열심히 적응하려고 노력하는데 저 스스로도 많은 부족함을 느꼈고, 동료 선생님들의 시선도 따뜻하게 느껴지지 않았습니다. 게다가 저는 수업, 아이들, 관계에서 다 어려움을 느꼈는데, 선생님들과 그런 고민을 나눌 수 있는 기회가 전혀 없었습니다. 그렇게 자의 반 타의 반 스스로를 꽁꽁 가두기 시작했습니다. 지금 생각하면 첫 1년은 정말 롤러코스터를 타는 기분이었습니다. 아찔했습니다. 눈물도 핑 돌았습니다. 그렇게 아이들에게도 상처, 동료 교사에게도 상처, 나에게도 상처받은 1년이 지나갔습니다.

어쩌다 공개수업

다시 봉명으로

다행인지 불행인지, 가장 힘든 1년을 보내고 있을 때 국가의 부름을 받았습니다. 군대로 가게 된 것이지요. 군대에서의 생활은 너무나도 편했습니다. 시키는 대로만 하면 되니 고민거리가 없었습니다. 그러다 보니 오히려 학교와 아이들, 그리고 선생님이라는 직업에 대해 생각해 볼 기회가 생겼습니다. 수많은 고민과 생각은 아직도 한 권의 군용 다이어리에 고스란히 적혀 있습니다. 지금 읽어 보면 손발이 오그라드는 것이 많습니다.

한 가지 분명한 것은 '한 명의 교사가 모든 아이에게 좋은 영향을 줄 순 없지만, 교실에 있는 아이 중 한 아이에게라도 좋은 영향을 줄 수 있다면 가치 있는 직업이다'라는 생각을 하게 된 것입니다. 이 믿음은 아이들이 단번에 바뀔 거라는 생각은 버리되, 나는 매 순간 최선을 다하면 된다는 결론으로 이어졌습니다. 교사가 매 순간 최선을 다해야 한다면 그것은 수업이어야 한다는 생각도 했습니다. 이 마음은 '아이들이 어떻게 주도적으로 수업에 임할 수 있을까? 어떻게 하면 영어가 아이들에게 좀 더 쉽게 다가갈까?'로 이어졌습니다.

제대하고 돌아오니 학교가 바뀌어 있었습니다. 봉명중학교가 '행복학교'로 선정된 것입니다. 저는 최근에야 수업혁신 모델인 '배움의 공동체', '거꾸로 교실', '하브루타 수업', '프로젝트 수업' 등에 대해 들어 봤으니, 그때는 지식이 별로 없었지요. 또 혁신학교가 무엇인지에 대한 생각도 없었습니다. 그런데 첫 학교 모임에서 황금주 선생님의 '찬기파랑가' 수업을 만났고, 그 계기로 첫해에 했던 수업을 비판적으로 바라볼 수 있었습니다. 그때 본 장면이 머릿속에 다 남아 있지는 않지만, 가장 인상 깊었던 점은 아이들의 모둠활동 중에 다양한 생각과 감정들이 나오고, 교사의 생각보다 교과서의 어떠한 설명보다 값진 것이 많다는 것이었습니다. '찬기파랑가' 수업의 여운은 아직도 남아 있습니다. 지금도 수많은 고민을 하면 수업에 들어가지만 그러한 아이들의 모습을 자주 보기는 힘듭니다. 수업 영상에서 본 아이들의 가능성, 수업의 가능성은, 나도 그런 수업을 만들 수 있으면 좋겠다는 생각을 놓치지 않게 해 주었습니다. 그래서 행복학교가 뭔지 모르겠고, 관심도 없었지만, 내 수업은 바꿔 보자는 의지가 조금 생겼습니다. 또 때마침 영어과에서 공개수업을 해야 한다기에, 얼떨결에 (사실은 선생님들의 압박에 못 이겨) 제가 한다고 해 버렸습니다. 그래서 바꿀 수 밖에 없었습니다. 제 수업을.

첫 학기

3월 저의 '행복학교 적응기'가 시작됩니다. 행복학교 연수에서는 첫 시간에 아이들과의 관계 맺기, 그리고 수업에 대한 규칙을 세우는 것이 중요하다고 했습니다. 고민 끝에 저는 어느 책에서 읽은 Hot Seat 활동과 모둠 규칙 세우기를 하기로 했습니다. Hot Seat 활동은 가운데 책상을 두고 거기 한 학생이 앉습니다. 나머지 사람은 그 학생 주변에 둘러앉아서 간단한 질문을 하는 활동입니다. 예를 들어 아이들은 "좋아하는 음식은?", "사귄 적 있어?"라는 질문을 돌아가면서 서로에게 할 수 있습니다. 당장 보면 사소한 질문들이지만 그것을 통해 아이들의 상황을 대략적으로 파악할 수 있을 것이라 기대했습니다. 또한 모둠 규칙 세우기를 통해 이 수업에서는 모둠활동을 하고 서로 협력하는 것이 중요하다는 것을 알아 가기를 원했습니다. 그렇게 2015년 3월 2일, 행복학교에서 첫 수업을 했습니다.

하지만 위기는 곧 찾아왔습니다. 의외로 아이들은 Hot Seat 활동을 잘 못했습니다. "사귄 적이 있어?"라고 질문하면, "아니"라고 단답형으로 대답했던 것입니다. 그러면 저는 당황해서 "왜 아니라고 답했는지 조금 더 이야기해 줄래?"라고 했습니다. 아이들은 "그냥, 안 사귀어 봤는데요." 혹은 "맛있어서요." 정도의 대답만 할 뿐이었습니다. 지금 생각해 보면 당연한 반응입니다. 서로 모르는 친구도 많고, 자신의 경험을 공유한 경험이 적은 아이들은 자신의 상황을 공개하는 것이 매우 낯설게 느껴졌을 겁니다. 교사가 아무리 긴장감을 낮추려 해도 첫 시간의 긴장감이 줄어들지는 않습니다. 이러한 상황을 고려하고 준비해야 했는데 그때는 그냥 하면 재미있겠지라는 단순한 생각이었던 것 같습니다. 그래도 Hot Seat 활동으로 2차시 정도를 힘들게 하고, 그 후에 진행된 모둠 규칙 세우기에서는 아이들이 활발히 아이디어를 냈습니다. 아마 제가 아이들 사이의 관계를 만들어 낸 것이 아니라, 며칠 지나면서 자연스럽게 관계가 형성되었을 겁니다. 아무튼 두 번째 활동을 통해 '아이들이 모둠활동을 하는구나, 수업시간에 어떤 것을 조심해야 하는지 잘 알고 있구나'를 알게 되었습니다. 그럼에도 이후에는 모둠 규칙 활동을 아이들에게 의미 있는 경험으로 끌어내지 못했습니다. 이것은 나중에 '아이들=나의 숙제'에서 다시 이야기하겠습니다.

그렇게 첫 주가 지나가고 본격적인 수업이 시작되었습니다. 행복학교에서 추구하는 '배움중심수업'을 위해 과감히 모둠활동을 했습니다. 그때는 아직 '교육과정 재구성'을 잘 몰랐기 때문에, 교과서의 내용을 바탕으로, 아이들이 협력할 수 있는 활동 위주로 수업을 진행했습니다. 가령 읽기 수업을 한다고 했을 때, 보통이라면 제가 다 해석하고 주요 문법을 설명했겠지만, '배움중심수업'을 위해 아이들이 활동할 수 있도록, 모둠으로 해석하게 해서 공유하거나, 글의 순서를 섞어놓고 모둠에서 맞추게 하는 활동을 해 보았습니다. 문법 수업에서는 아이들이 규칙을 찾아보게끔 하는 활동을 반드시 넣었습니다. 겉으로는 그럴듯한 모둠활동과 활발한 교류가 일어났습니다. 그래서 저는 수업에 만족하고 있었습니다.

한 학기가 거의 끝날 무렵, 제 수업이 문제가 많다는 것을 알았습니다. 우선 제가 생각하지 못한 것은 많은 아이들이 영어 학원에 다닌다는 것이었습니다. 학원에 다니는 아이들은 이미 교과서의 내용을 선행한 경우가 많았습니다. 따라서 제 수업에서는 이미 학원에서 배운 내용을 확인하는 정도의 학습밖에 되지 않았습니다. 서로 모르는 것을 알아 가는 수업이 아니라, 제가 가르치지만 않을 뿐 아이들 사이가 마

2017 김해 프로젝트. 벽화 그리기

치 교사와 학생인 것처럼 나뉘어 버렸습니다. 그렇게 되니 아이들 간 권력 관계가 생겨 버리고, 진정한 배움은 일어나지 않았습니다. 그렇게 제 수업은 삐걱거렸습니다.

수업 이야기를 하다 보니 갑자기 어머님이 생각납니다. 최근에 집안 사정상 어머니께서 이발소를 운영하게 되었습니다. 30여 년 동안 가정주부로 계시다가 처음으로 자기 일을 가진 것입니다. 의령에 사시는 어머니는 운전면허도 없어 1년 동안 마산에 있는 학원을 다니셨습니다. 그러다 2년 전에 합격하시고 지금은 이발사가 되셨습니다. 첫 1년 동안 까다로운 손님을 많이 받으셨다고 했습니다. 머리숱이 별로 없는데 깎아 달라고 하니 난처했던 경험, 머리를 깎아 놓았더니 마음에 안 든다고 다시 깎아 달라는 손님, 학원에서 가위 잡는 법을 배웠는데 실제로는 엉터리로 잡아 썼던 경험. 이런 이야기를 들으면 저는 조바심이 생겨, "엄마, 손님은 많이 오나?"라고 여러 차례 물어봤습니다. 그러면 어머니는 "어, 먹고살 만치 온다"라고 하십니다. 까다로운 손님들도 이제 단골이 되어 이발소에 찾아옵니다. 지금도 어머니는 이런 말씀을 하십니다. "희야, 언제쯤 이발 기술이 늘어서 머리를 예쁘게 자를꼬? 니라도 자주 와서 머리 깎아라, 연습 좀 하게." 그러면 저는 진심 60%, 거짓말 40% 섞어서 말합니다. "엄마, 지금도 내 머리 깎는 거 보면 잘 깎는데?"

저는 언제쯤 수업에서 아이들 간 호혜적 배움을 만들 수 있을까요? 최근 들어 '내가 수업을 잘하고 있다'고 생각하는 것은 자신감을 넘어 자만심에 가까운 마음이 아닐까 생각합니다. 그렇지만 교사가 자신의 수업에 자신감이 없다면 수업은 모래성처럼 무너지겠지요. 행복학교에서 수업을 실천하는 것은 매번 어렵고, 번거로우며, 지금도 내가 하는 게 맞는가 하는 의구심이 듭니다. 더욱이 잘하려고 하면 점점 더 어려운 것이 수업입니다. 저는 스스로 배움중심수업을 완벽히 실천하고 있다고 말할 수 없을 것 같습니다. 여러 연수에서 다른 선생님들의 좋은 수업을 듣고 볼 때마다 너무 부끄러운 마음이 듭니다. 제 수업에 성적표가 있다면 아마 30점 정도가 아닐까 생각합니다. 그렇지만 배움중심수업을 놓아 버릴 수는 없었습니다. 비록 매일 헤매고, 실패하는 수업의 연속이지만, 아이들과 저의 배움을 위해서라면 일방적으로 진행되는 일제식 수업으론 실현할 수 없음을 느꼈기 때문입니다. 그래서 실천하고 또 실천했습니다. 어머니의 이발소에 까다롭던 손님들이 다시 찾아오듯이, 언젠가는 나의 교실에서도 배움이 일어날 것이라 믿었습니다. 그렇지만 한 학기가 끝나 갈 무렵 군대에서 가져왔던 패기는 패대기(?)쳐지고, 다시 교사로서의 자존감이 확확 죽어 가고 있었습니다. 공개수업이 있는 2학기는 점점 다가왔습니다.

첫 공개수업

7월 들어 수업 고민, 아이들 고민으로 혼자서 끙끙대고 있을 때, 앞서 언급한 황금주 선생님께서 9월 공개 전에 미리 수업을 본인에게 열어 보는 것이 어떻겠냐고 말씀하셨습니다. 저는 내심 내키지 않고 불편했지만 제안을 거절할 수 없었습니다. 물론 수업혁신 관련 책에 나오듯이 선생님과 저의 관계가 아직 '동료 교사'로서 서로 의지할 정도는 아니었습니다. 저는 2년 차도 안 된 신규 교사였고, 그때 황금주 선생님은 큰 성처럼 느껴지는 베테랑 교사였습니다. 여느 학교와 마찬가지로 부장 교사와 신규 교사의 관계. 그래서 겉으로는 웃으며, '네'라고 했습니다. 가끔 선생님이 왜 나에게 공개수업 전에 수업을 해 보자고 하셨는지 생각해 보곤 합니다. 선생님은 제가 느낀 엄청난 압박감을 아실까요? 아마 걱정스러운 마음이 크셨던 것 같습니다. 9월에 대외 공개수업을 하는데, 한참 어린 교사가 한다고 하니.

아무튼 7월에 조심스럽게 처음 수업을 열었습니다. 교과서의 내용으로는 선행 학습을 한 아이들 때문에 제대로 된 수업이 되지 않는다는 것을 알기 때문에, 이번엔 제가 글을 가져와 보기로 했습니다. 7월이면 보통 학급 발표회나 마무리 수업 활동을 하므로 진도에 대한 부담감도 없었습니다. 저는 고민 끝에 영어로 된 '개미와 베짱이'의 텍스트를 준비했습니다. 그 이유는 일단 아이들이 초등학교 때 이 이야기를 접했을 것이고, 또 당시 협력 학습이 서툰 아이들, 그리고 쉽게 포기하는 아이들에게 노력하는 것이 중요하다는 말을 하고 싶었습니다. 과제는 '개미와 베짱이'의 주요 내용을 파악하고, 주제를 나타내는 속담을 찾는 활동이었습니다. 영어로 된 속담을 제시하여 아이들이 글을 다시 한 번 생각해 봤으면 좋겠다는 의도도 있었습니다. 수업을 열고, 어떻게 수업을 했는지 기억이 잘 나지 않습니다. 황금주 선생님은 "수업 잘 봤어요. 2학기 때 이렇게 하면 되겠네요"라고만 하셨습니다. 그러고 나서는 수업에 관한 이야기도 일절 없었습니다. 나는 속으로 '이게 뭐지? 저 말이 진심인가? 아니면 관심이 없는 건가?'라는 생각을 했습니다.

그때 하나의 사실은 알게 되었습니다. 교과서가 아닌 다른 텍스트를 가지고 오더라도 아이들이 활동을 잘해 낼 수 있다는 것입니다. 그

전에는 교과서가 아니라 내가 내용을 가져온다면 난이도가 문제가 될 수 있고, 혹시 내가 난이도를 조절하려다가 잘못된 영어 표현이나 문법적 오류를 내면 어떻게 할까 하는 두려움이 있었습니다. 교과서가 아닌 다른 내용을 가져와도 배움이 일어난다니. 이건 정말 큰 경험이었습니다.

그렇게 8월이 지나고 새 학기가 되었을 때, 저는 공개수업을 위한 준비를 시작합니다. 그때 학교 선생님들은 내가 아무런 걱정이 없는 것처럼 보였다고 합니다. 저는 8월, 9월에 잠을 제대로 잔 기억이 없습니다. 수업 주제는 무엇으로 할지, 어떤 활동을 할 것인지, 9월 첫째 주까지는 도무지 가닥이 잡히질 않았습니다. 같은 영어과 선생님들은 읽기 수업을 디자인해 보라고 하셨습니다. 그런데 저는 읽기 수업을 디자인하기가 싫었습니다. 우선 그전에 보았던 영어 공개수업 두 편이 모두 읽기 공개수업이었기 때문에 너무 새롭지 못하다 느꼈습니다. 또한 그 당시에는 읽기 수업에서 느끼는 어려움보다, 문법 수업에서 협력 학습을 만들어 가는 것이 더 어렵게 느껴졌습니다. 왜냐하면 선행한 아이와 하지 않은 아이가 가장 차이 나는 것이 문법 수업이었기 때문입니다. 그래서 저는 문법 수업을 하기로 했습니다.

하지만 막상 문법 수업을 하려고 하니, 자료도 부족하고 아이디어가 잘 떠오르지 않았습니다. 그렇게 끙끙대고 있을 때, 주변에서 하나씩 도움의 손길이 들어왔습니다. 엄청나게 떨고 있었지만, 겉으로는 웃고 다니고 네 시 반 칼퇴를 하니, 주변 선생님들이 더 걱정하셨나 봅니다. 학년 선생님들은 수업 어떻게 준비하고 있느냐고 계속 물어봐 주셨고, 저는 'will과 be going to'를 가지고 문법 수업을 하고 싶다고

가 앞으로 이주민을 위해
해야 할 과제

이주민이 교육 받을 수 있는
공간을 많이 만들어주세요.

외국인과
더불어 사는
김해

이주민이 자유롭고 독립적인
활동을 할 수 있도록
보장해주세요.

이주노동자의 자활을 위한 쉼터를
만들고 쉼터마련 기금을
모금해주세요.

김해 시민들이 이주민에 대해 조금 더
관심을 갖게 하기 위해 이 프로젝트를
하였습니다.

2 - 4 공준지. 소하연 이동주 배정박

김해 프로젝트 활동 중

이야기했습니다. 그러자 어느 선생님이 협의회 도중 "이번에 현장 체험 활동으로 가야 테마파크에 가는데…"라고 했습니다. 그 순간 '아, 가야 테마파크는 공개수업을 하고 나서 가는 거니까, 미래 상황이네. 아이들이 will과 be going to를 연습할 수 있겠다'는 생각이 떠올랐습니다. 그렇게 활동 하나가 나왔습니다.

또 막판까지 어떻게 첫 활동을 할지 몰라 모니터만 켜고 있었는데, 지나가던 과학 선생님이 "will과 be going to를 비교할 수 있게 상황을 넣어 줘"라고 툭 던지고 갔습니다. 그때 '아, 두 가지가 다르게 쓰이는 대화문을 가져오자'라는 생각을 했습니다. 이렇게 활동이 하나더 나왔습니다. 활동을 만들고 나니 영어과 선생님들이 공개수업 전에 제 수업을 한번 보고 싶다고 했습니다. 저는 황금주 선생님께 공개수업을 했던 것과 마찬가지로, 아주 불편했지만 웃으면서 그렇게 하자고 했습니다. 그렇게 수업을 해 보고, 이번에는 영상도 찍었습니다(정말 찍기 싫었습니다). 선생님들과 영상을 같이 보며 이야기했습니다. 정말 불편했고, 마음이 땅끝으로 파고 들어갔습니다. 그래도 그러한 과정이 도움이 되었는지 그 후에 이뤄진 공개수업은 나름 잘되었습니다.

이 공개수업은 아직도 저의 기억 속에 자리 잡고 있습니다. 같이 공개수업을 했던 학생들의 얼굴도 또렷이 남아 있고, 참관하면서 아이들을 관찰하던 선생님들의 모습, 뒤에 이어진 수업협의회에서 선생님들이 하셨던 말들까지.

이번에 〈Inside Out〉이라는 픽사 영화를 보았는데, 가장 기억에 남는 장면은 '행복'이라는 캐릭터가 중요한 기억들이 모두 행복할 필요는 없음을 깨닫는 순간, 이를 통해 중요한 기억에는 다양한 감정이 공존

하며 더욱 삶이 풍성해진다는 점을 깨닫는 장면입니다.

　제가 한 공개수업도 꼭 그런 것 같습니다. 다양한 감정들이 뭉쳐 있지만, 저에게는 행복학교에서 한 가장 풍부한 경험 중 하나입니다. 우선 학교에서 아이들의 이야기 외에 내 수업을 두고 선생님들과 이야기할 수 있었다는 점, 공개수업 활동을 만들기 위해 나 혼자 생각하는 것이 아니라 다른 사람의 생각이 보태어질 수 있다는 점, 또 수업협의회를 통해 내가 그동안 놓치고 있던 아이들의 배움의 모습이 나에게 다가올 수 있었다는 점. 무엇보다 공개수업 이후에 제가 교사로서 부족한 부분을 선생님들과 허심탄회하게 말할 수 있게 된 점이었습니다. 학교에서는 항상 저를 꽁꽁 숨기기에 바빴는데 말입니다. 제가 쓰고 있던 여러 겹의 가면을 벗어 버리고 '나'로서 학교생활을 할 수 있게 되었습니다.

가려운 등

　이렇게 교사로서의 모멘텀을 만들어 준 행복학교였지만, 일 년이 지났을 때는 떠나고 싶은 마음이 생겼습니다. 저와 친분이 있던 선생님들 중에 학교 근무 연한이 다 되었거나, 행복학교의 교육적 활동에 회의감이 든 선생님들이 학교를 떠나려고 했던 것도 한몫했습니다. 만약 제가 학교에 남는다면 새로운 사람들과 새로운 관계를 맺으며, 안 그래도 배울 게 많고 익숙하지 않은 행복학교에서 행복하게 지낼 수 있겠느냐는 생각이 들었습니다. 차라리 그럴 것 같으면 새 학교에서 새롭게 시작하는 것도 나쁘지 않을 것 같았습니다.

　하지만 더 큰 이유는 처음에 생각했던 수업이 크게 바뀌지 않았다고 느꼈기 때문입니다. 수업에서 아이들과 자주 마찰이 있었고, 담임으로서 아이들에 대한 애정도 별로 없었습니다. 수업을 통해 아이들의 자발적인 모습, 협력적인 모습을 보고 싶었으나, 모둠활동을 한다고 해서 아이들이 그런 모습을 보여 주지는 않았기 때문입니다. 또 어느 때인가 학교 공청회와 같은 자리에서, 아이들이 저와 다른 선생님의 험담을 공개적으로 하는 일도 있었습니다. 심지어 어떤 학생은 저와 수업을 하기 싫다고 페이스북 익명 게시판에 글을 올리기도 했습니다(지금은 그 학생의 마음이 너무도 이해가 됩니다만). 그런 아이들의 모습을 보며, 나의 노력을 알아주지 않는 아이들이 야속하게 느껴졌고, 그때 행복학교에 적극적으로 몸을 담고 계시던 선생님들은 저의 마음을 알아주기보다 아이들의 마음을 이해하라고 하셨습니다. 저는 이해할 수 없었습니다. 그래서 여차하면 내신을 쓴다는 생각을 했지만, 결국 남았습니다. 왜냐하면 '이놈의 행복학교, 끝장은 보고 가자. 선생님들께서 좋은 학교 만든다는데 얼마나 좋은 학교 만드는지 한번 보자'라는 생각과 '내 수업이, 내 교육철학이 당신들보다 더 나을걸'이라는 생각. 일종의 오기와 자만심이었습니다. 호의적 감정보단 이 선생님들과 싸워서 내가 이기겠다는 적대적 감정이 컸습니다.

지금 당시 저의 모습을 주변 선생님께 여쭈면 아주 많은(?) 이야기를 해 주십니다. 그때 제가 달고 살던 말은 "귀찮습니다"였습니다. "이대희 샘, 우리 이거 해 보는 게 어때?" 하면 저는 "그거 하기 싫은데, 왜 해야 돼요? 귀찮아요. 하기 싫어요"라고 했습니다. 학생들이 가장 많이 하는 말을 제가 하고 있었던 것입니다. 만약 학생이 그랬다면 이미 저의 입에선 욕이 나왔을 겁니다. 선생님들은 말로 표현하지 않았지만, 엄청 귀찮고 힘드셨을 겁니다. 하지만 그때는 그렇게 할 수밖에 없었습니다. "선생님, 제가 아직 잘 모르겠어요. 그렇게 하는 게 좋을 것 같지만, 아직 이해가 되지 않는 부분도 있어요. 제가 준비되지 않은 것 같아요. 저는 일단 이렇게 해 볼게요. 다음에 다시 한 번 가르쳐 주세요"라고 말하며 풀어 갈 수 있는 마음이 아니었습니다. 전투력이 치솟고 있었거든요. 한편으로는 다른 선생님들보다 수업을 잘하고 싶다는 욕심도 컸었습니다. 그래서 콧대를 높이고 학교생활을 했습니다. 아직 저와 아이들의 '배움'에 초점을 둔 교사는 아니었고, '수업'에 초점을 둔 교사였습니다. 그래서 등이 간지러웠습니다. 아무리 긁어 대도 짜증 나는 가려움을 벗어 낼 수 없었습니다.

나는 어떤 교사인가?

딴지 걸어 보기

행복학교의 철학과 방법을 이해하지 못하고 남아 있으면 자연스레 여러 활동에 딴지를 걸게 됩니다. 예를 들어 우리 학교에는 '사제동행'이라는 일종의 담임과 학생, 학생과 학생의 관계를 위한 활동이 있는데, 저는 이게 영 탐탁지 않았습니다. 아이들이 그냥 학교에 남아 하루 놀고 싶은 것처럼만 보였기 때문입니다. 또 이 활동을 운영하려면 밤에 남아 있어야 하는데 선생님들에게는 완전 고생이었습니다. 그래서 저는 하기 싫다는 이야기를 계속했습니다. 학생자치의 경우도 '규정 공청회'에서 아이들의 의견으로 여러 규정이 느슨해져 가고(내가 느끼기에는, 사실은 인권 친화적인 방향으로 나아가는 것입니다), 이마저도 잘 지켜지지 않는 것처럼 보였습니다. 그래서 더 명확한 규정과 제재로 아이들을 가르쳐야 한다고 생각했고, 선생님들께 그러한 저의 생각을 말하고 다녔습니다. 또 대외 공개수업이 많고, 모든 교사가 공개수업을 해야 한다는 생각에 의구심이 들었습니다. 왜냐하면 공개수업 전에 사전 협의회를 해야 하는데, 실제로 사전 협의회가 제대로 이뤄지고 있다고 생각지 않았기 때문입니다. 일정이 너무 빡빡했습니다. 그래서 공개수업을 줄이자고 제안했습니다.

또한 학년 협의회와 운영 협의회를 운영하는 방식이 비민주적이라 생각했습니다. 예를 들어 2015년도에 우리 학교에서 교과 통합 프로젝트 수업을 시작했는데, 이때 학년에서 협의하여 프로젝트 수업을 하자고 한 것이 아니라, 학년부장님들의 협의체에서 프로젝트 수업을 막무가내로 던지고, 그것을 우리가 해야 하는 것이라고 느꼈습니다. 저는 그때 민주적이라는 것은 구성원의 협의를 통해 상향식으로 의견이 모이는 과정이라 생각했습니다. 그래서 좀 더 학교가 민주적이었으면 좋겠다고 이야기했습니다. 이렇게 적고 보니, 행복학교에서 이뤄졌던 활동에 불만을 품지 않은 것이 없었네요. 저는 나름의 논리를 가지고 이야기했으므로 선생님들이 설득되리라 생각했습니다. 어떻게 되었을까요? 저는 행복학교에 남아 있고, 작년까지는 담임교사를 하다가, 올해 그토록 불만스러웠던 학생자치를 담당하고 있습니다. 네…. 제가 설득되었습니다. 졌습니다. 완벽하게. 제 논리는 모래성처럼 무너졌습니다. 제 논리가 자의 반 타의 반 깨질 때마다 제가 가지고 있던 나만의 모순들과 대면하게 되었습니다.

허물어지며 넓어진다

앞에서 말한 것들을 하나하나를 되짚으며, 어떻게 저 자신과 만나게 되었는지 풀어 가겠습니다. 우선 사제동행에 대해 내가 가지고 있던 모순은 '아이들과 시간을 많이 보내지 않더라도, 좋은 관계를 유지하고 싶은 마음'이었습니다. 제가 어떤 노력을 하지 않더라도 아이들이 나를 좋아하겠지, 그리고 아이들은 내 수업을 열심히 듣겠지 하는 마음입니다. 하지만 관계라는 것은 시간을 투자하지 않으면 좋아지지 않습니다. 또 시간을 투자하더라도 잘 투자하지 못하면 관계가 틀어집니다. 사제동행의 근본적인 목적은 '관계'에 있습니다. 사제동행을 통해 교사는 아이를 만나고, 아이는 교사를 이해하며, 아이들끼리 친해지는 것입니다. 그렇다면 '사제동행'은 교사와 학생이 만나는 매 순간이지 굳이 밤에 학교에 남아 하는 활동일 필요는 없습니다. 아이들과 내가 만날 수 있는 계기가 있다면 그것이 사제동행입니다. 사소하게는 무더운 여름날 아이들에게 시원한 아이스크림을 사 주며 같이 먹는 것도 사제동행일 수 있습니다. 또 힘든 아이를 데리고 산행을 하는 것도 사제동행일 수 있습니다.

이렇듯 학생과 교사가 서로 이해하는 시간을 보내고, 관계가 만들어지고, 이 관계가 수업에서 이어진다면 진정한 '사제동행'인 것입니다. 하지만 저는 사제동행을 아이들과 해야만 하는 일종의 '업무'로 생각했던 것입니다. 또 교사로서 학생들에게 쉽게 다가가지 못하는 자신을 직면하지 못하고(교사는 학생들 앞에서 쎈 모습을 보여야 한다 생각했기 때문입니다. 처음 교직에 들어서면 선배 교사들이 항상 하는 말입니다. 저는 쎈 모습이라는 것이 "쎈 척"해야 한다고 생각했습니다. 그러니 마음의 문을 열지 못했던 것입니다. 지금도 아이들에게 마음을 활짝 열진 못했습니다만), 그 탓을 아이들과 활동에 돌렸던 것입니다.

제가 사제동행에 대한 생각을 고치게 된 것은 어느 사회 선생님 덕분이었습니다. 그때 사회 선생님이 맡으신 1학년 2반 아이들이 무척이나 힘들었습니다. 그런데 그 선생님이 1학기, 2학기 내내 아이들과 텃밭에 올라가 소통하는 모습을 보고 느꼈습니다. '아, 선생님은 저렇게 자기 반 아이들과 소통을 하는구나. 나는 아이들과 무엇으로 소통하고 있을까?' 그래서 생각이 바뀌었습니다. 내가 아이들과 '사제동행'할 수 있는, 즉 '소통'할 수 있는 방법을 생각해야 한다. 이렇게 해서 저의 질문은 바뀌었습니다. "나는 아이들과 좋은 배움의 관계를 만들기 위해 어떤 노력을 할 수 있을까?"

두 번째 '자치' 이야기를 해 보겠습니다. 자치에 대해 제가 가지고 있던 모순된 생각은 "자치란 가만히 내버려 둬도 자발적으로 자신을 규율로써 통제하는 힘"이라고 믿었던 겁니다. 이렇게 생각했으므로, 처음 자치라는 단어를 들었을 때는 '관여하지 않는 것'이라고 여겼습니다. 이는 다르게 말하면 '학급 회의에서 교사는 최대한 빠지는 것'으로 오해했던 겁니다. 따라서 아이들의 활동에 전혀 참여하지 않고 방만하게 내버려 둔 것입니다. 이 생각은 학급자치를 시도하는 선생님들을 보며 바뀌게 되었습니다. 여러 선생님을 관찰하며 제가 보게 된 학급 회의의 모습은 아이들이 자발적으로 자신들의 생각을 스스럼없이 공유하고, 그 과정에 교사도 함께 참여하는 모습이었습니다. 교사도 아이들과 같은 공동체의 1인으로서 아이들의 활동에 평화적으로 참여해 나가는 것입니다. 그 속에서 규율과 통제가 아니라 학급의 문제, 예를 들어 청소, 지각, 학습 등을 같이 고민하고 협력을 통해 해결해 나가는 과정, 교사가 목소리를 낼 때 아이들의 의견을 찍어 누르는 것이 아니라 서로 공유할 수 있는 것. 결국 이를 위해서 교사는 학급 공동체의 참여자가 되어야 하고, 학급공동체의 주인이 되어야 합니다. 학급 회의를 하는 것이 자치가 아니라, "나는 권력(힘)을 가진 교사가 아니라, 권리와 책임을 같이 짊어진 공동체원으로서 아이들과 만날 준비가 되었는가?"라는 질문에 답하고 실천하는 것이 자치였습니다. 하지만 저는 그렇게 하기 싫었던 것입니다. 교칙이나 교육청에서 부여한 교사로서의 권력을 내려놓으면 수업이, 학급이 와르르 무너질 것처럼 보였습니다. 그래서 '자치'가 아니라 '방종'을 선택한 것이었습니다. 저를 따라 아이들도 '권리와 책임'보다는 '방종'을 자치로 생각한 것입니다. 그렇게 무질서하게 길들여진 아이들을 보며, 저는 뚜렷한 자치 철학이 없는 제 탓을 한 것이 아니라 아이들 탓, 학교 탓을 했었습니다.

자치와 마찬가지로 '민주적인 학교문화'는 상향식이나 하향식이냐 하는 의사소통의 방식이 아니라 동등한 관계에서 소통할 수 있는 의사소통에 대한 태도가 문제였습니다.

저는 행복학교에서 나의 목소리를 내며 정작 다른 사람들의 목소리는 들을 준비가 되어 있지 않았습니다. 어느 날인가 선생님들과의 여러 오해들이 풀리고 어느 정도 관계가 회복되었을 때, 모 선생님과 대화를 하며 저와 같이 학년을 맡았던 부장님이 아주 힘들었고, 상처받았다는 이야기를 듣게 되었습니다. 저는 너무 슬펐습니다. 저는 편안하게 할 말을 다 해 홀가분했는데, 선생님께는 상처가 되었던 것입니다.

제가 일방으로 소통했기 때문입니다. 다소 복잡하고 오래 걸릴 순 있지만, 위든 아래든 서로의 생각을 존중하며 소통해야 민주적인 의사 결정임을 이때 깨달았습니다. 의견이 모아지는 과정이나 방식이 중요한 것이 아니라, 모두가 모두를 학교의 공동 주인으로 인정하고 다른 사람의 의견을 평화롭게 듣는 것이 필요했던 것입니다.

이 점에서 다시 생각해 보면 우리 학교는 다른 학교에 비해 꽤 민주적이라 할 수 있습니다. 학년 협의회든 교과 협의회든 선생님들은 교육 경력에 상관없이 서로의 의견을 존중하려고 합니다. 그러나 때론 자신의 의견을 강력하게 주장하거나, 아예 주장하지 않는 일도 있습니다. 예를 들어 전체 회의에서는 항상 말하는 선생님들만 말을 합니다. 모두 의견이 있을 텐데, 끝까지 자신의 의견을 숨기는 선생님들도 있습니다. 이 점에서는 완전히 민주적이라고 할 수 없습니다. 선생님들은 전체 회의에서 자신의 목소리가 어떻게 들릴지 많은 걱정을 하는 것처럼 보입니다. 사실 모두 누군가에게 '좋은 사람'이 되고 싶어서 조금이라도 행복학교의 철학과 다른 의견을 내는 것은 어렵습니다. 다른 사람이 나를 어떻게 생각할까 하거든요. 따라서 민주적 의사소통은 다른 사람이 나를 어떻게 생각할까를 고민하지 않을 때, 결국 다른 사람을 믿을 수 있을 때 가능한 것입니다. 또 다르게 보면 아직 교사가 자신을 학교의 주인으로 인식하지 못했을 수도 있습니다.

한번은 제가 "선생님, 그 의견에 반대하는데 왜 찬성했어요?"라고 물었더니, "모두가 찬성하는데, 당연히 그렇게 해야 하는 거 아니에요?"라는 대답이 돌아왔습니다. 어떤 선생님은 행복학교를 넘어 행복 나눔학교로 가는 데 '찬성'을 했지만, 다른 자리에서는 행복학교의 실망과 어려움에 관해 이야기하고, 또 학교를 떠나 버린 예도 있습니다. 결국 그 선생님은 '주인'이 되기보다 모든 사람 앞에서 '좋은 사람'이 되기로 한 것일지도 모릅니다. 그런 선생님들을 비난할 순 없습니다. 저도 그런 경우가 많기 때문입니다. 그래서 민주적인 학교문화를 만들 수 있느냐는 "다른 사람을 믿을 수 있는가? 나는 남들과 다른 의견을 평화롭게 낼 수 있는가? 나는 학교에서 주인으로 살아가고 있는가?" 하는 질문으로 되돌아옵니다.

돌이켜 보니 행복학교에서의 경험들은 제가 교사로서 어떤 삶을 살아갈 것인가 끊임없이 질문하게 만들었습니다. 나의 교실에서의 권력, 나의 교사로서의 자존심(전문성이 아닌), 경직된 사고방식, 관료적 관계… 이런 것들을 싫어하지만 끝내 내려놓지 못하는 나. 마음을 열어 학교 구성원들 모두와 평등하게 만나고 평화로운 공동체를 만들어야 한다고 이야기하지만 실제로는 타인을 쉽게 받아들이지 못하는 나. 나는 어떤 교사인가? 나는 어떤 사람인가? 가르친다는 것은 지식만 가르치면 되는 것일까? 아니면 무너져 가는 아이들의 인성까지 보살펴야 하는가? 나는 교사로서 얼마큼 학교에서 주인으로 살아가는가? 학교에서 일어나는 일에 얼마큼 발을 담구어야 하는가? 그냥 남들 하는 만큼 적당히만 하면 안 되나? 나는 동료 교사와 학생들을 존중할 수 있는가? 그래서 오히려 저 자신에 대한 불편한 지점들을 발견하게 됩니다. 이 불편한 혹들을 항상 고민합니다. 그러면서 조금씩 조금씩 아프게 배웁니다.

2017 대외 공개수업 모습

그래서 행복한가요?

행복학교를 근무하며 가장 많이 받는 질문입니다. 어떨 때는 봉명중학교에 근무한다고 하면 측은한 눈빛으로 바라보는 경우도 있습니다. 그러면 저는 측은한 얼굴로 대답을 대신합니다. "행복학교에서 근무하면 행복한가요? 아이들은요?" 이 질문은 너무 어렵습니다. 저의 행복학교에서의 경험에 대해 '행복하다/행복하지 않다'라는 두 가지 대답밖에 할 수 없기 때문입니다. 앞서 〈Inside Out〉이라는 픽사 영화 이야기를 했듯이, 행복학교에서 근무한 것은 저에게 매우 중요한 경험이었고, 그 속에는 다양한 감정이 섞여 있습니다. 저와 마찬가지로 행복학교에 다니는 아이들 또한 다양한 감정을 가지고 학교로 오고, 매우 중요한 경험을 쌓을 것입니다. 그 경험은 기존 학교에서 가르치는 것과 차이 날 수도 있고, 차이가 없을 수도 있습니다. 또 아이들과 만나며 행복한 순간들이 있고, 행복하지 않은 순간도 있습니다.

교사를 꿈꾸지 않았던 저는 행복학교에 근무하며 기존에 가졌던 나에 대한 환상이 무너지는 경험을 하고, 선생님들과 싸우고, 아이들과 싸우고, 수업과 싸우고, 그런 스스로와 또 싸우고 그렇게 지내 왔습니다. 이러한 경험은 일반 학교 선생님들도 마찬가지일 것입니다.

나름 치열했던, 또 누군가가 보면 별것 아닐 수 있는 교직생활에서 행복학교는 교사로서 저의 모습을 냉정히 직면하게 합니다. 때론 그 직면의 상황을 모면하고자 발버둥 치기도 합니다. 어쩔 수 없이 직면하게 되는 경우도 있고요. 모든 선생님이 행복학교에 와서 직면하게 되는 것도 아닙니다. 일반 학교에서처럼 무던하게 근무하시는 선생님들도 많습니다.

이런 생각을 해 봅니다. "행복학교라서 행복한가요? 아이들은요?" 이 질문을 "교사로서 삶은 행복한가요?"라고 바꾸어 저에게 물어본다면 이렇게 대답하겠습니다. "제가 교사로서 살아갈 수 있어 정말 행복합니다. 아이들과 제가 같이 배우는 것이 너무 재밌습니다. 때론 아이들이 제 맘같지 않을 때도 많고, 힘든 수업도 많지만, 그러한 순간들이 없다면 제가 어떤 사람인지 생각할 수 없었을 것 같습니다." 저는 '교사'라는 말을 싫어합니다. 가르칠 '교'에 스승 '사'. 저는 누군가를 가르칠 정도로 대단한 사람이 아닙니다. 더군다나 누군가의 스승이라니. 스승은 일생일대의 가르침을 주는 사람이지 않습니까. 저는 아이들과 함께 배워 가는 사람입니다. 그리고 아이들의 경험, 제 경험이 만나는 과정에서 서로 성장할 기회를 만들어 가는 곳이 학교라 생각합니다. 잘 만날 때도 있고, 잘 못 만날 때도 있고, 그 속에서 아이들도 배우고, 나도 배우고. 어떻게 보면 나이 든 학생이라 할 수도 있겠습니다.

교학상장. 저는 이 말이 너무 좋습니다. 동등한 관계에서 서로 배워 나가는 사이. 6년 동안의 행복학교에서 "나는 서로 배우며 살았는가?"라는 질문에 자신 있게 "네"라고 대답할 것입니다. 정말 아이들에게서, 선생님들에게서 많이 배우며 살았습니다. "그 배움이 행복했나요?"라는 질문에는 과연 어떻게 대답할까요? 이런 질문을 선생님들께 하고 싶습니다. "선생님이 근무하시는 학교에서는 서로 배움을 추구하나요? 그 배움을 서로 나누며 살아가나요?"

이제 글을 마무리하고자 합니다. 짧은 글쓰기 솜씨에 중구난방 생각나는 대로 끄적였지만, 최대한 진심으로 썼습니다. 행복학교에 관해 써 달라고 처음 부탁을 받았을 때, 뭐 쓸 게 있겠나 했는데 쓰다 보니, 더 쓰고 싶습니다. 이제 행복학교에서의 경험은 제 삶의 방향이 되었습니다. 행복 나눔 봉명중은 들어설 때마다 어머니가 있는 고향처럼 포근합니다. 어느덧 고향집을 떠날 때도 되었습니다. 여기서 배운 것들을 얼마만큼 다시 실천하고 나누며 살아갈지 확신할 수 없습니다. 다만 오랫동안 기억에 남아, 제 삶의 나침반이 되었으면 합니다.

시나브로, 시나브로 변하다

특별한 연수

행복학교를 시작한 지 2년 차 중반을 넘어서는 2016년 9월 27일, 우리 학교에서는 조금은 '특별한 연수'가 실시되었다. 2015년 행복학교를 시작하며 우리가 그 혁신의 시작으로 생각했던 것은 바로 수업의 변화였다. 이를 위해 전 교사가 모여 머리를 맞대고 부단히도 배우며 논의하며 힘겨운 수업에서의 실천을 해 왔다. 때마침 그해 학습연구년을 맞은 김주원 선생님이 우리 학교와 연을 맺어 지속적으로 수업을 보러 오시고, 그 결과 우리의 변화를 1년간 지켜봐 주었다. 특히 2015학년도 2학년의 경우는 4월 역사수업, 6월 국어수업, 12월 영어수업의 컨설턴트로 학생들의 변화와 수업의 변화를 관찰했다. 그때의 관찰을 바탕으로 김주원 선생님이 우리 학교 수업의 변화와 그에 따른 학교의 변화 이야기를 엮어 고찰한 내용을 강의로 만든 것이다. 이 강의에 대한 소문을 듣게 되고 김주원 선생님에게 부탁을 드려 모시게 되었다. 우리의 변화를 외부의 눈으로 보게 된다는 것이 의미 깊을 것으로 기대가 되었다. 연수가 시작되기를 기다리며, 나와 우리 학교의 수업 변화 노력 과정이 떠올랐다.

수업, 그 변화의 시작

수업으로부터 도주하는 아이들

언젠가부터 아이들이 수업을 들으려 하지 않았다. 물론 그전부터 그랬을 수도 있지만, 그냥 자든지 혼자만의 무언가(낙서하기, 소설·만화책 보기 등)를 몰래 하는 수준이 아니라 대놓고 수업에 엇박을 놓고, 교사에게 대들고, 교실을 뛰쳐나가는 수준까지 되었다. 그런 일들이 2013년과 2014년 사이에 일어났다.

우리 해성중학교는 정말 시골에 있는 학교라 아직 '교실붕괴'에 대해 생각하지 못했었다. 아이들이 별문제 없이 수업을 듣고 수더분하게 교사를 대해 왔다. 그랬는데 이젠 그렇지 않다는 것이 차츰 교사들 사이에서 이야기되기 시작했다. 그럼에도 나는 그 심각성을 인식하지 못했다. 대부분의 사건들이 여자 선생님들의 수업에서 일어났고, 좀 더 단호하고 무섭게 교칙들을 들이대며 엄벌로 대하면 학생들의 행동이 수정되리라 여겼던 것이다. 좀 더 엄하게 교칙을 적용하고 벌을 주었지만, 반성의 모습은 당장 벌을 받을 때뿐이고 오히려 문제행동은 심해져 갔다. 연대의식을 통해 더욱 효과적(?)으로 문제를 해결하고자 단체기합을 주기도 했다. 그런데 이것이 도리어 아이들 사이의 관계를 해치고 교사와 멀어지게 하는 것 같아 이벤트사를 불러 친목 다지기 목적의 명랑 체육대회 같은 것도 실시했다. 그럼에도 불구하고 아이들의 학교나 수업, 교사를 대하는 태도는 전혀 변하지 않았다. 단지 그때그때를 모면할 뿐이었다.

너무 힘들어서 교사들이 힘을 합쳐 이를 해결하기 위한 작전회의를 자주 했다. 대부분은 학생들에 대한 원망, 변한 시대를 한탄하는 것으로 시작되었다. 교사들의 비상회의에서 해결의 실마리는, 우리가 학생일 때 선생님들이 썼던 방법을 기반으로 논의되기 마련이었다. 결론은 잘 나지 않았고, 기껏 결정해서 시도해 본 방법들은 번번이 실패했다. 이에 학생들은 학교를 더 싫어하게 되고. 수업은 더더욱 들으려 하지 않았다.

바보야, 문제는 수업이야!

여러 대책들이 실패하고 나서 교사끼리 해결책이 찾아지지 않자, 결국 학생들의 이야기를 들어 보기로 했다. 학교가 싫은 이유가 무엇인지 물었더니, 대부분의 아이들이 '수업' 때문이라 했다. 자리에 앉아 무슨 이야기인지도 모르는 것을 꼼짝하지 않고 듣고만 있어야 하는 게 싫다고 말했다. 수업 듣고 공부해 봐야 성적 잘 나오는 애는 몇 명뿐이고, 교사는 그 아이들만 좋아하기 때문이란다. 그리고 자신들은 영락없는 죄인 취급을 받으며 아무렇게나 대해지는 게 싫다고 했다. 그래서 수업이 싫고, 교사들이 싫고, 수업 속에서 경쟁해야 하는 수업 시간 속 친구들이 싫다고 털어놓았다. 게다가 이런 상황이 연장되어 부모들이 자신을 모자란 혹은 나쁜 아이로 대하니까 부모들도 싫다고 토로했다.

아이들은 학교에서 수업을 통해 좌절하고 미움받고 증오를 키워 가고 있었던 것이다! 공부를 잘하고 얌전한 아이도 그 나름대로 수업에 대해 부정적 감정을 느낀다고 했다. 이런 이야기를 듣고 나니 개인적으로 많이 상심했다. 나는 교사로서 할 도리를 다한다고 여겼고, 열심히 수업하고 아이들과 가깝게 지내고 있다고 생각했기에 너무 큰 충격을 받았다. 교사로서 살아온 나 자신이 부정당하는 기분이었다. 어쩌면 다른 교사들도 비슷한 경험을 했으리라.

수업을 바꿨지만 바뀌지 않았다

우리는 다시 모여 아이들이 학교에서 가장 많은 시간을 보내고, 학교를 싫어하게 되는 이유인 '수업'을 바꿔 보려 했다. 당장 수업의 가시적 변화를 가져와야 했기에 어떤 수업 기법이든 배워 와서 각자 실천해 보기로 했다. 거꾸로 수업, 하브루타, 토의토론, 협동학습, 액션러닝, 코티칭co-teaching 등 여러 수업 기법들을 시도해 보았다. 이전까지 늘 그렇듯 각 수업 기법에 대한 연수를 듣고, 그 매뉴얼을 숙지해 와서 수업에 그대로 적용해 보는 식이었다.

나의 경우 1급 정교사 연수에서 겉핥기로 배운 액션러닝을 시도하다 교사의 액션으로 진행되는 변종의 수업을 하기도 했다(이차함수로 체조를 만들기도 했다?!). 그러다 혼자로서는 버겁다는 생각에 2명의 수학 교사가 한 수업에 같이 들어가 한 명은 강의를 하고 한 명은 학생 질문에 응답하거나, 1:1 가르침을 주는 코티칭을 시도하기도 했다. 타 교과의 연계나 융합 수업을 시도하려 했으나 수학교과 입장에서는 교과 간의 벽 또는 교사들 사이의 벽이 높았다. 그래서 그냥 수학 교사 2명이 연합했다. 실제로 허울만 코티칭이지 제대로 한 것인지에 대해서는 지금 생각해 봐도 자신이 없다. 이러한 시도 중에서 그나마 협동학습과 토의토론 수업이 좀 오래 살아남고 나머지 방법들은 금방 사그라져 갔다. 아이들은 여전히 수업을 싫어했고, 수업 방법이 바뀜에 따라 '이번에는 선생님이 어떤 연수를 받아서 우리에게 써먹으려나', '이런다고 뭐 변하는 거도 없잖아'라는 식의 반응을 보였다.

침묵으로 가르치기

2014년 1월 21일에서 24일까지 3박 4일 동안 충남 서산 한서대학교에서 개최된 MF(Math Festival)에 참석했다가 『침묵으로 가르치기 Teaching with your mouth shut』라는 책을 만났다. 제목부터 심상치 않았다. 가르쳐야 하는데 침묵하라니…. 입을 닫고 어떻게 가르친단 말인가? 결국 교사는 수업을 설계(디자인)하고, 학생이 수업 속에서 스스로 배울 수 있도록 토의와 탐구, 글쓰기 등의 활동을 하게 해야 한다는 것이다. 아니 수업의 과제나 방향을 두고 교사가 학생과 같이 탐구하고 배우라는 것이다. 심지어 '가르치기를 거부하라'고까지 이야기한다. 물론 문자 그대로 가르치기를 거부하고 넋 놓고 학생들을 방관하자는 말은 아니다. 이는 학생들이 교사하고만 소통하게 하지 말고 학생들끼리 대화하고 집단 안에서 함께 탐구하게 해야 한다는 말이다. 이를 통해 수업 속에서 민주주의를 배울 수 있다고 했다.

하나라도 더 학생에게 가르쳐 주기 위해 말도 많아지고 소리도 커지고 있던 나에겐 뭔가 다른 세상의 이야기였다. 예전의 나라면 허무맹랑한 이야기라 치부하거나 미국에서나 아니면 대학에서나 적용 가능하다며 넘겼을 책이었다. 하지만 수업을 바꾸려 이것저것 기웃거리던 당시의 나에게는 '아! 이거다' 싶었다. 이런 수업을 한번 해 보고 싶었다. 그런데 당장 수업에 적용할 수 없었다. 수학이라는 수업에서 이를 어떻게 적용해야 할지 막막했고, 단지 글로만 읽고 실제 수업에 실천해 낼 수도 없었으며, 함께 실천할 사람도 없었다. 막연하게나마 학생들에게 생각이나 활동을 할 시간을 더 주려 했고, 수업을 매 시간 촬영하며 수업을 되짚어 보았다.

처음엔 카메라를 의식하던 아이들이 매 시간 촬영하니 점점 익숙해졌다. 나중에 촬영한 수업 영상을 훑어보니 수업을 듣지 않는 아이들이 태반이고, 심지어 내가 보지 않는 사이 카메라에 접근해 장난을 치는 모습도 담겨 있었다. 가장 큰 문제는 그러한 아이들을 내가 인지하지 못했다는 것이다. 그냥 내가 준비해 온 수업자료와 수업 진행에 매몰되어 홀로 바쁜 내 모습이 영상에서 보였다.

결코 나는 침묵하지 못했고 여전히 아이들이 침묵했다. 그 침묵을 참지 못해 나는 다시 입을 열었다. 무언가 대책이 필요하다고 생각했지만, 누구에게 도움을 청할 곳도 없었다. 수업 촬영은 계속했지만 촬영한 수업 영상을 다시 보는 일은 점점 줄어들었다.

실마리를 찾다

2014년 4월 11일 한 학교에서 수업공개를 한다는 공문을 보게 되었다.

（전략）

2. 배움의 공동체는 '한 명의 아이도 배움으로부터 소외되지 않는 교육'을 실현하고자 하는 교사, 학부모, 교육 관계자들의 네트워크를 통해 수업혁신을 도모하는 모델의 하나입니다. 본교에서는 배움의 공동체를 중심으로 월 4회 교내 수

업공개를 진행하고 있으며, 더 많은 배움을 얻고자 아래와 같이 외부 수업공개를 하고자 합니다.

　3. 배움의 공동체 수업은 평상시의 수업을 있는 그대로 여는 것으로 특별한 수업 기술이나 교사의 가르침보다는 아이들에게 어떤 배움이 일어나는지, 어떻게 배움을 나누고 있는가에 초점을 두고 있으며, 수업연구회를 통해 교사들도 함께 성장하는 데 목적을 둡니다.

　(후략)

_당시 받은 공문 내용 중에서

평소대로라면 그냥 '읽음 처리'하고 넘길 내용이었는데. '한 명의 아이도 배움으로부터 소외되지 않는 교육'이라는 말에 왠지 꽂혀서 수업공개에 참가하려고 마음먹었다. 물론 수업의 취지와 바라보는 관점이 『침묵으로 가르치기』의 내용과 일맥상통한 면이 있는 것도 한몫했다. 참가 허락을 위해 교감 선생님에게 이야기를 하자, 공개수업의 교과가 국어니까 두 분의 국어 선생님과 본인도 같이 가 보자고 했다. 그렇게 교감 선생님까지 포함되어 총 4명의 교사가 수업을 공개하는 학교로 향했다.

수업공개 학교 도착

수업공개를 하는 학교는 합천에 있는 원경고등학교였다. 원경고등학교는 원불교 경남교구에서 설립한 대안학교로, 마음공부와 공동체 교육으로 알려져 있다. 사실 나는 수업공개 참가 공문만 보고 '가 보자'라고 생각한 것이지 원경고등학교가 어떤 학교인지, 심지어 '배움의 공동체'라는 것도 전혀 모르는 상태였다. 무엇이든 배워야 했고 그를 통해 아이들이 '살아 있는' 수업을 만들어야 한다는 절박한 심정이었기에 이런 무모한 용기를 낼 수 있었다.

원경고등학교는 자그마한 학교였고, 자유분방해 보이는 학생들이 청소를 하고 있었다. 나중에 안 사실이지만 수업공개에 학교의 모든 교사가 참가를 했다. 따라서 수업공개 시간 전에 모든 일과를 마쳐야 하는 것이다. 수업공개를 하는 반 학생들만 남고 그 반에 모든 교사들이 참가하여 수업공개가 이루어지는 형태이다. 그래서 일과가 끝난 아이들이 마지막으로 청소를 하고 있었던 것이다. 밝게 웃으며 먼저 인사를 건네던 아이들의 모습이 인상적이었다. 자유로운 두발에 사복 차림, 심지어 화장한 모습이 나에겐 불량스러워 보였다. 지금은 왜 그것이 불량스러워 보였을까 생각할 정도이니 나 자신도 많이 변한 것 같다.

수업을 참관하다

다른 학교의 많은 선생님들이 수업을 참관하려고 와 있었다. 이토록 많은 선생님들이 수업을 바꾸는 것에 관심이 있다는 것이 새삼 놀라웠다. 수업자 선생님은 자그마한 몸집의 여자 선생님이었다. 수업의 주제는 카프카의 『변신』을 읽고 글의 중심 내용을 찾는 것이었다. 수업이 시작되고, 14명의 학생들이 교과서를 펴 소설을 읽고, 소설의 내용을 분석하는 모둠활동이 이어졌다.

평소에 수업을 참관하던 대로 우리 4명은 교실 맨 뒤에 서서 교사를 중심으로 수업을 보고 있었다. 그런데 교사가 하는 일이 별로 없었다! 아니 교사에게서 볼 수 있는 것이 없었다. 화려한 언변도, 시선을 끄는 제스처나 판서도 없었다. 심지어 아이들의 흥미를 끌기 위한 농담 한마디 하지 않았다. 이 당시 나는 수업 동기유발을 위해 열심히 〈개그콘서트〉를 보면서 연습(?)을 했었다. 그런데 그 교실에서 교사는 아이들에게 활동을 제시하고 묵묵히 아이들의 활동을 지켜보고 있을 뿐이었다. 이렇게 많은 선생님들을 불러 놓고 수업을 보여 주면서 어떻게 이럴 수 있나 싶었다. 그러다 수업을 참관하는 선생님 몇 분이 아이들의 모둠 바로 옆에서 아이들을 관찰하는 모습이 보였다. 심지어 무릎을 꿇고 아이들의 눈높이에서 뭔가 귀한 말씀이라도 듣는 듯 경청하며 노트에 기록하는 선생님도 있었다.

수업 전 나눠 준 수업계획안에 있던 '수업 참관 방법'이라는 글이 생각났다. 교사보다는 학생들의 배움을 중심으로 보라고 했었다. 학생들이 어떻게 배우는지, 어느 부분에서 배움이 주춤거리는지를 봐 달라는 내용이 있었다. 약간 고민하다가 그냥 해 보자 싶어서 학생들 모둠 가까이 가서 학생들이 말하는 것, 행동하는 것을 보고 들었다. 하지만 딱히 이거다 싶은 무언가가 들리거나 보이진 않았다. '아이들이 참 관계가 좋고 서로 잘 의지하고 잘 물어보는구나' 싶었을 뿐이었다 (사실 이게 굉장히 중요한 것인데 놓치고 있었다!!). 근데 이상하게도 나의 수업에서 아이들에게 활동을 시키면 몇 초 지나지 않아 나를, 즉 수업자를 찾는 학생들의 요청이 빗발치는데, 이 수업에서는 수업자 선생님을 찾지 않았다. 그냥 자기네들끼리 어설프지만 뭔가를 하고 있는 느낌이었다. 너무 안 될 때 수업자 선생님이 와서 다시 글을 읽게 하고 용기를 북돋아 주고 가는 모습이 종종 보일 뿐 교사의 개입은 적었다.

수업은 학생들의 발표로 마무리되었다. 여기서 인상적이었던 것은 발표하는 친구를 향해 몸을 돌린 채, 마치 세상에서 제일 재미난 이야기를 듣는다는 즐거운 표정으로 듣고 있는 학생들의 모습이었다. 나의 수업에서 발표를 시키면 보통 교사인 나를 향해 발표하기 일쑤고, 나머지 아이들은 대부분 그 발표를 전혀 듣지 않는 모습이었기에 신기했다. 대안학교니까 마음공부를 해 온 아이들이니까 그런가 싶은 생각도 들었다.

수업을 참관했지만…

수업이 끝나고 원경고등학교 측에서 수업협의회가 있으니 모두 참석해 달라고 했다. 수업협의회가 열리는 곳으로 이동하며 우리는 이 수업에 관해 이야기를 나누었다. 일단 특별히 배워 가야 할 것이 보이지 않는다고 다들 이야기했다.

"수업자가 들고 있던 '딱!' 소리 나던 나무막대기가 아이들 집중에 좋겠다."

"교사의 강의나 정리가 없으니 수업에서 아이들이 제대로 수업 내용을 배웠을지 판단이 안 된다."

"이런 정도의 교사 역할이면 충분히 해낼 수 있을 거 같은데 우리 학교에서 이대로 수업을 했을 때 수업이 지금처럼 이루어질까?"

"고등학생이라서, 공개되는 수업이라서 학생들이 이렇게 수업을 받았던 것은 아닐까?"

솔직히 나도 이 수업을 통해 무언가를 배웠다고 이야기할 것이 없었다. 다만 '교사의 비중이 적어 보이는 수업이 이뤄지긴 하는구나'를 느낀 정도랄까. 한편 '난 수학 교사인데 이 국어 수업의 협의회에 참석하는 게 의미가 있을까' 하는 의구심을 가지면서 수업협의회가 열리는 곳으로 향했다.

수업협의회의 시작

수업협의회는 멀리 떨어진 영어전용 교실에서 실시되었다. 교실 가운데 서로 마주 볼 수 있게 직사각형 모양의 자리가 마련되고, 그 밖으로 또 안쪽을 향해 앉을 수 있게 자리가 배치되었다. 가운데 자리는 원경고등학교 선생님들이 앉고, 다른 학교 선생님들은 바깥쪽 자리에 앉았다. 보통은 수업공개를 하면 공개되는 수업만 보고 나서 돌아가고, 수업협의회는 컨설턴트와 수업자 선생님만의 시간이 되는데, 여기서는 많은 선생님들이 수업협의회까지 참석했다. 이런 광경이 좀 생소했고, 가운데 앉아 있는 방금 수업을 한 수업자 선생님은 이 자리가 얼마나 불편할까 싶었다. 컨설턴트와 단둘이 자리를 해도 불편하기가 이루 말할 수 없을 터인데 말이다.

수업공개 중에 유독 여기저기 돌아다니며 열심히 촬영하던 남자분이 있었다. 나는 이 사람이 바로 이 수업의 컨설턴트인 손우정 박사인 줄 알았다. 배움의 공동체라는 것이 무엇인지도 모르고 참석한 나로서는 손우정 박사를 알 리도 만무했다. 그런데 그분도 다른 학교에서 참관하러 온 선생님들과 같은 자리에 앉아 있는 게 아닌가. 수업자 선생님 옆에 앉은, 컨설턴트로 소개된 사람은 중년의 여자분이었다. 배움의공동체연구회 대표로 전국을 돌아다니며 수업을 바꾸기 위해 노력하는 권위자라는 생각에 남자를 떠올렸던 내 자신이 부끄러웠다. 처음부터 나의 편견을 와장창 깨뜨리며 수업협의회는 시작되었다.

수업협의회, 이게 진짜구나!

수업협의회 진행은 원경고의 한 선생님이 맡으셨고, 수업자 선생님의 수업관과 수업 고민에 대한 이야기로 시작되었다. 컨설턴트가 수업에 대해 이야기하고, 잘된 점을 우선 말하고 고쳐야 할 부분을 조언해 주는 여태까지 내가 경험한 수업협의회와는 다른 방식이었다. 그리고 수업관에 대해 말하는 것으로 시작하라니! 그러고 보니 나의 수업관은 무엇이었나 생각해 봤다. 아니 수업관이라는 것이 있긴 할까? 그냥 교과서 내용을 교과서 진도대로… 그것을 교육과정에 맞춰 가르치는 것으로 생각했으니, 따로 수업관을 생각해 본 적이 없었다. 있다면 열심히 수업 듣고 열심히 문제 풀어서 좋은 성적을 얻어 가는 학생을 양성시키는 것 정도였다.

수업자 선생님이 수업관 이야기를 마치자, 수업을 참관했던 원경고의 모든 교사가 돌아가며 수업에서 본 것을 이야기했다. 한 사람도 빠짐없이 자신이 수업에서 본 것을 이야기하는 것도 인상적이었지만, 그 내용이 더 놀라웠다. 수업한 교사에 대한 평가나 조언이 아니라 수업에서 관찰한 모둠과 학생들에게 어떤 배움이 일어나고 어디에서 배움이 주춤거리는지, 학생들끼리의 대화와 교류가 어떻게 이루어지고 있는지를 말하는 게 아닌가! 교사 한 사람, 한 사람 자신이 수업에서 본 사실을 바탕으로 이에 대해 분석하고 그를 통해 배운 것을 이야기하는데, 다른 모든 교사들이 그 내용을 하나같이 경청하는 게 놀라웠다. 말을 잘하는 교사나 조직 내 영향력이 있는 교사 정도만 말을 하게 되는 게 보통 학교의 협의회인데 말이다. 아니면 관리자의 전달식 이야기만으로 끝나 버리거나…. 그렇기에 나는 학교 협의회 시간에 거의 이야기를 하지 않는 부류였다. 그렇게 한 명씩 돌아가며 이야기를 하는데 거의 한 시간이 넘게 걸렸다. 그런데 누구 하나 자리에서 일어나지 않았다. 협의회가 끝날 때까지 모두 참여하는 것 또한 놀라웠다. 작은 학교라지만 학생 하나하나에 대해 이렇게 분석하고 이해하고 공유한다면, 학생 개개인에 대한 맥락적 이해가 이루어지고 이는 수업에 큰 도움이 되리라 판단되었다. 마지막으로 수업자 선생님이 앞서 말한 교사들의 말에서 배운 것을 정리하고, 자신의 수업에서 모자랐던 부분을 이야기하며 끝났다. 굳이 수업자에게 이런저런 것이 모자라고 고쳐야 한다고 이야기하지 않아도 수업자 스스로가 알고 있었다. 그리고 컨설턴트인 손우정 박사의 이야기가 시작되었다.

수업 컨설팅

PPT 화면에는 방금 전 수업 장면이 들어 있었다. 수업을 관찰하며 사진을 찍었고, 원경고 선생님들이 이야기를 나누는 사이 손우정 박사가 PPT를 만들었던 것 같다. 우선은 국어교과의 본질에 대한 이야기를 했다. 국어교과의 목표, 역량, 이번 수업에서 다루고 있는 성취기준. 난 여태 수업을 해 오면서 교과교육과정 속 교과의 본질에 대해 생각해 보지 않았었다. 그냥 의심 없이 교과서에 다 담겨 있거니 교과서 내용대로 수업을 했을 뿐이다. 나에게 교과교육과정은 대학에서 배울 때 읽어 봤던 것, 임용고시를 준비하며 외우던 것, 교무실 책상 위책꽂이에 꽂혀 1년에 한 번 펼쳐 볼까 말까 한 책자, 그뿐이었다.

> "교과서를 넘어서는 교재를 풍부하게 가져와서 수업에 활
> 용해야 하며, 그렇게 되려면 교사들이 더 많은 교양을 쌓고,
> 더 많이 배워야 한다. 또한 많이 가르치려 하지 말고 깊이 파
> 고 들어가야 하며, 교사가 정리하지 말고, 학생들이 찾아내
> 는 수업이 되어야 한다. 이는 곧 양이 아닌 질적인 수업을 해
> 야 하는 것이므로, 필기나 빈칸 채우기 같은 단순노동보다
> 학생들이 생각할 거리, 대화할 거리를 많이 만들어 제공해야
> 한다. 아울러 학생들을 어린애 다루듯 다루면 안 되고, 정중
> 한 언어를 사용하여 학생들이 수업을 진지하고 의미 있는 시
> 간으로 받아들이게 해야 한다."
>
> _원경고등학교 홈페이지에 수록된 수업협의회 기록 중에서

그 당시 손우정 박사의 컨설팅은 분명 좋은 내용임에도 그 내용을
깊이 이해할 수는 없었다. 이에 나의 인식이 가닿아 있지 않고 생소했
기 때문이다. 그렇지만 협의회의 모습과 손우정 박사의 말이 던지는
충격에 배움의 공동체에 대해 알아봐야겠다는 다짐이 생겼다. 여운이
깊게 남았다. 돌아오는 차 안에서 여러 가지 생각이 떠올랐다. 단순히
수업 기법을 차용해 수업 속에서 학생들에게 이렇게 저렇게 하라며 요
구하던 지난 나의 모습이 떠오르기도 했다. 수업의 변화에는 학생들의
변화 이전에 교사의 변화가 먼저 있어야 한다는 생각이 들었다. "교육
의 질은 교사의 질(수준)을 넘지 못한다"는 손우정 박사의 말이 계속

귓가를 맴돌았다. 결국 아이들이 수업에서 서로 협력하게 하고 대화를 나누게 하려면, 교사가 먼저 서로 협력하고 서로 대화를 나누는 일을 시작해야 했다. 우리 아이들을 민주시민으로 만들기 위해서는 우리 교사가 먼저 민주성을 실천했어야 하는 것이다. 새끼 게에게 똑바로 걸으라며 자신은 옆으로 걷고 있던 어미 게의 모습이 나의 모습이었던 것 같았다.

역시 수박 겉핥기

배움의 공동체 수업에 공감했던 참관자들이 다른 선생님들을 설득해서 배움의 공동체 철학을 배우고 이를 담아 수업을 해 보자고 합의에 이르게 되었다. 손우정 박사의 세바시 강연과 『배움의 공동체』를 읽으며 함께 공부하고, 우선 모든 교실의 책상을 ㄷ자 모양으로 배치하기로 결정하고 실천에 옮겼다.

몇 번 모둠으로 바꾸어 수업을 진행해 봤지만, 아이들은 이야기를 나누지 않거나 이야기를 나누더라도 수업 내용이 아닌 잡담에 그치는 경우가 태반이었다. 그래서 모둠활동은 하지 않게 되었고, ㄷ자 책상 배치도 아이들을 교실 벽 쪽으로 한 줄로 ㄷ자로 만드는, 학생 상호 간의 대화를 위한 것이 아닌 교사의 무대가 확장되는 의미로 활용되었다. 고개를 돌려 칠판 쪽을 봐야 하니 목이 아프다는 투정도 나왔다. 우리 교사의 마음을 알아주지 않는 거 같아 아이들에 대해 원망하는 마음이 들기도 했다. 그렇게 배움의 공동체도 또 다른 수박 겉핥기의 사례로 남겨지는 듯했다. 아이들은 여전히 수업을 싫어하고 힘들어했고, 교사는 그 속에서 힘겨워했다. 이에 대한 해결책을 구하던 중 경남형 혁신학교 '행복학교' 공모가 있었고, 수업 변화의 절실함을 더해 지원해서 지정을 받았다.

천군만마를 얻다

2014년 12월 6일 토요일 토요일 경남교육연수원에서 열린 제1회 경남배움의공동체연구회 수업 세미나에 모든 교사가 함께 참가하기로 결정했다. 지난 몇 달 동안 배움의 공동체 수업을 실천하면서 많은 실패와 변질 그리고 과거로의 되돌아감을 겪었다. 책으로만 배운 것이 얼마나 덧없이 스러지는지 느끼던 차였고, 행복학교로 '배움중심수업'의 실천이 더더욱 당면 과제로 다가와서 토요일임에도 다 같이 참석할 수 있었다. '수업이 바뀌면 학교가 바뀐다'라는 플래카드 문구가 인상적으로 다가왔고, 앞으로 무엇을 보고 깨닫고 배우게 될지 기대가 되었다.

손우정 박사의 기조강연은 '교사의 수업 임상, 수업 사례 연구'에 대한 내용이었다. 그동안 우리 학교에서 나누던 수업공개와 협의회가 떠올랐다. 그리고 학생은 보지 않고 교사만, 교사의 수업 기술이나 태도에 대한 것만 보고 이야기를 나눌 뿐이었음을 깨달았다. 이어진 분과별 수업 사례 연구, 대표 수업 사례 연구 시간에 수업을 참관하는 것과 수업 속에서 본 아이들의 배움을 바탕으로 배운 것을 나누는 협의회에 참여했다. 많은 것을 배울 수 있었다. 특히 마지막 전체 인원을 대상으로 공개한 대표 수업이 중학교 수학 수업이어서 더 많이 배우고 힘을 얻을 수 있었다. 그 대표 수업의 컨설턴트가 김주원 선생님이었고, 다음 해 수업 컨설턴트로 우리 학교와 인연을 맺게 되었다. 그뿐

원래 배움중심수업을 잘했다고 오해(?)받았던 아이들

만 아니라 여기서 진주배움의공동체연구회를 알게 되어 우리 학교 선생님들이 이에 참여하게 되었고, 회장인 고선미 선생님과 인연을 맺어 새 학년 맞이 워크숍에 배움의 공동체 수업과 수업 임상에 대한 도움을 받고, 이후로도 컨설턴트로 계속 만나게 되었다. 이러한 배움과 인연 속에서 우리 학교는 모든 교사가 배움의 공동체 철학으로 수업을 하고 지속해서 수업을 공개하며 학생들의 배움을 관찰하고 연구하게 되었다.

원래 그런 학생, 변화는 천천히 찾아온다

김주원 선생님이 '수업이 바뀌면 학교가 바뀐다'라는 제목으로 연수를 시작했다. 처음에 2015년 4월 역사수업을 편집한 짧은 영상이 화면에 나오는데 나는 깜짝 놀랐다. 우리 학교가 수업의 변화를 꾸준히 해 나갈 수 있었던 원동력 중 하나였던 2015학년도 2학년들이 4월 역사수업 영상에는, 제대로 수업에 들어오지 않고 서로 의견을 나누지도 않으며 아예 배우려 하지 않는 듯한 모습들을 보이는 게 아닌가! 늘 우리의 수업 변화를 잘 따라오고 학교의 변화에 힘을 실어 주던 아이들이었는데, 영상 속 아이들은 무기력해 보이고 교사의 발문에 "왜요?"라며 툴툴거리듯 반문하는 모습이었다. 수업을 변하도록 만든 최고의 고민거리였던 2015학년도 3학년 아이들과 별로 달라 보이지 않았다. 우리 교사들은 2016학년도에 3학년이 된, 우리 수업 변화의 한 줄기 빛인 이 아이들이 이대로 졸업하게 되면 어쩌나 하는 위기 감을 느끼고 있었다.

그런데 4월의 수업과는 다르게 6월의 수업에서 아이들은 수업 속에서 서로 머리를 맞대며 배워 나가는 모습을 보여 주었다. 12월의 수업에서는 우리가 인지하고 있는 '원래 배움중심수업을 잘하던 학생'의 모습이 되어 있었다. 원래 그런 것이 아니라 1년간 그 아이들이 조금씩 변해 왔던 것이다. 그것은 늘 고민하고 함께 실천해 온 우리 학교 모든 교사들의 노력으로 이루어진 것임이 분명했다. 연수 말미에 2015학년도 3학년 중 한 명의 인터뷰 영상이 나왔다.

"우리요? 별로 변한 건 없는 거 같아요. 수업은 여전히 싫은데요, 음… 수업이 조금 편해진 건 있는 거 같아요. 근데 선생님들이 착해진 거 같아요. 조금 더 우리를 믿어 준 거 같고 기다려 주기도 하고요."

그 아이는 해맑게 웃으며 이렇게 말했다. 변화 없이 마냥 '원래 그런 학생'으로 졸업한 줄로만 알았는데 그 아이들마저도 변화하고 있었던 것이다. 우리가 알지 못한 사이에. 그리고 아이들만 변한 것이 아니라 우리 교사들도 성장하며 변해 왔다는 사실을 알게 되었다. 또한 돌아보면 늘 그 자리인 듯한 2016학년도 1학년도, 2학년도 어느덧 조금씩 변해 왔다는 사실을 알게 되었다. 2016학년도 3학년이 졸업하면 우리의 수업혁신도 덧없이 졸업해 버리는 것이 아닌가 싶었던 위기감이 사라졌다. 1학년도, 2학년도 '원래 잘해 온 학생'들인 3학년처럼 혹은 또 다른 방향으로, 더 나은 모습으로 성장하며 변할 수 있으리라는 희망을 품게 되었다. 이때를 돌아보면 기적과 같은 단기간의 드라마틱한 변화가 혁신이 아니라, 시나브로 우리 곁에 다가와 느끼지 못하게 일상이 되는 것이 진정한 의미의 혁신임을 깨닫게 된다.

조금씩 성장하며 어느새 변해 있는 아이들

수업이 바뀌면 학교가 바뀐다

교사의 가르침이 아닌 학생의 배움을 중심에 두려고 했다. 학생 개개인의 배움이 아닌 함께하는 배움이 이루어지려 했기에 민주적이며 평화로운 관계를 학생들 사이에 형성시키려 했고 그러기 위해서는 교사 간의 관계도, 교사와 학생 사이의 관계도 그렇게 변해야 했다. 교사의 전문성은 수업에 있기에 수업 임상을 바탕에 두고 수업 연구에 더 매진하게 되었다. 그리고 수업의 질은 교사의 질을 넘지 못함을 알기에 교사도 더 많이 배워야 했고 혼자가 아닌 함께 배우고 실천했다. 어느 순간 학교가 이미 변해 있었다. 수업이 어려워 수업 하나를 바꾸려 했고 그런 노력과 과정이 이어져 지금 학교가 변한 것이다. 누군가 '행복학교'에 있어 힘들지 않으냐, 이런 수업의 변화도 결국 '열린교육'처럼 일시적인 것이 아니냐고 묻는다면, 오히려 행복학교 이전이 더 힘들었고 다시 이전 수업으로 돌아가는 것이 두렵다고 말하고 싶다. 지금 이것이 누군가에겐 혁신이겠지만 우리에겐 일상이라며 말이다.

내가 살아 있는 우리

김해봉황초 최자옥

나의 이야기

늦은 나이에 첫아이를 낳고 조리원에 누워 있었다. 10년 전에 남편 따라 충청도로 이사 간 친구가 생각이 나서 출산 소식을 전하러 전화를 걸었는데, 이 이야기 저 이야기 하다 친구가 울고 말았다. 학교에서 6학년 부장을 하는 모양인데 힘든 일이 생긴 것 같았다. 아이 낳고 누워 있는 친구가 건넨 말 한마디, "○○아, 너 혼자서 많이 힘들지?" 이 말이 가슴에 콕 박힌 것이겠지. 나는 '힘들다'란 말보다 '혼자'란 말이 더 아팠다. 우리 학교에 있었다면 힘든 일은 있겠지만 혼자는 아닐 텐데.

발령받고 처음 출근하던 날, 우리 반 아이들을 두고 옆 반 선생님이 칠판에 써 놓은 알림장을 보고 그대로 적어 준 기억이 난다. '이런 실수는 하지 말아야지.' 마음에 새기며 여러 해를 보냈다. 나 혼자 너무 뒤떨어져 있는 것 같았는데, 시간이 지나니까 해마다 실수도 줄고 조금씩 교사 티가 났다.

5년 차가 되었을 때 해마다 학교생활은 비슷했고 더 이상 나아지지 않는 것 같았다. 그때 학교 밖에서 마음 맞는 선생님과 일주일에 한 번씩 만나 공부를 했다. 학교 안에서 하지 않던 이야기를 하면서 정말 열심히 공부했다. 첫 5년은 교사 요령을 익히는 시기였고, 교사 모임 10년은 나를 성장시키는 시기였다. 학생을 대하는 태도, 수업을 설계하는 법, 세상을 바라보는 눈까지 10년이 없었다면 지금 나는 없을 것이다.

교사모임을 한 뒤 교실에 돌아와 우리 반 학생을 돌보고 교과서를 재구성했다. 정말 즐거웠다. 학생들이 나를 좋은 선생님이라 하면 기분 좋았고, 교과서 밖에서 자료를 가져와 수업을 할 때 학생들이 재미있어하면 보람 있었다. 하지만 학교에서 정해 준 틀(시험, 교과서와 진도, 여러 학교 행사, 체험학습, 연구과제, 당시 재량활동 따위)을 따르고, 동료 교사의 분위기를 살펴야 했다. 교실을 벗어나는 일을 할 수 없었다. 그렇지만 나는 크게 불만을 가지지 않았다. 지금 생각해 보면 그때 나는 학교 전체를 보는 눈이 없었다. 내가 바꿀 수 있다는 생각을 하지 못했고, 언젠가 학교현장이 달라지겠지만 당장 변할 거란 생각도 하지 않았다. 솔직히 우리 학급에 별 문제가 없었기 때문에 학교 일에 큰 관심이 없었다. 우리 교실에 갇혀서 나 개인의 성장에만 관심을 두었고 그것으로 충분히 만족했다. 내가 아닌 우리가 할 수 있는 일을 생각하지 못했다.

행복학교에서 나와 우리

교사 생활 12년. 꽤 괜찮은 교사라 생각하며 살아왔지만, 고집불통 6학년 담임을 하면서 내가 자만심에 사로잡혀 있다는 것을 알았다. 내가 노력해도 학생들은 쉽게 바뀌지 않았다. 그때야 학교에서 나 혼자

할 수 없는 일이 눈에 보였다. 내가 가르치던 학생들은 1학년부터 5학년까지 시간이 쌓여 고집불통 6학년이 된 것이다. 보통 담임은 한 해에 한 명이라 생각하지만 6학년 담임은 모두 여섯인 셈이다. '학교는 구성원이 같은 마음으로 학생을 돌보고 가르쳐야 하는구나! 나 혼자는 할 수 없구나!' 싶었다. 그래서 행복학교를 찾아 옮겼다. 나는 우리가 되고 싶었고 함께하고 싶었다.

행복학교는 열려 있다. 정해진 것이 없고 협의하여 함께 정한다. 교장 선생님이나 교감 선생님도 자기 의견을 내세우지 않으셨고 꼭 해야 할 일이 거의 없다. 교직원 다모임에 누군가 제안하면 여러 사람 의견을 듣고 협의해서 정하거나 기획회의에서 학년별 의견을 모두 들어 보고 정한다. 학년별 급식시간을 조정할 수 있고 다모임 시기와 횟수를 바꿀 수 있다. 행복학교지만 학교를 공개할 수도 하지 않을 수도 있다. 누구나 의견을 제안할 수 있고 많은 구성원이 인정하면 새로 만들거나 바꿀 수도 있다.

학년교육과정은 동학년에서 협의하여 정한다. 리코더 연주를 하라, 책을 몇 권 읽으라는 말도 없고 교육과정에 꼭 확보하라는 시간도 거의 없고 학년이 원하는 방향으로 원하는 내용으로 교육과정을 운영할 수 있다. 학교 일정을 줄였고 일방적으로 학교 일정을 잡는 일도 없다. 최대한 학년교육과정 운영 시간을 확보해 주고 계획한 대로 학년교육과정을 실천할 수 있도록 돕는다.

행복학교 시스템과 문화는 내 의견을 학교, 학년교육과정에 반영시킬 수 있는 좋은 환경이다. 내가 교실에서 우리 학급 학생들과 했던 것을 우리 학년과 우리 학교로 넓힐 수 있는 좋은 기회다. 내가 바라

함께여서 아름다운 몸짓

던 학교. '나는 우리가 될 수 있다.' 하지만 내가 우리가 되면 좋은 것일까? 내가 우리가 되는 것은 정말 가능할까? 무엇이든 함께하는 학교가 좋은 학교일까? 그것이 진정 내가 우리가 되는 길일까? 그 과정에서 불편한 사람은 없을까?

우리에 이르지 못한 나

우리 학교는 함께 정하지 않은 일을 구성원에게 강요할 수 없다. 특히, 교사는 함께 정한 일이 아니라면 다른 사람 의식하지 않고 원하는 대로 교육활동을 할 수 있다. 이런 분위기에서 '내'가 너무 앞서 '우리'까지 이르지 못하는 일이 종종 있다.

학년교육과정과 실천을 중요하게 여기는 학교 분위기에서 학교교육과정보다 앞서는 일이 생겼다. 학년교육과정은 학교의 교육철학과 학교교육과정을 바탕으로 세워지고 실천해야 한다. 학교에서 일관성 있게 교육하려면 학교교육과정이 학교 구석구석에 뿌리를 내리고 있어야 한다. 하지만 학교 비전이나 학교 특색을 염두에 두지 않고 학년에서 추구하는 방향과 교육 내용으로 학년교육과정을 채우고 학교의 요구를 반영하지 않기도 했다. 많은 구성원이 학년에서 하는 활동이 먼저라 생각하고 학교 전체가 함께 하는 활동에 피로감을 느꼈다. 학교교육과정 워크숍 기간에 학년교육과정 워크숍 일정을 잡아 진행하기도 하고, 학교에서 공통된 방향이나 방법으로 수업 나눔을 운영하려할 때도 학년의 자율성을 고집하기도 했다. 전문적학습공동체 운영, 학부모 다모임, 회복적 학교와 같이 함께 실천하기로 한 것도 학년 사정에 따라 생략하거나 축소하기도 했다. 개인의 자율성과 자발성을 강조하고 합의를 바탕으로 하는 학교문화 속에서 학년 활동은 활발하게 이루어졌지만, 학교 전체가 일관성있고 체계를 갖춘 학교 프로그램을 만들고 쌓아 가지 못했다. 이것은 김해봉황초등학교가 행복학교 5년차와 행복나눔학교를 하면서 꼭 풀어야 할 숙제가 되었다.

학년 말 새 학년 학년 배정 및 업무분장을 할 때, 여러 해 동안 '내'가 '우리'를 앞서 구성원 사이 실망하고 갈등하는 일도 있었다. 저마다 희망하는 학년이나 업무를 붙임쪽지에 쓰고 칠판에 붙인 뒤 이동하면서 배정한다. 당연히 학년에 따라 희망하는 사람이 넘치기도 하고 모자라는 일이 생기기도 하는데 누군가 양보해야 마무리할 수 있다. 기준 없이 순수하게 양보하여 정해 보기도 하고, 전입 교사와 교육과정 연속성을 중심으로 기준을 정해 보기도 했다. 그렇지만 결국 마지막은 희망과 양보가 부딪힐 수밖에 없다. 한 해 살이가 달려 있는 중요한 문제에 쉽게 양보할 사람은 없다. '나'의 선택을 존중하면 '우리'를 위해 알아서 균형을 이룰 줄 알았지만 오랜 진통 끝에 서로 상처를 주고받으면서 마무리되었다. '나'의 선택을 존중하는 게 과연 옳은 일일까? 의심이 들기도 했다.

그동안 학교현장에서 '나'를 충분히 드러내지 못한 채 살아왔고 아직은 '우리'를 생각할 여유가 없었을 것이다. 한발 양보하면서 함께 문제를 해결하는 방법이나 과정을 몰랐기 때문일지 모르겠다. '나'에서 '우리'까지 넓어지고 깊어지는 데 성숙할 시간이 필요하다.

나를 안지 못한 우리

행복학교는 협의와 합의 과정을 거쳐 결정하고 구성원들 동의를 얻는다면 개인의 의견을 학교나 학년 운영에 반영할 수 있다. 그리고 원칙은 함께 정했다면 모두 지켜야 한다(물론 모두 철저히 지키는 건 아니다). 제안하고 마무리하는 과정은 토론과 토의를 거쳐 '합의'를 지향하지만 '다수결'로 정해지는 때가 많다. 모든 사람이 바라는 결과는 가능하지 않기 때문에 원하지 않는 결과도 동의하고 인정하도록 상대방을 존중하고 충분히 이야기해야 한다. 그것이 '합의'다. 하지만 실제 다모임이나 기획회의, 동학년 협의에서 주장이 강한 구성원 몇 명이 이끌어 가고 나머지 구성원은 그것을 지켜보고 따라간다. 바라는 결과가 아니고 충분히 동의하지 않지만 분위기상 인정하고 넘어간다. 행복학교 초기 다모임 분위기는 긴장이 흐르고 편안하지 못했다. 말 한마디 하기 어렵다고 말하는 선생님도 많았다. 소수 의견이 '우리 전체' 의견이 되고 '나'의 의견을 제대로 드러내지 못한 채 이끌려 가는 구성원이 생기게 된다. 이런 과정에서 '우리 전체'는 '나'를 존중하지 못하고 어느새 '나'는 눈치를 보게 된다.

'우리'가 '나'를 존중하지 못하는 경우는 학년에도 많았다. 학년은 학교에 비하면 '나'라 하겠지만 대여섯 개 학급담임과 전담, 비교과 교사가 어울려 있는 '우리'이다. 학년교육과정 계획 및 실천은 정말 '내'가 '우리'가 되는 과정이다. 교육과정 재구성, 체험학습(시기, 장소, 횟수), 프로젝트, 학년특색활동, 학생평가, 체육대회, 학생 및 학부모 다모임, 전문적학습공동체, 수업 나눔, 학년예산(행복학교 예산을 학년에 배정하고 교육과정에 맞게 지출). 아주 작은 부분까지 학년에서 계획을 세우고 학년교육과정에 따라 실천한다. 학교에서 정해 놓은 틀이 많지 않기 때문에 학년교육과정은 교사와 학생의 학교생활에 영향을 많이 준다. 개인은 학년교육과정에서 정한 것을 무시하기 쉽지 않다. 경력이 적은 선생님이나 소극적인 선생님들은 특색 있는 활동을 하고 싶어도 의견을 내기 어렵다는 말을 한다. 학년교육과정을 촘촘하게 계획하기 때문에 학급에서 마음대로 운영할 시간이 적다. 예산이 넉넉하지만 학년 예산일 뿐 학급에서 원하는 활동을 하는 데 쓰기 어렵다. 그리고 비교과 교사는 학년에 속해 있지만 교육과정 중심으로 운영되는 견고한 학년 분위기에서 상대적으로 소외감을 느낄 때도 많다. 학년인 '우리'가 교사 개인인 '나'를 존중하지 못하고 간섭하는 것이다. 이럴수록 우리는 학급 사정과 담임이 아닌 교사까지 살피는 눈과 마음을 가져야 하는데 그러지 못했다.

교육과정을 알차고 충실하게 운영하고 싶은 마음에 서두르다 보니 생긴 일이지 싶다. 행복학교 초기 주위를 돌아볼 여유가 없었고 빨리 성과를 내고 싶었다. 그동안 성과를 중시하는 학교 풍토를 비판해 왔지만 우리도 모르게 젖어 있었던 것은 아닐까? 학급과 학년이 모두 살아 있는 조화로운 교육과정을 만들어야 한다.

내가 살아 있는 우리

'내'가 살아 있는 '우리'가 되려면 어떻게 해야 할까? 시간이 필요하고 때를 기다려야 한다. 눈치 보지 않고 내 주장을 펼쳐 보기도 하고, 피곤하지만 '나'를 낮추고 함께 '우리'를 고민해 보기도 해야 한다. 김해봉황초등학교는 3, 4년을 그렇게 보냈고 겉으로 드러나진 않았지만 값진 시간이었다. 우리가 아직 성숙하지 못했던 것도 성과를 보고 싶어 성급했던 것도 알게 되었다. 누군가 잘못이라 지적했다면 깨닫지 못했을 텐데 긴 시간을 보내며 몸과 마음으로 느끼고 깨닫게 된 것이다.

2018년 워크숍 기간, 긴 협의를 하며 학교 전체에 무관심한 '나'와 '우리' 뒤에서 상처받는 '나' 이야기를 많이 했다. 학교 전체에 함께 소통하면서 나눌 수 있는 방법을 찾아 바꿔 보기로 했다. 이제 다모임에서 상처받고 입을 닫은 분도 눈에 보이기 시작했고 누구나 편하게 말할 수 있도록 따뜻하고 평화로운 분위기를 만들려고 노력한다. 학급교육과정의 중요성을 느끼며 함께 학년교육과정과 학교교육과정을 조화롭게 실천할 방법을 끊임없이 찾고 있으며 우리 모두 노력한다. '나'만 주장하지 않고 '우리'만 앞세우지도 않기로 한다. 이미 완벽하지 않지만 학급에 갇혀 있지 않고 수없이 만나고 함께해 왔다.

30학급이 넘는 학교에서 교사뿐 아니라 모든 구성원이 학생들을 함께 돌보면서 성장을 도우려고 한다. 힘든 학생을 다모임에서 같이 이야기하고 담임과 함께 해결하려고 애쓰며 우리 반 아이가 아니라도 사정이나 특성을 알아 보살피고 있다. 우리 아이 담임이 아니라도 우리 반 학부모가 아니라도 스스럼없이 이야기하고 관계를 맺고 있다. 나는 보이지 않지만 학생과 학부모, 교사, 교직원 사이 아주 다양하고 촘촘한 줄로 연결되어 있다고 느낄 때가 많다. 육아휴직을 하며 학교를 잠시 떠나 생각해 보니 많은 부분에서 '우리'가 되어 있는지 모르겠다. 내가 살아 있는 우리가 되는 과정 중.

나는 무엇에 끌리는가

동광초 정동현

2학년 아이들이 시장 체험학습을 왔다. 아이 4명이 시장의 작은 횟집에서 모둠회와 사이다 한 병을 시켰다. 건너편 중국집에서는 아이 3명이 세트 메뉴를 시켜서 맛있게 먹고 있다. 2명은 여기저기 돌아다니며 분식들을 먹고 있다. 시장 상인들은 웃음기를 머금은 채 아이들에게 "어디서 왔니? 뭐 하러 온 거야?"라고 물었고, 이내 장을 보던 할머니, 할아버지들도 아이들에게 눈길을 주었다. 횟집 건너편에서 친구와 국밥을 먹고 있던 나는 아이들을 인솔해 온 친구에게 여러 가지를 물었다. 어떻게 이런 체험학습을 계획하게 됐는지, 친구가 근무하는 (혁신학교) 학교는 어떤지 등등 질문을 쏟아 내었다. 나는 친구의 별거 없다는 듯한 담담한 대답을 들으며 "와~ 그런 것도 해?"를 연거푸 말했다. 식사를 마친 아이들은 엄마의 메모가 적힌 쪽지를 들고 장을 보았다. 20여 분이 흐른 뒤, 아이들은 검은색 비닐봉지를 빙글빙글 돌리며 친구 앞으로 모였고, 다 모인 후 시내버스를 타고 다시 학교로 돌아갔다. 일반 학교에서만 근무했던 내가 혁신학교 체험학습을 처음 본 순간이었다.

2017년 가을 동광초 발령을 받았다. 발령 첫날, 학생 이름보다 동료 선생님들 이름을 먼저 외우게 되었다. 학교의 모든 선생님들과 하루에 4번 모였던 경험이 아직도 기억에 남는다. 회의 내용은 수학여행에 관한 것이었는데, 3학년 담임을 맡았던 나와는 별 상관 없겠거니 하고는 내용도 모른 채 고개만 끄덕이고 있었다. 회의 중간중간 우리 반 아이들의 이름을 몇 번 듣긴 했지만, 그러려니 하고 앉아 있었다. 오후 회의 말미에 "선생님은 수학여행 이렇게 다 가는 거 처음이죠?"라는 말을 듣고 나서야 '헉! 이 학교는 3~6학년 다 가는구나!'라고 알게 되었다. 그날 저녁 다른 지역 혁신학교에 근무하고 있는 친구에게서 전화가 왔다. 나는 첫날 학교에서 느낀 심상치 않은 기운을 격정적인 어조로 친구에게 토해 내었고, 친구는 그저 웃으며 "고생해~"라고만 이야기했다. 그 이후로도 동광초에서의 익숙지 않은 많은 일들이 나를 당황스럽게 했다. 나름 10여 년 동안 교사 생활을 잘해 왔던 내가 버벅거리며 일처리를 하게 되다니… 참 '웃프다'라는 말이 적당할 듯싶었다.

나의 웃픈 시간은 아직도 동광초에서 흐르고 있다. 2년의 시간이 지난 지금도 여전히 버벅대고 있으니 말이다. 학교의 물리적 환경과 구성원들과는 익숙해졌지만, 선생님들과 매번 머리를 맞대고 구상하는 프로젝트들은 여전히 속도가 더디다. 매해 아이들과 학부모의 요구들은 다양하고, 선생님들의 경험과 생각이 다르니 그 균형점을 절묘하게 찾아내기란 여간 쉬운 일이 아니다.

그렇게 만들어진 프로젝트들은 그 누구도 경험해 보지 못한 것이기에 동광초 선생님들 모두 버벅거리며 살고 있다. 동광초에서 더 오랜

기간 지낸다고 한들 그 버벅거림은 줄어들 것 같지 않다. 매해 계절에 어울리는 프로젝트를 해 오고 있지만, 그 속을 채우는 활동은 매번 바뀐다. 예년과 비슷한 활동을 한다고 해도 같은 결과가 나오지 않으니 프로젝트를 구성하는 교사의 입장에서는 힘들 수밖에 없다. 거기에 보태어 학생들은 저마다 눈물 없이는 들을 수 없는 스토리를 간직하고 있다. 하나의 생채기가 채 아물기도 전에 또 다른 상처로 괴로워하는 아이들이 많다. 그리고 그 아픔을 오롯이 보듬어 주시는 선생님들 역시 매일매일 생기는 쓰라린 상처들로 힘들어하신다. 2년 남짓 동광초에 근무하는 동안 매해 학교 교원 수 절반의 선생님들이 오고 가셨다. 그들의 심력을 한계까지 끌어다 쓰시고는 무거운 마음으로 동광을 떠나셨다.

이따금 출장을 가게 되면 "행복학교 선생님은 행복한가요?"라는 식상한 질문을 받는다. 처음에는 그저 빙긋 웃으며 답을 피해 갔지만, 최근에는 "힘들기는 한데, 재밌어요"라고 답을 하곤 한다. 어느 날 문득 '나는 동광에서 진짜 재미를 느끼고 있는가? 정말 행복한가?'라고 자문해 보았다. 뜨거운 커피 한 잔을 다 마실 때까지도 딱히 정답이 떠오르진 않았다. 그 후로도 이 질문이 머릿속에서 불쑥불쑥 고개 들었지만 답답한 마음만 들었다.

하루는 하도 답답한 마음에 책상정리를 시작했다. 책상 한편을 차지하던 잡동사니들을 싸그리 모아다가 버리고, 좋은 향이 살짝 나는 물티슈로 책상을 닦았다. 그러던 중에 수업 종이 쳤고, 아이들이 우당탕탕거리며 교실에 들어왔다. 그러고는 아이들이 나를 본 후, 내 책상에 있는 물티슈를 뽑아다가 자기들의 책상을 닦기 시작했다. 책상을 다 닦은 아이들은 시키지도 않았는데 수납장도 닦았다. 수업 시작 시간을 훌쩍 넘어서야 비로소 대청소(?)가 끝났다. 그리고 나와 같은 표정을 짓고 있는 아이들을 보며 알 수 없는 감정에 웃음이 터졌다.

시장 체험을 나왔던 2학년 아이들을 떠올려 본다. 그때의 나는 내가 경험했던 학교에서 볼 수 없었던 아이들의 적극적인 모습에 놀라워했었고, 그런 체험학습을 어떻게 진행하게 되었는지 궁금했었다. 하지만 지금의 나는 왜 시장 체험학습을 구성하게 되었는지, 의도는 무엇인지 궁금하다. 그리고 그 친구의 생각이 어떤 모습으로 교육과정으로 엮여 나갔는지 궁금하다. 그 고민은 지금의 나에게도 그리고 동광에서 같이 근무하는 모든 동료에게도 유효하며, 같이 해결해야 할 숙제다.

서로의 생각을 모으고 정리하는 데에는 많은 시간이 필요하다. 그 과정은 힘들고 지친다. 결과가 좋지 못해 실망할 수도 있다. 그러나 그것은 우리의 선택이고, 우리의 의도이며, 우리가 받아들여야 할 결과다. 게다가 동광에서는 또 다른 기회가 항상 열려 있고, 만족스럽지 못한 결과에 다다르는 과정 속에서도 아이들은 나를 보며 한 뼘 자람을 알기에 또다시 시도할 수 있다.

나는 무엇에 끌리는가? 무엇에 끌려 이곳에 남아 있는가? 이 질문에 대한 정답은 여전히 명확하게 이야기할 수 없다. 아마 동광을 떠날 때도 찾지 못할 듯싶다. 그저 학교에서 만나는 수만 가지 일을 나만의 풀이 방법으로 해결할 수 있는 '해답'만 머릿속을 채울 것 같다.

그 해답들은 그때의 나의 생각과 관점, 경험이 녹여져 있을 것이고, 그 해답들이 좀 더 세련된 모습으로 학교를 채워 갔으면 한다. '정답'은 없지만 '해답'은 있다. 다소 시시한 대답에 혼자 쓸쓸한 웃음을 지어 본다.

나의 교육 나침반이 되어 준 행복학교

충무여중 정경선

　행복학교에 근무하기 전까지 교사로서 나는 '교재 연구(만)를 열심히 하는 교사', '아이들에게 무섭진 않지만, 그렇다고 따뜻하지도 않은 교사'였던 것 같다. 약 2년간 행복학교에 근무하면서 교사로서 내 모습이 크게 바뀐 건 아니다. 다만 수업혁신을 조금씩 실천하고, 학생 자치 업무를 담당하면서 그간 내가 놓친 학생들의 장점이 무엇인지 반성하게 되었다는 점은 큰 변화라고 할 수 있다. 그리고 앞으로 교사로서 나는 무엇을 더 고민하고 어떻게 나아가야 하는지 방향을 찾았다는 점은 행복학교 근무에서 찾은 보람 중 하나이다.

　이전까지 타고난 성격상 '재미'있는 수업은 기대조차 힘들었고, 교재 연구에 최선을 다하지만 강의식 수업으로 아이들을 지치게 만드는 교사였다. 강력한 카리스마와는 거리가 멀었기 때문에 생활지도는 자주 어려움을 겪었다.

　2011년 비평준화 지역의 인문계 고등학교에서 근무하면서, 무기력하고 배움에 소극적인 아이들을 만나면서 수업에 대한 고민이 커졌다. 2012년 배움의 공동체 연수를 처음 접하면서 교육의 가치와 희망이 무엇인지 깨닫게 되었고, 이후 지역연구회 활동에 참여하게 되었다. 하지만 인문계 고등학교에 근무한다는 핑계로 정작 수업 변화는 늘 뒷전이었다.

고민 끝에 수업을 바꾸기 위한 대안으로, 행복학교에서의 근무를 선택했다. 2017년부터 행복학교에 근무하면서 매달 수업을 참관하고 협의회에 참석했다. 지역연구회에서 수업 임상을 꾸준히 해 왔기에, 수업 참관과 협의회는 낯선 풍경은 아니었다. 하지만 막상 내가 당사자가 되니 수업을 디자인하고 이를 선생님들께 공개하는 것이 여간 부담스러운 일이 아닐 수 없었다. 첫 수업 나눔은 형식적인 모둠활동에 그치고 말았고, 그간 접한 배움의 공동체 철학은 수업에서 찾아볼 수 없었다.

2018년 수업 변화를 위한 도전이 한 번 더 필요했다.

> "아이들에게 정성을 다하고 수업 디자인에 최선을 다하는
> 수업이 바로 배움중심수업입니다. 단, 공개해야 그 최선이 제
> 대로 가고 있는지 확인할 수 있습니다."

심화 연수에서 들었던 손우정 교수님의 말씀이 잊히지 않았다. 수업 나눔 범위를 교내에서 지역으로 확대하고, 전문가 컨설팅을 신청하고 지역연구회 수업 임상을 위한 촬영까지 겸하기로 했다. 행복학교다 보니 수업혁신을 위한 다양한 연수를 지원해 주었고, 중학교라 현장 연수에 참여할 시간적 여유도 제법 생겼다. 배움의 공동체와 관련된 원격연수, 심화 연수, 전국 세미나, 지역연구회 수업 임상에서 역사선생님들의 수업을 여러 편 접하면서 수업의 방향도 잡게 되었다.

수업 나눔 후 협의회와 컨설팅을 통한 수업 전문성 향상하기

가까스로 수정을 거듭한 끝에 수업 나눔이 이루어졌다. 카메라 촬영에다 선생님들의 표정까지 그대로 느껴져서 정작 아이들의 이야기를 듣고 살피기가 쉽지 않았다. 수업하면서 느꼈던 긴장감으로 협의회 참석 또한 부담이 컸지만, 막상 동료 교사와 컨설턴트의 조언을 들으면서 수업에서의 관계와 학생들의 배움, 수업 디자인에 대한 다양한 통찰을 할 수 있었다. 이후 지역연구회에서 2번의 수업 임상 기회를 가졌고, 선생님들의 말씀에서 수업 성찰의 소중한 기회를 가졌다. 결과적으로 수업 나눔과 학교 안팎에서 이루어지는 전문적학습공동체에서의 경험은 수업 속에서 성장하도록 이끄는 원동력이 되었다. 2019년 3월 지역 나눔 대표 수업을 선뜻 하게 된 것도 2018년의 경험이 있었기에 가능했다. 수업 디자인은 여전히 어렵고, 아이들의 협력적 배움이 때로는 길을 헤매기도 하지만, 쉽지 않기에 성장을 위한 노력이 더해지고 있다.

2017년 행복학교에서 처음 맡은 업무의 주 내용은 학생자치였다. 그간 다양한 학교를 겪었지만, 학생자치는 너무 생소한 영역이었다. 개학 전까지 뭘 해야 할지 몰라 학생자치 관련 책을 한 권 사서 읽었는데, 책 속의 사례들은 훌륭하긴 하지만, 내가 직접 경험한 것이라 아니라 막연하게만 느껴졌다. 그나마 2년간 행복학교에서 선배들이 하는 것을 봐 왔던 아이들이라 매년 하던 대로 행사를 준비해 나가긴 했다. 하지만 친한 친구들 위주로 임원진이 구성되다 보니 친밀감은 높았지만, 일의 체계성과 추진력 부족으로 효율성이 떨어졌다. 무엇보다 학생회는 학생들의 의사 반영 기구로서 회의 방법이나 의사결정 과정의 중요성이 점점 느껴졌으나, 그러한 역량을 길러 내기엔 담당 교사인 나의 경험과 역량, 학생들의 의식 등 모든 것이 부족하게만 느껴졌다. 이후 학생회 임원 간 갈등까지 더해져 수업 준비와 학급 아이들보다는 업무 고민에 많은 시간이 집중되었고 그만큼 스트레스도 컸다.

그래도 참 다행인 것은 임원으로서 가진 책임감의 무게를 그들도 느끼고 있다는 것이었다. 2017년 6월 넌지시 제안해 본 평화의 작은 소녀상 건립 운동이 전교생의 동의를 얻어 10월 제막식까지 성공적으로 수행되었다. 이것이 계기가 되어 일본군 '위안부' 문제 해결을 위한 학생들의 자발적인 기부 및 참여 활동이 현재까지 이어지고 있다.

축제, 프리마켓 등 학교 행사를 기획하고 수행하는 과정을 지켜보면서 학생들의 역량을 확인할 수 있었다. 학생들에게 그들의 행사를 기획할 충분한 기회를 부여하고, 다소 느리고 불편하더라도 그들을 믿고 기다려 주는 것이 필요함을 절실히 느꼈다. 그사이 갈등의 발생은 피할 수 없지만, 그 과정에서 스스로 해결 방법을 터득하기도 하고 협력의 방법을 배워 나가기도 했다. 또한 학생들에 대한 자율성 보장 및 자치 활성화는 학생뿐만 아니라 교사, 학부모가 함께 공감하고 소통하는 장을 만들어 줌으로써 모두가 행복과 보람을 느낄 수 있도록 하는 원동력이 됨을 알 수 있었다.

2년간 업무를 맡으면서 아쉬운 점은 학생자치 업무가 행사 기획 및 준비에 초점이 맞추어지다 보니, 학급회에서 대의원회에 이르기까지 민주적인 리더십 역량을 키우기 위한 시간이 늘 부족했다는 점이다. 그런데도 놀라운 점은 아이들 스스로 학생자치의 올바른 방향이 무엇인지 깨닫고 이를 실천하고 있다는 점이다. 올해 학생회장단이 학급회 임원들과 민주적인 의사결정 과정을 논의하기 위해 방과 후 시간을 기꺼이 할애하는 것을 보게 된 것이다. 행복학교에서 토의 및 토론 수업을 꾸준히 접해 왔고, 학생회 워크숍 때 자치 역량을 강화하는 기회를 제공한 점이 아이들에게 긍정적 영향을 준 것으로 생각된다.

2년간 행복학교에서 수업과 학생자치를 통해 찾은 교육의 방향은 결국 '민주주의'의 실천이라고 할 수 있다. 그동안 교육과정 목표로 여러 번 강조되었던 내용이었지만, 수업을 바꾸고 학생자치 업무를 만나면서 그 중요성과 가치를 체감하게 되었다. 수업을 디자인하면서, 아이들을 만나면서 민주성이 아직 나한테 스며들지 못해 내적 갈등을 많이 겪기도 한다. 실천하기까지 나에게 요구되는 노력과 인내는 자주 지치게 만들기도 한다. 그렇다 하더라도 행복학교가 교사와 학생이 함께 행복해지는 교육의 방향을 제시하고, 그 길로 나아가도록 이끄는 힘이 있다고 믿고 있다.

행복학교, 지난 4년간의 소회

충무여중 박윤철

행복학교가 경남형 혁신학교로 첫발을 디딘 2015년, 행복학교 1기로 첫 출발을 하는 충무여중에 전입을 왔다. '행복학교가 뭐꼬? 뭐 시범학교 같은 거 아이가?' 하는 생각과 함께 '아마도 일반 학교와는 뭔가 달라도 다르겠지' 하는 막연한 생각들을 하며 전입을 온 것이었다.

5년이 지난 지금에야 '행복학교란 이런 거다' 하는 정도는 조금 설명할 수 있는 수준이 되었지만 첫해를 떠올려 보면 그때는 행복학교가 뭔지도 모르고 그냥 단순히 휩쓸려 가는 정도였다. 아니 그냥 관심이 없었다는 것이 더 솔직한 표현일지도 모르겠다. 그러다가 어찌어찌하다 보니 2년 차부터는 내가 직접 행복학교 운영을 책임지는 운영부장 역할을 맡게 되었다. 정말 이제는 어쩔 수 없이 행복학교에 발을 디딜 수밖에 없었다. 하지만 어떤 일이든지 구성원들의 협조와 참여 없이는 아무것도 이룰 수 없다는 것은 이미 경험을 통해 알고 있었던 터라 행복학교 운영을 정상 궤도에 올리는 데는 많은 어려움이 있었다.

우선 관리자와의 의견 대립이 있었다. '독서와 진로' 어느 한 가진들 중요하지 않은 것이 어디 있으랴마는, 공모교장으로 행복학교를 처음 신청했던 교장 선생님은 '독서와 진로'에 대한 스스로의 소신이 지나칠 정도로 확고했다. 행복학교가 성공하기 위한 가장 중요하고도 핵심적인 요소가 구성원들 간의 대화와 타협을 통한 민주적인 의사결정인데, 우리는 그렇지를 못했다. 독서와 진로에 대한 지나친 욕망으로 수많은 행사를 만들어 교사들과 갈등이 일어나고, 교육공동체가 함께 만들어야 할 학교의 비전을 일방적으로 바꾸었다. 수없이 건의하고 다퉈(?) 보기도 했지만 우리 교사들의 학교에 대한 만족도는 형편없이 낮을 수밖에 없었다.

지금 생각해 보면 '독서와 진로'의 중요성을 강조하는 교장 선생님의 마음을 이해하지 못하는 것은 아니지만, 좀 더 교사들의 생각을 받아들이고 함께 머리를 맞대어 학교 운영을 했더라면 얼마나 좋았을까 한다. 아무튼 행복학교가 성공적으로 정착하기 위해서는 교사들의 노력도 중요하지만 관리자의 마인드가 얼마나 중요한지 느껴지는 대목이었다.

다음으로는 우리 선생님들의 문제였다. 공립학교이다 보니 해마다 절반 가까운 선생님들이 전출입으로 바뀌었다. 각종 연수나 교육 등을 통해 행복학교의 철학이 어느 정도 심어졌다 싶으면 바뀌고, 또 새로 전입해 온 선생님들에게 행복학교 철학에 대해 연수하고 이런 과정이 반복되었다.

이런 어려움에도 불구하고 우리 선생님들은 자발적으로 배움을 구하는 공동체 모임인 '배구공' 모임 등을 결성해 교실수업 개선을 위한 노력을 게을리하지 않았다. 퇴근 시간이 훨씬 지난 시간까지도 연수와 토론이 이어졌다. 이는 자발적이지 않았다면 아마 이루어지지 못했을 것이다. 이런 우리들의 노력들이 헛되지 않고 결실로 나타나기 시작했다.

지난 2년간 학교장과의 갈등, 선생님들의 수업 나눔에 대한 부담 등으로 행복학교로서 많은 시행착오를 뛰어넘어 3년 차부터 본격적인 행복학교로서 그간의 노력들이 결실로 나타나기 시작했다. 모든 선생님들이 적극적으로 자기의 수업을 공개하고 교실수업 개선을 위해 함께 연구하고 끊임없이 노력하기 시작했다.

여기에 그치지 않고 지역학교의 선생님들에게도 배움중심수업을 공개하고 행복학교의 철학을 공유해 나갔다. 그리고 더 특별한 것은 학교의 비전을 모든 공동체들이 함께 의논해 '배움과 소통, 공감이 있는 행복한 학교'로 새로 정립했다. 민주적인 의사결정이 뿌리를 내린 것이었다. 우리 스스로가 학교의 주인공이 된 것 같은 기분이 들었고 우리 교사들의 학교에 대한 만족도도 덩달아 높아져 갔다.

지난 4년간 행복학교를 운영해 오면서 대립도 있었고 좌절도 있었고 수많은 시행착오를 겪었다. 소회所懷를 털어놓다 보니, 이 모든 것이 결론은 우리 아이들을 위한 것이었다. 서로 간의 신념의 차이였지 결론은 하나였다. 행복학교, 왜? 누구를 위한 행복인가? 이젠 자신 있게 이야기한다. 이제 정년이 얼마 남지 않은 몸이지만 수업에 대한 부담이 사라졌고 그만큼 교사로서 성장했노라고….

행복학교 교사라서 행복합니까?

해성중 백선희

우리 학교가 행복학교를 시작할 무렵, 수업 변화를 위한 연수나 배움의 공동체 철학을 나누기 위한 이런저런 모임에 많이 쫓아다녔습니다. 그즈음에 만나는 선생님들 대부분이 물으셨습니다.

"행복학교 교사라서 행복합니까?"

처음에는 참 당황스러웠습니다. 겉으로는 웃고 있지만 마음속은 많이 복잡했습니다.

"행복해요"라고 하면 어쩐지 거짓말한다 할 것 같고,

"아뇨, 힘들어요"라고 하면 "행복학교, 안 행복하다는 그거 뭐 하러 해?"라고 비아냥댈 것 같아 조금 무섭기도 했습니다.

질문을 던진 선생님이 제 대답에 거는 기대가 별로 없다는 것을 알고는 있었지만, 그래도 그 당시의 저는 '행복학교의 성공을 위한 전도사 역할을 해야 한다'는 혼자만의 사명감에 불타고 있었기 때문에 나름 지혜로우면서도 적당히 미끼(?)가 될 만한 대답이 무엇일지 상당히 고민하기도 했습니다.

그로부터 5년이 지난 요즘은 이런 질문을 받는 일이 거의 없어졌습니다. 여러 이유 중 분명한 건 2기를 시작하는 행복학교가 성공적으로 안정되고 있다는 증거겠지만, 이쯤에서 이런 질문이 적어진 것이 제 개인적으로는 조금 아쉽습니다. 지금은 재지도 따지지도 않고 "네, 아주 행복하고 따뜻합니다"라고 '즉문즉답'해 드릴 수 있는데….

행복학교 교사라서 행복합니다

행복학교를 돌아보고 기념하는 책이 만들어질 것이고, 우리 학교도 몇 꼭지를 채워야 한다는 소식이 들렸을 때 저는 많이 망설여지고 쓰기가 싫었습니다. 누구나 소녀 시절 한번은 읽어 봤을 '사랑의 체험 수기'처럼 읽을 때는 이야기 속 주인공에 공감하고 부러워하다가, 다 읽고 나서는 "뭐야, 순 거짓말. 이런 게 어딨어!" 하는 평가를 받지는 않을까 두려움도 컸고, 제 속을 드러내 보이기도 싫었습니다.

그러다가 행복학교 교사가 되고 그 시간만큼 행복해졌으니 그 깊이만큼은 못 되더라도 얼마쯤의 부채는 부족한 글로나마 갚아야 되지 않나 하는 생각이 들었습니다. 그리하여 쓰게 된 글이니 많이 부족하고 서툴지만 제 진정성과 진심 하나만은 가지고 가겠다고 말씀드리겠습니다.

사실 제가 언제부터 행복해졌는지 잘 모르겠습니다. 행복학교를 하겠다는 열정만 가득하고 방법적인 부분은 미숙했던 열서넛의 동료들과 함께 팔 걷어붙이고 뛰었던 모든 순간순간을 헤치고 지나와 보니 그 시간들이 행복이었습니다. 그리고 여전히 모두와 함께 걸어가고 있는 이 시간들이 행복합니다. 앞으로 어떤 길이 기다리고 있는지 모르지만 그 길도 함께 갈 것이라서 조금 기대되고 설렙니다.

눈치채셨지요, 저는 혼자가 아니라 우리와 함께 걸어와서 행복합니다.

참으로 감사하고 다행인 것은 해성중학교의 선생님들은 이상하게(?) 힘든 게 분명한 길인데도 '수업을 바꾸고 학교를 바꾸자'는 데에 작은 망설임도 없이 함께 뛰어들어 고민하고 알아 가며 가족애로 뭉치기 시작했습니다. 그 이전에도 인정스러운 공동체였지만, 행복학교 이후 저에게 우리 선생님들은 삶의 희로애락을 나누는 가족인 동시에 같은 신념을 실천해 가는 동지이기도 합니다.

어떻게 행복해졌느냐 하는 것에도 만족스러울 만한 답을 드릴지는 모르겠지만, 제 고백을 보시고 미루어 짐작하시면 좋겠습니다. 저는 올해를 뺀 지난 4년간 담임으로 아이들과 함께했습니다. 사실 행복학교 이전의 저는 아이들에게 만만하게 보이는 교사이고 싶지 않았습니다. 그런데 지금은 아이들이 만만히 보고 녹록하게 여기는 교사이고 싶습니다.

아침에 저는 교실에 들어가서 머쓱해하며 엉덩이를 약간 빼기도 하는 아이들을 끌어안고 아침맞이를 합니다. 드물지만 애교 많은 아이는 먼저 팔 벌리고 달려와 저를 꽉 껴안아 주기도 합니다. 스스럼없이 주고받는 스킨십이 어색하지 않습니다. 짧은 시간이지만 아이들을 껴안고 있을 때는 심장이 따끈해지는 것 같습니다. 아이들과 친밀한 관계는 함께 웃는 시간과 껴안아 주는 시간의 합이 만들어 준다는 것을 교사 생활 이십 년이 지나서야 온몸으로 깨우쳤습니다.

수업을 하고 또 담임을 하며 보내는 하루의 절반은 아이들이 깨물어 주고 싶을 만큼 사랑스럽습니다. 그런데 나머지 절반쯤은 미운 짓을 하는 놈도 보이고 그럴 때면 예전의 저와는 어울리지 않게 나지막

한 목소리로 타이르기도 하지만 대체로 등짝을 때려 주는데 학교 폭력 어쩌고 하는 말은 나오지 않네요. 아이들과 저와 학부모와 학교가 만들어 가는 관계가 둥글둥글해지는 것 같다는 생각도 듭니다.

사춘기의 한가운데를 지나고 있는 아이들을 한 교실에 모아 둔 것은 마찬가지라서 모든 학교에서 일어나는 일들은 우리 학교에도 일어납니다. 그런데 학교에서 생기는 일을 바라보고 대처하는 눈과 자세가 예전과는 다릅니다. 소리를 높이지도 않고 안달을 내지도 않고 무조건 피하려고 거짓말을 늘어놓거나 네 탓이라 우기지도 않습니다. 교사라고 심판자로 서지 않고 힘이 약한 아이도 제 소리를 죽이지 않습니다. 일단 '서클'부터 하고 봅니다. 화해도 용서도 뉘우침과 공감도 아이들이 만든 동그라미 안에서 나오는 것을 바라보며 가슴이 뭉클해지는 경험도 여러 번이었습니다.

아이들과 함께 테마 체험 주제를 의논하다가 한 아이가 장난처럼 던진 '놀이공원에서 아침부터 밤새도록 놀아 보기'가 확정되어 말도 안 된다고 생각하면서도 그것이 이루어지도록 담임의 이름으로 이리저리 뛰어다니는 저와 오십 평생 처음으로 우리 반 아이 손을 꼭 잡은 채 롤러코스터를 타고 울부짖는 저를 보며 눈물 나도록 웃기도 했습니다.

학급 작은 발표회를 준비하면서 몸치라고 아이들에게 눈치 엄청 받았지만, 발표회 끝나고 한 명 빼고 다 오신 학부모님들께 춤 잘 춘다는 칭찬을 받고는 우쭐하기도 했습니다. 학교 축제를 위해 학급 아이들 모두와 함께 준비했던 '함께 가는 토끼와 거북이 이야기'는 청소년 연극제에 내 볼까 고민하기도 했습니다. 학기별로 준비했던 작은 발표회가 끝나면 온몸에 힘이 빠지도록 감기몸살이 며칠이나 떠나지 않던 날들이었습니다. 그런데도 즐겁고 행복했습니다.

어떤 선지자의 말처럼 내 기준과 욕심을 내려놓고 마음을 비우면서 아이들 속으로 들어가니 행복이 오더군요. 지금까지도 마음 비우기는 완전하지 못해서 아침 출근길마다 '마음을 비우자, 비우자' 되뇌고는 합니다. 그래도 바쁘게 돌아가는 일과 속에서 처음의 그 마음을 잃어 가는 듯할 때도 있어 기회 있을 때 여러 연수와 강의를 찾아 듣습니다. 가르치던 자리에서 배우는 자리에 앉아 보니 역지사지, 아이들의 기분을 헤아리는 기회도 되고 배움의 기쁨을 다시 느낍니다. 이것 또한 제가 누리는 행복의 일부겠지요. 고백하자면 행복학교 교사가 되기 전 저는 사립학교 교사는 필수 연수가 아닌 연수는 들을 필요가 없다고 여기는 생각이 막힌 교사였었습니다.

사랑과 존중으로 함께 성장하는 배움의 공동체

우리 학교의 철학입니다. 이 철학을 세우던 때 우리들은 사실 '집단지성'이라는 말뜻만 알고 그것이 가져올 시너지는 잘 몰랐습니다. 이제 막 집단지성으로 거듭나자 마음만 앞세운 때였었지요. 그런데 이 글을 쓰는 지금 그때의 서툴렀던 '우리들'이 만들어 낸 이 철학이 너무도 감사하고 참으로 적절한 비전이구나 하고 감탄합니다.

수업이 바뀌면 학교가 바뀌듯이 철학이 바뀌니 교사로서의 태도나 마음가짐이 바뀌더이다. 그리고 서로의 성장을 지지하고 응원하는 구성원이 만들어 낸 공동체는 새 둥지처럼 안락하고 안전하네요. 요즘은 살아가다 겪기 마련인 개인적인 문제도 혼자 고민하지 않습니다.

학교에 오면 또 다른 가족이 같이 걱정해 주고 방법도 찾아 주니까요. 이런 믿음과 철학으로 살아가는 시간 시간에 행복이 스며드는 것 같습니다.

요즘 저는 야생화 꽃자수를 배우고 있습니다. 짬이 날 때마다 한 땀 한 땀 자수를 놓다가 문득 '행복학교 교사로서 살아가는 시간들이 마치 이 꽃자수 같구나.' 하는 생각이 들었습니다. 마음만 앞선 미숙한 솜씨로 삐뚤삐뚤 만들어 낸 내 작품은 누가 봐도 서툴고 소박한데 내 눈에는 솜씨 빼어난 장인이 만든 그 무엇보다 더 예쁘고 마음에 쏙 드는 것처럼 규모는 작지만 순수하고 소박한 우리 해성 공동체가 만들어 가는 행복한 해성중학교에서의 시간이 참으로 감사합니다.

눈 어두웠던 우리를 배움의 공동체로, 행복학교로 이끌어 주신 전임 교장 선생님의 나지막한 속삭임이 떠오릅니다.

"백 선생! 우리는 용을 키워 내는 큰 강을 꿈꾸지 말자. 우리 학교는 붕어와 잉어와 송사리와 미꾸라지들이 어우러져 살아가는 작은 연못이고 실개천이 되자. 혹 용이 나더라도 제가 자란 개천을 잊지 않는 용을 만들고, 용은 떠나도 여전히 작고 의연한 붕어와 송사리와 미꾸라지가 제 목소리를 내고 제 자란 곳을 사랑할 줄 알게 키워 가는 그런 연못을 함께 만들어 보자."

행복한 우리 학교 행복한 나

해성중 김정경

네둥이의 엄마인 저는 오늘도 전쟁 같은 아침 시간을 보내고 정신을 추슬러 학교로 출근을 합니다. 학교 가는 길은 나도 모르게 절로 콧노래가 나옵니다.

5년째 행복학교인 해성중학교는 전교생이 41명인 3학급 소규모 학교로 하루도 학생들의 웃음소리가 떠나지 않는 행복한 학교입니다. 저는 교무행정원으로서 선생님과 학생들 그리고 학부모와 학교를 위해 여러 가지 업무를 담당하며 재미있게 생활하고 있습니다.

저의 하루는 집에서 15분 정도 걸리는 출근길을 달려 학교에 도착해서 제일 먼저 교장실로 향하는 것으로 시작됩니다. 아침을 먹지 않고 등교하는 아이들을 위해 굽는 따뜻한 빵이 포근한 냄새를 풍기며 완성되면 저는 교장 선생님과 함께 빵을 자르고 잼을 정리하며 아이들을 맞이합니다.

본격적으로 수업과 일과가 시작되면 저의 업무도 빠르게 진행되어야 합니다.

처음에는 업무가 낯설어 여러 번의 크고 작은 실수와 시행착오를 겪기도 했었지만, 5년 정도가 지난 지금은 웬만한 행정업무를 접수하고 파악해서 진행하는 것은 베테랑이 되었다고 자평합니다.

저는 학사 업무 지원뿐만 아니라 학생자치회에서 주관하는 행사와 주제통합프로젝트주간, 수업공개와 수업연구회, 전문적학습공동체, 학부모 동아리 모임 등 각종 행사 등에 필요한 물품을 계획하고, 기안하고, 구입하여 적재적소에 배치하는 일을 합니다. 또한 선생님들의 바쁜 행정업무를 대신함으로써 선생님들이 수업 디자인과 연구 그리고 학생들의 생활지도에 집중할 수 있도록 하는 데 가장 신경을 기울입니다.

학교에서 진행하는 각종 활동에는 항상 카메라를 들고 달려가 아이들의 활동을 생생하게 전달할 수 있게 설정 및 연출도 하다 보니, 이제는 전문사진사 못지않은 기술을 가지게 되었습니다. 그리고 저도 모르게 학생들의 활동에 빠져들어 학생들과 같이 요리도 하고, 기타도 배우고, 네일도 배우고, 운동도 하고, 학생들의 성격을 이해하게 되어 학생 개개인과 친밀해지고 상담도 하게 되었습니다. 저도 아이를 키우는 학부모로서 학생들과 공감하고 같이 배우는 자세로 함께하고 학생들과도 스스럼없이 친밀감을 느끼며 지원할 수 있어 기쁩니다.

제가 학교에서 맡은 업무는 선생님들의 행정업무를 경감시켜 학생들이 선생님 곁에서 더 많은 시간을 보냄으로써 교육의 질이 향상되도록 하는 일입니다. 모든 일에 내가 아니면 안 된다는 마음으로 소소한 일에도 최선을 다하려 노력하고 있습니다.

작은 도움에도 "선생님 감사합니다." 하면서 미소를 띠는 아이들의 한마디에 보람을 느끼며 즐겁게 생활하고 있습니다. 지금 하는 일이 '보조'가 아니라 '교육행정 업무'를 하는 전문가라는 마음으로 업무 능력을 향상시키기 위해 끊임없이 배우고 노력하겠습니다. 학생들과 선생님 모두 함께 행복한 웃음소리 가득한 학교가 되길 바라며, 제가 소속감과 보람을 갖고 더 발전할 수 있도록 곁에서 늘 지원과 마음을 보태 주시는 전 교직원들께 감사한 마음을 전합니다. 감사합니다. 그리고 사랑합니다.

행복학교, 우리 안녕한가요?

용지초 이웅기

2014년 11월 어느 날. 저녁 6시를 조금 넘긴 깜깜해진 밤에 시커먼 남자 넷이 5학년 1반 교실로 모였지요. 짜장면, 짬뽕으로 대충 끼니를 때우고 행복학교 공모 계획서의 빈칸들을 하나둘 채워 갔지요. 그것들이 학교에 조금씩 자리 잡기를 기대하면서 말이죠. 그 한 줄, 한 줄에는 뭔가 모를 간절함이 묻어 있었지요. 그러고 3년이 지났네요.

2015년 11개로 시작했던 행복학교는 2017년 38개로 늘었고, 행복교육지구가 김해를 시작으로 내년에는 또 몇 군데 더 늘어난다지요. 더불어 마을학교라는 이름으로 여러 지역에서 다양한 활동들이 펼쳐지고 있지요. 세심하게 들여다보지 못했지만 아마 그 속에 아이들은 행복한 것 같아요. 중간놀이 시간도 늘어났고, 주말에도 친구들과 놀 곳이 생겼고, 다양한 체험활동들도 많이 늘었고… 그런데 우리는 안녕한가요?

잦은 회의, 빡빡한 교육과정 재구성, 배움 중심이라기보다 활동 중심인 수업, 여기서 저기서 터지는 아이들, 시도 때도 없이 전화하는 학부모, 점점 멀어지는 칼퇴근, '나'는 없고 '우리'만 있는, 좋은 말은 많

2학년과 성산마을학교가 함께하는 마을교육과정 운영

나다움(나눔으로 다름을 인정하는 작은 움직임) 바자회 부스 설명

은데 뜬구름만 잡는 것 같고, 옆 학교 선생님들이 들으면 혀를 내두를 성과이면서 동시에 '너네만 해', '우리는 적당히 할래'로 머무르는, 우리는 깊어지지만 여럿이 함께 어울리지 못하는….

조심스럽지만 감히 말해도 될까요? 우리 너무 달린 것 같아요. 과도하게 주어진 일들을 자발성과 진정성이라는 이름으로 애쓰며 지낸 건 아닐까요? 학생자치, 교육과정 재구성, 민주적인 회의 문화, 전문적학습공동체, 학부모와 함께하는 많은 일들 등 이렇게만 많은 일들을 기어이 해내고 있는데… 이제는 좀 내려놓아야 할 것 같아요. 어쩌면 그 수많은 과제들은 우리가 하고 싶어서 하는 게 아니었더라고요. 우리에게 주어진 과제, 해야 하는 숙제! 그 과제가 조금 느슨하게 제시되어 잠시 착각했던 것 같아요. '내가 좋아서 하는 일이야!'라고. 그래서 진심을 다해 그 수많은 과제들을 착착착 3년째 해 오고 있었던 것 같아요.

그래서 이제는 내려놓아야 할 때입니다. 내 것이 아니고, 우리 것이 아닌 것들. 내가 원하고, 우리가 원하지 않았던 것들. 아니, 어쩌면 '우리'라는 말도 잠시 내려놓아도 좋을 것 같아요. 어느새 행복학교에 '우리'만 있고 '나'는 없더라고요. '나'는 없이 '우리'에 갇혀 좋은 말, 교육적인 활동, 의미 있는 것에 당연히 따라가 버린. 우리에게 의미 있더라도 나에게는 의미 없는 것도 어쩔 수 없이 해야 하는.

그래서 학교의 공통성을 좀 내려놓으면 좋겠어요. 그렇게 내려진 빈 곳에 '개별성'이 들어가면 좋겠어요. 촘촘한 학교교육과정 속에서 지켜야 하고 따라야 하는 것이 많은 곳이 아니라 내가 맡은 반에 주어진 빈 공간이 많은 곳. 담임이 여유 있게 교실에 앉아 숨 돌리며 쉴 수 있는 곳. 학교 특색을 위해 교실이 움직이는 것이 아니라 교실의 개별성이 모여 학교의 모습을 이룰 수 있도록. 전통과 역사를 자랑하는 학교가 전달되는 것이 아니라 하루하루 살아가는 이야기가 모여 1년의 교육과정이 되도록. 그래서 결국 행복학교는 4대 과제를 충실히 수행하는 학교가 아니라 제각각인 수백, 수천의 교실들이 모여 행복한 모습이 되도록.

그러려면 수업에서 조금 더 자유로워져야 합니다. 교육과정 재구성이라는 돌파구가 다시 우리를 힘들게 해 버렸습니다. 나름 잘 정돈된 교과서가 있음에도 단 몇 줄로 제시된 국가수준의 성취기준으로 수업을 하려면 많은 에너지가 필요하지요. 대충 하면 엉망이 되고 잘하려면 칼퇴근은 엄두도 낼 수 없고! 그런데 여기에 또 다른 것들이 마구 들어오고 있어요. 이해중심 교육과정, 교육과정-수업-평가 일체화, 마을교육과정, … 우리는 여전히 모르고 비어 있어서 또 선진화된, 유행처럼 밀려오는 것들을 또 배워야 하는 건가요? 그냥 교과서 그대로 펼쳐 놓고 하면 안 될까요? 그 속에서는 정말 배움중심수업을 할 수 없는 걸까요? 빽빽하게 공책 정리하고 일제식 단원평가가 구식에 불과할까요?

수업을 혁신한다는 것이 결국 교사를 혁신시켜야 한다는 것처럼 들립니다. 그런데 그동안 수많은 혁신들이 실패했던 이유를 알잖아요. 위에서 좋은 것을 시키듯이, 교사들을 무지하게 봤기 때문에 실패했다는 것을… 그런데 어쩌면 우리가 행복학교라는 이름으로 '아래에서 위'를 향하는 방식이 아니라 여전히 북유럽에서, 일본에서, 경기도에서 잘하고 있는 그 무엇을 들고 와서 다시 계몽하고 있지 않나요?

수업에서 아이들만 행복한 것이 아니라 그 수업을 준비하고 실행하는 교사도 행복하면 좋겠어요. 성취감 말고 일하는 교사의 입장에서요. 주어진 시간 안에 수업 관련 일들이 끝나야지요. 저녁까지, 주말까지, 방학까지… 퇴근 이후는 교사로 살아가지 않아도 되면 좋겠어요.

4.

그리고 다시 행복학교로

나는 어떤 학교로 가고 싶은가

평산초 곽순현, 권혜영, 강동휘, 박은주, 김정곤, 김지영

우리들은 행복학교 5년 차다.

여영, 감기, 같지, 순수, 오만정, 빛공주 6명은 2015년 2월 이 행복학교에 첫발을 디뎠다.

서툴고 낯섦에 잘 적응하지 못하는 우리는 뒤따라가는 것보다 더디더라도 같이 시작하는 편이 나을 것이라 생각하여 내신을 썼다.

행복학교? 연구학교의 다른 이름인가? 행복하고 싶어서 왔는데, 잘 왔는지 의문스러웠다. 첫 만남에 가졌던 아이스브레이킹은 끔찍했다. 오늘 처음 만난 낯선 사람들과 내가 지금 뭘 하는 거지? 우리의 손발을 오그라들게 했다. 생소한 단어들, 생소한 하루의 시작. 이렇게 우리는 낯선 발걸음을 함께 내디디면서 출발했다.

교실로 들어오는 아이 하나하나와 눈 맞추는 아침맞이.

일과 중에 주어지는 30분 중간놀이 시간, 무엇을 해야 할지 몰라 운동장에 나가 햇빛 받으며 옆에 계신 선생님과 나누는 행복한 대화.

일단 시작하자 싶어서 화단에서 출발한 텃밭살이.

급식을 기다리며 재잘대는 소리에도 고함 한번 질러 주는 교사가 없는 급식소.

칭찬 스티커 없이 5교시 6교시까지, 하지 않는 아이를 기다려 주느라 보살이 되어 가는 오후 시간.

하이파이브, 안아 주기로 보내 주는 하교 시간.

모니터 대신 선생님들과 마주 보며 매일 소통하였던 방과 후 협의 시간.

이렇게 5년이 다 지나가고 있다.

학교에서는 세월이 흔히들 5년 단위로 흐른다고들 합니다. 어김없이 그랬습니다. 행복학교에서의 5년이 훌쩍 지났습니다. 하지만 훌쩍 속에 엮인 행복학교에서의 특별했던 시간의 깊이는 우리를 고민하게 만듭니다.

이제 우리는 어떤 학교로 가야 할까요? 가고 싶은 학교는 어떤 학교인가요?

바로 답을 해 버리면 재미가 없겠지요. 행복학교에서 5년을 꽉 채운 선생님들의 의식의 흐름대로 흘러가는 고민과 수다를 엿보면서 이 글을 읽는 여러분들이 따뜻한 말 한마디를 전해 주면 좋겠습니다.

"어디에서든 행복하세요"라고.

Q1. 행복학교에 왜 왔나?

같지   저는 관외전출로 배정받아서, 제가 선택한 것은 아니었습니다. 선택의 여지가 없었지요. 학교가 정해지고 나서야 행복학교인 걸 알게 되었고, 그때 '그래서 자리가 비었구나'라는 추측을 했었습니다. 사실 우리 학교는 인근에서는 좋은 학구라 다소 경합인 학교였었다고 들었습니다. 이전 학교에서 행복학교에 대한 이야기를 듣긴 했지만, 특별한 사람들만 가는 학교라고 느꼈었던 것 같아요.

순수 특별한 사람들이 가는 학교, 그럴까 봐 사실 내신 낼까 말까 걱정이 되었습니다. 그래서 저는 한 2년만 근무해 보고 나와야지 하는 마음으로 왔습니다. 행복학교가 무엇일까 하는 호기심이 더 컸던 걸로. 이전 학교가 승진을 희망하는 교사가 많아 학교 분위기에 적응하기 힘들어 탈출하고 싶었던 마음도 많았습니다. 이런 두 가지 이유로 33학급이나 되는 큰 학교에 내신을 냈습니다. 학급 수가 많으면 내가 뭘 하지 않아도 되지 않을까 하는 안일한 생각도 이유였습니다. 와 보니 정말 특별한 사람들이 가는 학교 맞았습니다. 화장도 꾸밈도 중요하지 않은 선생님들이 많으시더라고요. 무엇보다 품위 유지가 중요하다 여겨 아침마다 뭘 입을까 고민하는 선생님은 찾아보기 힘든 특별한 학교였습니다.

오만정 순수 선생님~ 그래도 학교 선생님들 나름 개성 있는 품위 유지는 하고 있습니다. 학교에 있는 동안 저도 자신에게 특별한 사람이 되었던 것 같습니다. 지난 학교에서 인성부장 일을 2년 했습니다. 학교폭력 업무를 맡고 있었는데, 처음 맡는 일이라 심적으로 너무 힘들었습니다. 학교의 모든 사건에 관여한다는 것, 학급의 어려운 학생의 일을 나한테 떠

넘긴다는 느낌, 아이들의 다툼이 나에게는 하나의 업무가 되어 버리는 것, 이런 것들로 인해 학교의 구성원들에 대해 정이 떨어졌었습니다. 지금 생각해 보면 제가 여유를 가지고 이해하면서 지냈다면 괜찮았을 것 같았지만 그때의 저는 힘들었습니다. 학교를 옮기고 싶었고, 이때 '행복'이라는 단어가 왜 이렇게 나한테 와닿았던지. 그래서 고민할 것 없이 평산초등학교를 희망하여서 오게 되었습니다. 행복하고 싶어서 왔고 잘 왔었다고 생각됩니다.

여영　5년 전이 생각나는군요. 그때도 지금처럼 전입 갈 학교를 고민하던 시기였지요. 풍문으로만 인근 학교에 행복학교가 처음 출범한다는 소식이 전해져 왔는데 인근 학교이기도 하고 평판이 나쁘지 않은 학교여서 현재의 본교인 행복학교를 선택했고, '행복학교가 뭘까? 이전의 학교와는 조금 다를 수 있을까?' 막연한 기대, 약간의 호기심으로 선택한 학교가 지금의 본교입니다. 돌이켜 보면 차고 넘치게 많은 경험치들을 내 안에 담을 수 있었던 시간이었던 것 같아요. 함께했던 동료 선생님들께 감사하고 고마운 마음이 듭니다.

빛공주　"우리 학교에 1지망 안 돼서 온 선생님이 한 명 있다며?" 장본인이 누군지 궁금해하시기에 아주 당당하게 "제가 바로 그 한 명이에요!"라고 답할 수밖에 없었던 웃고픈 순간을 지금도 잊을 수가 없습니다. 사실 1순위였던 학교는 경합이라 기대하지 않았습니다. 평산은 통근 시간도 적당했고, 평소 친분이 있던 여영 선생님이 가시는 곳이면 같이

화단은 텃밭으로 바꾸자(갈지 샘)

가자는 식으로 선택한 학교였습니다. 행복학교라는 것을 알고도 고민이 없었느냐는 질문에 이유는 다르지만 오만정 선생님처럼 고민은 없었다고 답했던 것도 기억이 납니다. 당시 행복학교에 대해 아는 바도 관심도 없던 터라 고민할 이유가 없었던 거죠. 행복학교에 대해 조금이라도 알아보았더라면 분명 고민을 했을 겁니다. 5년 전처럼 별 고민 없이 근무지를 선택할 수 있으면 얼마나 좋을까요? 지금은 행복학교가 아닌 일반 학교가 더 고민스럽습니다.

감기 이건 좀 그렇지 않나 싶은 일들도 '원래 어디든 그렇지 뭐' 하며 마음속 답답함은 사라지지 않을 때 다른 곳으로 가 보자 하는 생각이 들어 지인에게 갈 만한 학교를 추천받았습니다. 막상 학교를 옮기려고 하니 행복학교라는 것이 신경 쓰였습니다. 알아보니 저의 답답했던 부분을 덜어 주는 내용이었지만 허울만 좋은 일들도 많았기에 괜히 변죽만 울리다 끝나지는 않을까? 분위기만 바꿔도 좋지 않을까? 고민하다가 기존에 계시던 선생님들과 내 의지를 믿고 부딪쳐 보자 하는 생각으로 들어오게 되었습니다.

Q2. 행복학교 어떠했나요?
(행복학교의 생활을 한 단어로 말한다면?)

오만정 전담교사를 맡고 있는 올해 학교 가는 발걸음이 가볍습니다. 저는 '협력의 가치'를 느꼈습니다. 첫해 학년부장 선생님이 학년 협의 시간을 어찌나 매일 가지는지 투덜대면서 학년연구실로 향했습니다. 학생들과 있었던 일과의 공유, 학년 교육활동 설계 등의 시간은 새로운 경험이었습니다. 각자 교실에서의 교육활동, 문서상으로 억지로 합쳐진 교육과정을 경험하였던 저로서는 처음에는 '이런 시간을 왜 가지나? 어차피 나중에는 잘 안 될 텐데'라는 의구심이 들었습니다. 하지만 실제로 함께 새로운 것을 계획하여 실행하고 반성하는 수많은 경험을 가지면서 행복해하는 저 자신을 발견했습니다. 텃밭살이도 아이들과 함께 할 수 있었기에 싹이 자라고 꽃이 피고, 열매도 맺는 순간을 가질 수 있었습니다. 행복학교에서 아이들도 행복했겠지만 저도 이런 순간들이 있었기에 참 행복했습니다.

순수 재작년, 행복학교 업무 담당자를 맡고부터 교무업무지원팀제 책상에는 매일매일 포스트잇이 붙었습니다. 학교혁신과 관련된 문구에서 나오는 감동적인 단어들을 붙였고, 좋은 말들은 교육수첩 상단 여백에 멋지게 적기도 했습니다. 어찌나 좋은 말, 좋은 글들이 많던지요. 본론으로 들어가 행복학교의 생활이 저에게는 '소풍'이었습니다. 작은 배낭에 변변치 않은 도시락 하나 넣고 출발했는데, 배움의 공동체 수업의 철학을 만나고, 회복적 정의를 만나고, 생각이 다른 사람들과의 만남이 스트레스가 아니라 내가 성장하는 길임을 깨닫고, 혼자 가는 것이 아니라 함께 가서 너무나 가

위_ 스승의 날, 내가 받은 최고의 선물(순수 샘)
아래_ '학생자치 사례 발표'로 강의하던 날(빛공주 샘)

벼운 발걸음이었습니다. 기분 좋게 놀다 보니 벌써 집에 갈 때가 되었네요.

빛공주 가벼운 발걸음, 성장, 행복! 늘 제 마음속에도 자리 잡고 있는 감정들이라 그런지 동료애가 더욱 솟는 느낌입니다. 행복학교는 첫 발령 동기만큼이나 특별한 동료들을 만날 수 있는 학교인 것 같습니다. 저는 성장이라는 단어를 들으면 가슴이 두근거립니다. 아이들의 성장 속에서 아이들과 같은 모습으로 배우고 성장하고 있는 제 자신을 발견합니다. 하고 싶은 것들이 많아지고, 부정적인 감정조차도 바른 방법으로 표현할 줄 알게 되었습니다. 혼자서는 엄두도 못 낼 것만 같았던 일들을 만들어 내고 서로의 배움에 자극이 되는 과정을 경험하였습니다. 성장하는 모습을 서로 지켜 봐 주고 격려해 주는 동료가 있어 저도 행복했습니다.

감기 큰 차이를 느끼고 있지 않았습니다. 업무를 줄이자고 해도 일이 없는 것도 아니고, 선택하고 추진하는 일들에 확신이 있는 것도 아니고 이곳에 모인 사람들도 특별한 사람은 아닙니다. 나도 모르게 아이들과 눈을 더 마주치고 이야기를 들어 주며 아이들과 함께 성장하고 있는 제 자신을 발견합니다. 동료장학 수업시간에 5분 늦게 아이가 들어왔을 때 급한 마음에 수업을 진행하는 게 아니라 그 아이에게 무슨 일이 있었는지 살펴봐 주고 수업을 진행하시던 옆 반 선생님의 모습을 보고 작은 차이를 느끼고 있습니다. 처음에는 행복학교라는 타이틀 때문에 뭔가를 해야 되는 게 아닌가 하는 압박감도 있었지만 그러한 것들을 덜어 내고 조금씩 담아 나가다 보니 어느덧 학교를 옮길 때가 되어 버렸고, 이제야 큰 차이로 느껴집니다.

Q3. 어떤 학교로 가고 싶은가?

오만정   전 전출희망을 쓸 때, 학교와 집까지의 거리를 중요하게 생각했습니다. 예전에 출근 거리가 2시간 이상인 학교에 근무한 경험이 있어서인지 되도록 길에서 보내는 시간이 30분이 넘지 않는 거리에 있는 학교를 선호했습니다. 행복학교 전출을 앞둔 지금 시점에서는 이 조건을 포기할 수 없지만, 그보다 더 중요한 것은 행복학교의 느낌을 잘 풍기고 있다고 생각되는 학교입니다. 5년간 행복학교에서의 시간은 너무 바쁘게 지나가서 '주마간산'이라는 고사성어가 이것이구나 생각이 듭니다. 하지만 바삐 흘러가는 시간 속에서 느꼈던 따뜻함, 포근함, 소속감 등의 순간이 저의 삶을 행복하게 해 주었습니다. 이 학교에서 보고 느껴 왔던 것들이 소중하기에 욕심을 내어 더 채워 가고 싶습니다. 하지만 아직 저 자신이 추진력, 타인과의 소통에 부족함을 느끼고 있어서 황무지를 앞장서서 달리는 개척자가 되기는 힘이 듭니다. 그래서 행복학교를 하고 있거나, 행복학교를 준비하고 있는 학교가 있다면 설령 출근 시간이 30분을 넘더라도 새롭게 소속이 되어 제 자신이 만족하는 뭔가를 찾을 때까지 계속 노력하고 싶습니다.

여엉   이전에는 전출에 대해 고민할 때 교사, 학생, 학부모 교육 주체들이 어느 정도 신뢰 관계를 형성하고 있다, 혹은 관리자의 마인드가 독선적이지 않다, 학교 위치가 좋다, 교통편이 좋다, 학교 시설이 괜찮다 등의 교육 외적 부분들이 중심 고려 사항이었습니다. 결론적으로 어디론가 이동은 해야 하니 통근 거리가 괜찮은 곳으로 선택을 했었습니다. 그러나 지금은 저 또한 행복학교의 철학에 대해 함께 소통할 수 있는 선생님들이 계신 학교로 가고 싶습니다. 굳이 행복학교의 철학이라고 정형화된 것은 없지만, 아이들의 삶을 살리는 교육에 대해 그리고 교육의 본질에 대해 고민하는 것이 소통의 과정으로 연결이 될 수 있는 문화를 가진 학교, 우리 교육이 더 나은 방향으로 흘러갈 수 있게 함께 만드는 학교로 가고 싶습니다.

순수   저는 학교에서 학교 일과를 공지에 올리는 일로 하루를 시작합니다. '~하세요, ~하지 마세요, ~임을 알려드립니다.' 컴퓨터의 메신저로 각 교실에 전달하는 일입니다. 그러나 아이러니한 것은 제가 하는 일이지만 저는 교실에 계시는 선생님들이 이걸 별로 중요하게 여기지 않았으면 하는 것입니다. 제가 가고 싶은 학교는 아이들과 선생님이 삶을 만드는 곳이고, '~하세요, ~하지 마세요'가 없는 학교입니다. 저는 새로운 곳을 갔을 때, 지시사항이 곳곳에 붙어 있는

함께 꾸는 꿈, 교직원 다모임

곳이라면 바로 나와 버립니다. 알고 있는 것을 생각하고 행동할 수 있는 곳이 아니기 때문이지요. 우리의 교실도 선생님과 아이들이 알고 있는 것, 생각하고 있는 것을 해 보는 곳이어야 합니다. 그런 환경을 갖춘 학교에 가고 싶습니다. 업무지원팀이 있어서 선생님을 오롯이 아이들 곁에 있게 하는 학교, 결국 행복학교에 또 가고 싶습니다. 그러나 우리가 갈 수 있는 행복학교는 2개 있습니다. 우리는 함께 가고 싶은데, 현실적으로 함께 행복학교에 갈 수가 없습니다. 하나는 접근성이 좋아 경합인 중심가 학교, 다른 하나는 전원학교라 초빙으로만 갈 수 있는 작은 학교. 안타깝게도 아직 답을 찾지 못하고 있습니다.

빛공주 저는 새로운 환경에서 새로운 관계를 맺는 것에 대한 막연한 두려움이 있어 만기를 꼬박 채워 어쩔 수 없이 이동해야 할 때가 오면 '어딜 가나 그 학교가 그 학교지…'라는 심정으로 옮겨 왔습니다. 그러나 이번 만기 채움은 새로운 환경과 관계 맺기에 대한 두려움 때문이 아닙니다. 가끔씩 말로는 힘들어 죽겠다 앓는 소리를 하지만 성장통이라 여기며 즐거운 5년을 보냈습니다. 무엇이든 도전 가능한 학교, 함께 성장통을 겪어 낼 동료가 있는 학교라면 다시 5년을 즐겁게 보낼 수 있지 않을까요?

같지 교사로서 좋은 근무환경이란 무엇일까요? 저는 아이들에 대해, 수업에 대해 고민할 수 있는 환경이 주어지는 곳이었으면 합니다. 주체성이 확보되고 충분한 시간이 주어지는

곳, 그리고 다양한 시도를 해 볼 수 있는 곳이었으면 하는
데… 제 마음 같기는 어렵겠지요.

감기 출퇴근 거리, 교육적 철학을 공유하는 동료 교사, 민주적인
학교 분위기 등 여러 가지 선택 기준을 고려해 볼 수 있겠
지만 맞춰서 선택할 수 있는 것은 출퇴근 거리랑 학교 시설
외에는 있을까 의문입니다. 다른 것들은 고려해 보기는 하
겠지만 알아내기도 어렵고, 같은 학교에도 각자 사정이 다
르기 때문입니다. 행복학교 경험을 바탕으로 생각해 보면
모든 것이 완벽하지 않더라도 일정 이상의 조건만 갖춰지
면 내 스스로 해야 되는 것들이 많다는 것을 깨닫기도 했
습니다. 그래서 특별한 학교를 선택하지 않아도 괜찮을 거
라고 생각하고 고민 없이 지내고 있습니다.

Q4. 행복학교에서의 경험을 바탕으로
   나는 무엇을 하고 싶은가?

빛공주 우리 학교에서의 업무 구조는 교육과정 지원과 교육과정
운영으로 이원화되어 있고, 담임교사에게는 학년교육과정
운영 외에는 다른 업무가 없습니다. 잡무 없이 온전히 아이
들에게 집중할 수 있는 시간은 정말 어디에서도 경험하지
못한 행복한 일이었습니다. 그러나 업무지원팀에게 과중한
업무가 주어지는 점 등 문제가 발생하다 보니 교육과정 운

아이들 속에서 함께 배운다(오만정 샘)

영과 관련된 업무를 학년부장이 하나씩 나누어 가져가면 어떻겠냐는 제안이 있었습니다. 6학년 부장 선생님은 학교 특색인 생태교육을 맡고 계셨고, 학생자치는 저학년보다는 고학년 교육과정 속에서 좀 더 효율적으로 운영할 수 있겠다 싶어서 5학년 부장이었던 제가 학생자치를 가져오게 되었습니다. 뜻한 바 없이 주어진 것 중 하나를 골라 급작스럽게 맡게 된 업무다 보니 무엇을 어떻게 시작해야 할지 난감했습니다. 그러나 한 가지 분명한 것은 '회의록에만 존재하는 유령 같은 학생자치가 되어서는 안 된다!'란 생각이었습니다.

오래전이지만 10년 전에 학생자치 업무를 1년 동안 경험해 보았습니다. 그때를 돌아보면 아이들은 정말 열심히 회의에 참석하고 무언가로 빼곡하게 회의록을 채워 갑니다. 그러나 아이들은 그 시간만 지나면 망각의 강을 건너는지 기억하지도 않고, 관심도 없는데 겉으로는 그럴싸한 회의록만 남게 됩니다. 주변 학교를 둘러보니 그때와 크게 달라진 건 없어 보였습니다. 분명 학생자치를 열심히 하고는 있으나 유령 같은 학생자치를 되풀이하고 있는 것은 왜일까요? 아직도 많은 학교에서는 10년 전 제가 했던 것처럼 담당 교사가 업무 계획서에 1년 회의 안건을 정해 결재를 받고 있습니다. 아이들이 생활 속에서 느끼는 어려움과 문제점, 그들의 욕구를 얼마나 반영하고 있는지는 모르겠습니다. 교사, 학교 주도의 학생자치로 인해 자율성과 참여도가 떨어지니 자치활동이 형식적이고 수동적일 수밖에 없습니다. 학생 스스로 판단하고 결정하는 자치 배움 과정을 통해 문제의 답을 찾아갈 뿐만 아니라 서로 소통하고 배려하며 협업 능력까지 함양하는 것이 학생자치의 핵심이라 생각합니다.

자율과 책임, 실천이 없는 유령 같은 학생자치에서 벗어나 학생이 주인이 되는 학교문화 만들기를 목표로 아이들과 이제 고작 1년하고도 6개월이라는 시간을 달려왔습니다. 방향성을 가지고 시작하긴 했지만 첫술부터 배부를 수 없듯 문제점도 많습니다. 그러나 분명 아이들이 민주적인 학교문화 만들기에 관심을 가지기 시작했고, 자신의 문제를 적극 해결하고자 노력하는 모습들을 보며, 학생 중심의 학교문화 만들기가 행복학교만의 과제는 아니라는 생각을 하게 됩니다. 아이들에게 교사, 학교에 의해 주어진 것을 선택하게 하는 소극적인 자유가 아닌 진정한 자율을 보장해 주는 학교, 아이들 스스로 책임지며 실천할 수 있는 흥이 넘치는 아이들이 주인인 학교를 꿈꿔 봅니다.

오만정 학교에서 학생 스스로 판단하고 결정하는 다양한 학생자치 활동이 이루어지고 있는 모습을 보면, 빛공주 선생님 혼자만 고민해서는 절대 이룰 수 없었을 것이라고 생각합니다. 학생들이 이야기를 할 수 있는 여건을 만들기 위해 애쓰시는 모습이 멋집니다. 저는 새로운 학교에서 작은 것부터 시작하고 싶습니다. 민주적인 학교문화 조성이라는 행

한 달에 한 번 하는 학년 운동회, 스포츠데이!(여엉 샘)

복학교의 가치를 경험했고 뜻깊었기에 교실에 있는 학생들과 먼저 실천을 해 보고 싶습니다. 교사가 정해서 실천하려고 애썼던 여러 활동들… 아침활동을 정하는 것부터 학급생활 약속, 경청하는 태도, 다모임 등 민주적인 학교생활을 아이들과 함께 천천히 만들어 가고 싶습니다. 물론 쉽지 않을 것이라고 생각됩니다. 하지만 여기에서 꼭 출발을 해야만 동료 선생님들과 민주적인 학교문화를 만들 수 있을 것입니다.

여엉   저는 언젠가 동학년 선생님들과도 함께 나눈 이야기이기도 한데, "행복학교인데 얼마만큼 행복해야 행복한 거야?" 행복에도 욕심이 들어가는 것 같다는 생각이 들었습니다. 그래서 행복이라는 의미에 대해 다시 생각해 보았는데, '함께 행복해야 한다'가 답이 아닐까요? 나만 행복한 것이 아니라 함께 행복하려면 서로를 따스하게 바라봐 주는 이해와 서로에 대한 존중, 배려가 필요하겠지요. 저는 어디를 가든 시작은 그 가치를 실천하는 일에서부터 시작하려고 합니다.

같지   행복학교에서 개인적으로 가장 달라진 점은, 수업을 바라보는 시선입니다. 교과서를 중심에 두지 않고 아이들이 정말로 배워야 할 것은 무엇인지, 나는 무엇에 주안점을 두고 가르치고 싶은지를 먼저 생각하게 되었습니다. 한편으로는 다른 학교에 갔을 때 서로 이해할 수 있을까 하는 두려움이 들지만 지금 변화의 방향이 옳다고 생각하기에 이 가치를 지키고 싶습니다.

순수   행복학교를 함께했던 선생님들이 12월이면 항상 하시는, '우린 어디로 가요? 행복학교에서 살아 보니 일반 학교는 가지 못하겠고, 일반 학교로 돌아가서 다시 적응하라면 하겠지만 행복학교에서 교육적 희열을 맛보아서 그런지 되돌아가지는 못하겠다'는 말씀. 그런 말을 들을 땐, 행복학교를 더 많이 만들었어야 했는데, 더 일반화시켜야 했는데 하고 후회가 되기도 했습니다. 그럼 내가 과연 하고 싶은 일은 행복학교를 더 만드는 일인가? 그건 또 아닙니다. 솔직히 말하면 업무지원팀과 업무 담당자로 지난 3년의 기간은 나를 번아웃 시키기에 충분했습니다. 좀 작은 학교에서 어린 아이들과 재잘대며 아침 산책도 하고, 중간놀이 시간에 실컷 놀아라 하고, 서너 명의 선생님들과 '우리 반 아이 누가 어쨌어…' 하며 수다도 떨고, 오후에는 머리를 맞대고 앉아 뭐 할까-해 볼까-해 보자 이런 이야기 나누고 싶습니다.

마지막으로 에필로그 질문을 하나 던져 봅니다.

답변을 다 싣지 못했지만 행복학교 여정을 한 번이라도 하셨거나 행복학교에 대해 관심을 가지셨다면 마음속으로 나지막이 답해 주세요. 우리는 어디로 닿고자 하는지….

배움의 공동체, 성장하는 교사(감기 샘)

• 우리는 5년 전 행복학교의 돛을 이 학교에서 띄우고 행복학교라는 항해를 함께했습니다. 항해는 어떠했나요? 각자 어떤 기대라든가 바람 같은 것도 있었을 테고 더 나아가 방향성이라든가 닿고자 하는 지점이 달랐을 수도 있었을 텐데 말이지요. 이전의 학교와 무엇이 다르기를 바랐고, 무엇이 달랐을까요?

처음에는 행복학교가 어떤 고민 속에서 출발했고 어떤 철학과 방향성을 지닌 학교인지 전혀 알지 못했어요. 기존의 혹은 이전의 학교에서의 교육적 경험은 컨베이어 벨트가 돌아가는 시스템 같았어요. 이미 짜인 공정에 의해 기계적으로 돌아가는 시스템 같은. 아이들의 삶에 대해, 그 아이들의 교육에 대한 고민이 들어설 자리가 없을 만큼 교육의 본질과는 상관없는 공문서와 회계문서를 들여다보고 만들고 보고하고 관리하는 등 교육 외적 업무에 온종일 시달리기도 하고, 그 일로도 바빠서 우리는 기존의 시스템에 대해 어떤 철학적 고민을 풀어내거나 공유하지 못한 채 각자가 지닌 고민들은 외딴섬 안에 갇힌 것처럼 소모되고 체념하고 적응하면서 굳어진 섬이 되어 갔던 것 같아요. 우리라고 일반화하면 안 될지도 모르겠군요. 저만 그랬는지도 모르니까요. 그러나 때로는 제가 느끼는 선생님들의 모습 또한 그렇게 다가오기도 해서 말이지요.^^

그래서 아주 약간의 기대가 있었지만 그것이 정확히 무엇인지 모른 채 별 기대 없는 상태로, 굳어진 외딴섬인 채로 행복학교에 전입해 왔습니다. 행복학교라는 배에 그냥 얹혀졌던 거지요. 그런데 전입해 온 첫날부터 충격이었어요.

외딴섬들을 불러 모아 관계 맺기를 시작하더군요. 개인적으로 낯가림이 많고 소심해서 편하지 만은 않은 시간이었지만 서로를 외딴섬인 채로 내버려 두지 않았어요. 함께 교육 시스템을 고민하자고 했고 함께 교육철학과 비전을 세우자고 했고 함께 소통하는 방법을 만들어 가자고 하더군요. 굳어진 섬에 물이 고이듯 함께 나누고 싶은 이야기들이 조금씩 내 안에 고여 가는 것 같았어요. 언젠가 꿈꾸어 본 적이 있는 것들에 대해, 언젠가 기대해 본 적이 있는 것들에 대해 서로의 고민을 듣고 이야기를 나누는 시간들이 살아 있다는 느낌을 들게 했어요.

서로의 바라보는 방향이 다르다 해도 서로의 기대가 다르다 해도 때로는 조용히, 때로는 격렬히 소통하는 동안 공감되지 않는 이야기들은 없었던 것 같아요.

우리는 또 다른 항해를 시작하려 합니다. 같은 곳에서, 또 다른 곳에서 그곳이 어디든, 혼자가 아닌 함께 나아가 보려고 합니다.

도착지가 어딘지 모를 여정이지만 갑니다.

행복을 경험한 사람은 행복을 만들 수 있는 사람일 거라 믿어 봅니다.

＊여엉(권혜영 선생님), 감기(강동휘 선생님), 순수(곽순현 선생님), 빛은주(박은주 선생님), 오만정(김정곤 선생님), 같지(김지영 선생님)는 2015년 평산초등학교가 시작되던 해에 전입해서 2020년 3월 새로운 학교로 전출할 예정임.

대담한 대담
-스스로 돌며 나아가는 지구처럼-

김진희 외 9명

*일시   2019년 7월 5일(금) 17:00~7월 6일(토) 11:30

*장소   다모임방 및 꽃나루도서관

*참석자   이원경(경력29/화제 2년 차/교감), 김희선(22/2/1), 김진희
(26/6/2), 진미령(20/4/전담), 허남혁(신규/3), 유승희(31/1/4),
최뿌리(3/3/5), 최우영(20/5/6), 김민선(5/5/교무행정원), 이남옥
(15/15/교무행정원)

*질문지 작성 및 정리   김진희

'행복학교 4년 책 이야기'를 하기 위하여 우리는 대담 형식을 선택
하였다. 어제 퇴근 후 교실에서 질문지를 만들기 위하여 화제 옥수수
를 먹으며 머리를 싸매다 5년 전 행복학교 공모 신청서를 찾아보았다.
새삼스러웠다. 잊고 있었지만 잊은 게 아니었다. 잊었다고 생각했는데
우리 등뼈에 깊이 각인되어 있었다. 그 등뼈의 힘으로 지난 4년간 우
리는 보이지 않는 축을 중심으로 스스로 자전하여 왔던 것이다. 그렇
게 느꼈다. 그 당시 비장한 각오로 적어 두었던 목표들이 지금은 아무
렇지도 않은 일상이 되어 있다. 스스로 돌며 우리는 어디까지 나아왔

는가? 먼저, 행복학교 공모 신청서의 추진 배경을 함께 읽고 오늘의 이야기를 펼쳐 나갔으면 좋겠다.

1. 아! 사람, 사람, 삶, 앎

우리는 행복학교의 중심 가치에 '사람'을 두었다. 이러한 철학이 지난 4년간 어떻게 실현되었는지 각자 생각하고 느낀 대로 자유롭게 이야기를 나누었으면 한다.

> 우리는 왜 행복학교를 하려고 하는지에 대한 근본적인 고민으로 '교육이란 무엇인가? 왜 우리는 행복교육을 해야 하는가? 교육에서 가장 중요한 것은 무엇인가?'라는 질문을 스스로에게 던져 보며 많은 토론의 과정을 거쳤다. 그래서 얻은 결론은 '사람'이다. 행복학교의 중심 가치에 '사람'이 존재한다는 것이다. 사람 중심의 교육, 사람 중심의 학교, 사람 중심의 교육과정을 통해 사람이 사람을 마주하며 가르치고, 배우고, 또 서로 사랑하며 참된 사람으로 성장해 가는 것, 그것이 행복학교의 핵심 철학이라 확신한다.

_화제초등학교 행복학교 공모 신청서 중에서

김진　우리가 행복학교 신청서를 내고 사실 이 부분을 잊고 있었다. 난관에 부딪칠 때마다 이 말을 떠올렸다. 우리가 중심 가치로 둔 게 사람이었다. 4년 동안 있었던 분들도 좋고 2~3년, 기간은 상관없이 화제가 사람을 중심 가치에 두고 나아가고 있는지 이야기해 봤으면 한다.

최우   제일 힘들었던 건 사람이었던 것 같다. 사람에 중요한 가치를 둬서 그랬는지 모르겠지만 그 시기에 갈등이 가장 컸다. 2016년도. A가 뛰쳐나갔고.

김진   맞아, 콩나물국밥 땜에.

최우   A가 여기서 워크숍을 하다가 성질을 내고 나갔어. 밥 뭐 먹을까 결정하다가.

김진   자기가 안 먹는다고 해서 빼고 정했는데 공교롭게도 몇 인분하고 말하자마자 탁, 치면서 나갔다. 그래서 나는 콩나물국밥 때문에 삐져서 나갔다고 생각했다. 근데 그게 아니었다. 그때 급식소에 밥 먹으러 갈 때 어떤 반은 교사가 인솔해서 가고 어떤 반은 교사는 안 오고 애들이 마음대로 뛰어가고 이런 모습이 있었다. 그래서 우리가 통일된 규칙을 세우자 했는데 A가 계속 어깃장을 부리며 나는 그렇게 못한다 했다. 우리가 계속 우리 뜻을 밀고 나가자 A가 왜 소수의 의견을 무시하느냐 하면서 나갔다.

최뿌   그런데 그게 규칙을 정하자는 것에 대한 것인지… 아님, 어떤 점에 대한 반대였는지?

최우   그때 가 교장 선생님이 옮겨 가시고 5월에 창원에서 만났는데 교장 선생님이 걱정을 하셨다. "저, A를 저리 두면 안 될 낀데." 하셨다. "사람이 그런 기다. 어떤 감투를 쓰고 있다가 그걸 내려놨을 때 허망함이나 상실감이 있는 사람이 있다. A가 그랬을 거다." 그 당시 전담이 연구부장을 하는 게 공식이었다. 어차피 벽지 학교 가야 하니까 일할 사람이 전담을 해야 했다. 전담이 일을 많이 하고 그렇긴 하나 그 상황에서 2014년도에 계획서를 다 같이 쓰고 2015년에 부장을 했는데 그만두었으니… 존재 가치에 대한 문제다. 또 하나 그해 B도 똑같은 일이 있었다. 2016년도에는 힘들었다. 상반기, 하반기. B도 그랬다. 자기 존재 가치에 대해 의문을 던진 거다. 연구를 오래해서 흔히 말하는 연구통이라 생각했는데 자기가 생각하는 거랑 달랐다. 무슨 말만 하면 (샘들이) 이견을 내고 반발하니. B는 옆에서 누가 터치를 하면 스트레스를 받는 스타일이다. 경남의 연구통이신 나 교장 선생님의 요구도 버거웠을 거다. 그래서 B가 심리적으로 많이 흔들렸지. 그러면서 그때 디자인센터에서 이야기할 때 우리끼리 싸우고 심하게 했었다. 많이 싸웠다. 결국에는 우리가 제일 힘들었던 건 일도 아니고 성과도 아니고 사람이었다. 되짚어서 할 수 있었던 것, 뭔가를 도전할 수 있었던 것도 사람이었던 것 같고. 사람 사이의 관계, 이게 가장 큰 중심이었다. 엄청난 포부를 가지고 교육과정을 추진한 적은 없다. 각자 나름대로 했다. 떨리는 마음으로. 김진희 샘은 처음에 『몽실언니』 재구성할 때 얼굴이 빨개져서….

김진 내가 그랬나?

최우 네, 약간 초조하면서 입술에 침을 좀 발라 가면서. 나는 처음에 왔을 때 뭔가를 해야겠다는 생각이 컸다. 교육과정 짠다고 밤늦게까지 했는데 그대로 안 했지만, 그런 기억이 난다, 아주.

김진 예진(가명) 사건(학구 문제를 둘러싼 학부모들 사이 갈등)도 그렇고. 어른들 싸움인데 예진이라는 아이가 받는 상처는 어땠는가. 그건 우리들의 바람이었고 어른들은 그냥 자기 싸움을 한 거지. 지금은 어떤 것 같은가?

최뿌 옛날에 갈등이 있었던 게 앞으로 안 생길 거란 보장이 없다. 다양한 갈등을 겪으면서 다음번에 같은 상황이 일어났을 때 뭐를 중심에 두고 갈 것인가. 교육과 학교는 학생 중심이란 말을 많이 듣고 그렇게 배웠다. 우리는 사람이니까 학교를 만드는 배움공동체 전체가 교직원, 학부모, 학생 모두가 같이 균형 있게 행복해야 한다고 생각한다. 애들만 좋은 걸 추구하지도 않고 학부모 의견에 휘둘리는 것도 아니고 그 중간점을 찾아내는 과정이 4년 동안 있었고 앞으로 4년 동안 있어야 할 것 같다. 나눔학교 끝나더라도 그동안 쌓은 생각으로 그다음을 생각해야 한다. 꼭 학생 중심이 아니고 교직원들도 자기 행복을 찾을 수 있는 학교가 되고 있는 것 같고 앞으로 그렇게 가야 할 것 같다.

김진 이건 좀 관련이 없는 말인지 모르겠는데, 사람을 중심에 둔다는 말이 우리가 세워 놓은 원리나 원칙과 상충될 때 그때 우리는 사람을 먼저 생각했다. 근데 더 광범위하게 보면 얼마 전에 봤던 교과서법… 그 사람들은 법에 근거해서 교과서를 해야 된다 말했다. 그때도 우리는 사람 중심으로 말을 할 수 있을지 그거하고 이거하고 관련이 있는지.

최우 나는 잘 모르겠다. (일동 웃음)

최뿌 역시 대담한….

김진 법을 중심에 둔다면 법을 따라야 한다. 우리는 아이들이 원하는 수업, 교사가 즐거운 수업을 했다. 이것도 결국에는 사람 중심, 삶 중심이 아닌가.

유승 소크라테스는 알면서도 독이 든 당근주스를 마셨다고 한다. 왜 마셨을까? 마시면 죽는다는 것을 알고 있었는데… 악법도 법이라고. '법은 어겨서 고쳐야 한다.' 이런 말도 있다. 법만 따지면 학교가 딱딱해진다. 사람은 정말 말랑말랑하다. 어떻게 만지느냐에 따라 달라지는데 그 틀에 넣으면 굳어져 버린다. 교육은 보이지 않는 얼개는 있어야겠지만, 사람이 우선이다. 화제가 가진 장점이다.

김진 우리가 4년 동안 살아온 삶이 있다. 이런 가치를, 철학적인 부분을 넣어서 좀 더 탄탄하게 다지면 좋겠다.

이원 법이 중요하고 사람이 중요하고 그것보다는 그것을 운영하는 사람이 어떤 마음을 가지고 있는지가 중요하다. 예를 들어, 우리 애들한테는 이런 교육과정으로 하는 게 더 효과적이고 목표를 이루는 데 좋을 것이다 하면 그렇게 이해되지만 내가 편하기 위해서 그냥 내가 뭐, 교과서 안 해도 되고 그러한 압박에서 벗어나도 되고 내가 하고 싶은 대로 하고 그건 아니라고 생각한다.

최우　나는 신영복의 『담론』을 읽고 나서….

진미　정말 읽었나?

최우　내 책 읽는다. 거기서 사람의 양심을 되게 강조한다. 우리 가 아이들한테 가진 선량한 마음, 순수한 마음가짐이 펼쳐 질 때 제대로 사람다운 모습이 된다. 앞서도 얘기했지만 신 영복이 감옥에서 나왔을 때 그 자리를 지키고 있는 사람 들은 앞에 섰던 사람이 아니었다. 양심적인 사람들이 아직 그 자리에 있었다. 그 사람들이 세상을 변화시킨다. 학년에 따라 가르침은 다르지만 떨리는 마음으로 교육과정을 짜 는 모습들… 김진희 샘이 처음 차시별로 『몽실언니』를 짤 때 굉장히 불안해하던 모습이 떠오른다.

김진　혼자 했으니까.

최우　어쨌든 그러면서 그 시도는 사실 아주 양심적이고 아이들 에게 도움이 되는 걸 중심에 둔 것이었다.

김진　아니, 내가 재밌어서 한 건데. 첫째도 재미, 둘째도 재미.

진미　편하려고 한 건 아니잖나?

김진　그렇지.

최우　그 내용이 나한테 스며들었고 다른 사람들한테도 스며들었 다. 그러다 책 하나 던져 주이소, 해서 『똥깅이』를 읽었다. 마음은 엄청 부담스러웠다. 뭔가를 해야 한다는 생각에. 시 간은 많았지만 마음은 초조했다. 지금은 광주 가는 게 아 무렇지 않은데 그 당시는 조마조마했다. 광주 숙소 구하는 것부터 교육과정 짜는 것까지 뭐든 처음 할 때는 다 떨렸다. 하나하나 새로 해 나갈 때마다 다들 떨리는 마음으로 접근했다. 중요한 건 그런 최선을 다하는 모습, 아이들을 위해서 노력하는 모습이 서로 밴 것 같다. 누가 강요하는 게 아무것도 없었다. 최뿌리는 첫 발령받아서 하동 간다고, 똥인지 된장인지 모르고 달려들었다. 엄청 낯선 곳에 갔고 아이들과 어떻게 지낼지 고민했고. 첫해는 열정이 넘쳤고 서로가 지지가 되었던 것 같다. 그러면서 조금씩 자리를 잡았다. 그 당시는 힘들어도 힘든 줄 모르고… 첫해는 5월 지나고 다 뻗어 있었다.

최뿌　그해 봄계절학교 끝나고 중간놀이 시간에 다모임방에 모였는데 다들 아무 말도 없이 조용히 앉아 있었다.

김진　첫해는 도전활동을 다 같이 같은 날 갔다. 그다음부터는 학년별로 나갔지.

진미　어쩌다 학년별로 나가게 되었는지?

김진　학년별로 교육과정이 다르니까… 근데 자율권을 주니 또 혼란스러웠다.

최우　지금은 새로운 데 가더라도 그동안 쌓인 게 있어서 불안감이 적다.

이원　근데 초창기 때는 모든 사람들이 진흙탕에 빠져 노력을 했다면, 뒤에는 고민 없이 행사 위주로, 다 하니까 나도 해야 되는갑다, 이럴 수 있다. 죽이 되든 밥이 되든 같이 생각하고 같이 고민해야 된다. 물론 반대의 소리를 안 내서 좋을 수도 있지만 그래도 그 안에서 싸우더라도, 반대 입장을 내야 발전이 있는데 그렇지 않으면 우리는 선생이 아니라 썩은 생선이 된다. 근데 행복학교에 젖어 있다가 다른 학교에 가면 이거는 이것도 아니고 저것도 아니고 잘못되면 문제교사로 낙인찍힐 수도 있다.

김진 결국 남는 게 사람이고 남길 수 있는 게 사람밖에 없다. 기존의 사람들이 나가고 나면 행사 위주로 될 수도 있다. 그래서 더욱더 우리는 사람에 천착해서 화제를 굳건하게 이어 갈 수 있는 사람을 남겨야 한다.

유승 처음에 행복학교 1기로 시작해서 나눔학교가 된 학교도 있고 그냥 행복학교를 하는 학교도 있는데 중심이 된 사람이 나가고 나면 거의 다 무너지는 걸 봤다. 정말 사람에 대한 깊은 성찰이 없었던 거다.

김희 나는 두 가지 부분이 중요한 것 같다. 하나는, 기존에 있던 방식대로 받아 프로그램처럼 따라 하면 정말 아무것도 남는 것 없이 그 고민이 그 사람한테 스며드는 것 없이 지나간다는 것. 또 하나, 사람이 바뀌었다고 사라져 버리면, 예를 들어 김유진 샘이 2년간 해 온 '양산팔경' 같은 게 사람이 바뀌면서 사라져 버리면 너무나 안타깝다. 나 같은 경우 진희 샘이 1학년 '가나다라 마을길걷기' 하는 걸 보고 어떻게 하면 이것이 끊어지지 않으면서 내 색깔을 가져갈 것인가가 1년간의 고민이었다. 1학기 때는 공책에 적어서 해 보고 2학기에는 책으로 엮어 해 보았다. 나름대로 이렇게 해 나가는 과정들… 그렇게 할 때 이 앞에 한 사람들의 고민이 다음 사람으로 이어지고 이다음에 또 연결, 연결되면서 우리 화제가 1 플러스, 1 플러스, 1 플러스되면서….

최우   4뿔!

김희   하하, 맞다. 4뿔. 그렇게 4뿔까지 가지 않을까 한다.

이원   지금 중요한 이야기를 했다. 사실 행복학교 밖 사람들은 행복학교 샘들이 잡무 없고 편하게 산다고 생각하는 사람들도 많다. 오리가 물에 고요히 떠 있어도 물속에서 발은 엄청 움직인다고 지금 행복학교 선생님들이 현실에 안주하지 않고 열심히 하는데 그것을 사람들은 못 본다. 선생님들이 토요일, 일요일 없이 나와서, 3월에 반 애들 전체를 놓고 관찰하면서 어떻게 교육과정을 짜야 하는지 고민한다는 것. 사람들이 그 점을 생각해야 한다.

유승   이렇게 이야기하는 걸 일부분이라도 찍어서 밴드에 동영상을 올려 주면 좋겠다. 사실 나는 행복학교에 와서 정말 좋은데 그건 잠시였다. 그 뒤에는 엄청난 고민이 있었다. 『몽실언니』도 4학년이 어렵다는 생각. 내 속에서 계속 갈등했다. 집에서 남편하고도 과연 4학년이 해낼 수 있을까 끊임없이 갈등했다. 그래서 찾아낸 방법이 '물어보자'였다. 5학년한테 물어본 게 신의 한 수였다. 이런 고민이나 이야기를 학교에서 한다는 게… 정말 학교에서 이런 이야기를 안 했다. 그런 이야기를 학교에서 샘들하고 한다는 것. 이 말을 해도 될까 하는 조바심이 없어졌다. 한 학기 동안 헛발질 덜 하면서 지낸 게 이 덕분이다. 들어온 것도, 여기까지 온 것도 감사하다.

진미   2016년 2월 15일부터 10일 동안 내가 화제에 불려 와서 거의 하루 종일 입에 단내가 날 때까지 이야기했다. 38학급 학교에서 연구부장을 한 사람으로서 정말 말 안 하고 과업중심, 업무중심으로 지내다 여기 왔는데 내 평생 한 말보다 더 많은 말을 시켰다. 집에 갔는데 입이 허옇게 됐다. 여기 가서 이야기하고 저기 가서 이야기하고. 그런 시간을 거쳐서 교육과정을 만들었는데 교장, 교감님이 협의 문화가 잘못됐다고, 비효율적이라고 말하기도 했다. (교육계획서) 목적부터 다 같이 했다. 이게 말이 맞습니까, 이렇게 하나하나 같이 해 나갔다. 그래서 나하고 되게 안 맞는 학교라고 생각했다. 너무 말을 많이 시켜 나한테 관심 있나 할 정도였다. 집에 가면 신규 때처럼 뻗었다. 그때는 대청교육과정 짤 때였다. 대청초를 왔다 갔다 하면서 지냈다. 그런데 그렇게 했던 것들이 고마운 일이었다. 말문이 트일 수 있게 해 주는 문화, 이건 어디 가서도 찾지 못한다. 어둠이었던 사람이 빛을 찾았다. 사람들이 장유 가면 깜짝 놀란다. 너무 빛나서. (다 같이 웃음) 격려해 주고 공감해 주는 마음들이 자신감을 심어 주었다. 남편은 우리 아이(3세)를 화제에 보내야 한다고 말한다. 그래서 내가 화제에 다시 초청(초빙)받아야 한다고…. (울음)

최뿌   울지 마! 울지 마! 내가 김유진 샘 모시고 오고 진미령 샘 모시고 오고….

김진 다음 질문 넘어가자.

허남 저….

최뿌 사람 중심! 사람 중심으로! 질문 중심 말고.

김진 질문 많다고!

유승 오늘 김진희 샘 왜 이러나.

최뿌 정리자로서 부담이 많으신 듯.

허남 처음에 이 학교에….

김진 뭐라고? 발음이 안 좋아서. (일동 웃음)

허남 나도 양산에 발령 날지 몰랐다. 이 학교에 날지도 몰랐고. 교감 샘 전화하셨을 때 친군 줄 알고 왔 썹 했는데… 처음 나도 선입견을 갖고 있었다. 뭔가 프로젝트 수업을 하나. 엄청나게 활동을 많이 하나?

김진 교대에서 행복학교 이야기 안 해 주나?

허남 전혀 없다. 처음, 기장에 워크숍 갔을 때 한마디도 못 했던 게… 계절마다 농사짓고 현장학습 자주 가고… 뭐지 이 학교? 뿌리 샘과 나는 농사꾼이야?

김진 샘은 농사 안 하잖아.

허남 뭔가 다른 학교와 달라야 하고 교육과정도 다르고. 다른 선생님들 하는 것 보니까 뱁새가 황새 따라가다 다리가 찢어질라 한다. 고민이 되는 게 교과서로 안 한다는 게….

이원 교육과정 재구성은 교육과정에 대한 전문지식이 있어야 한다. 애들을 잘 파악하고 아이들을 잘 다룰 수 있는 능력, 이 삼박자가 잘 갖추어져야 한다. 교과서 내용도 모르면서 재구성을 할라 하면… 다른 샘들은 기초가 튼튼한 상태에서 했다. 그게 아니면 모래 위에 집을 짓는 것이다. 능력껏 해야 한다. 그렇다고 누가 뭐라 할 사람 없다. 그래서 선생님 입장에서는 순수한 교과서로 1년 해 보고 그러다가 고민을 해 보는 게 좋을 것 같다

김진 　우리는 교과서로 21년을 했다.

허남 　눈에 보이는 것만 보고 강박관념을 가졌다.

진미 　나는 여기 와서 처음에 교과서로 다 했다. 아무도 교과서로 한다고 안 뭐라 한다.

최우 　중요한 건 뭘 하느냐가 아니다. 교과서를 철저히 가르쳐서 그 열기나 진정성이 아이들한테 가면 그게 부모들에게도 간다. 어떤 마음을 가지고 애들을 만나느냐, 단위수업이 불안하고 자신감이 없으면 아이들이 느낀다. 아이들이 어려서 모르는 것 같지만 내가 가진 진정성, 사리사욕은 그대로 아이들에게 투영된다. 뭘 하느냐는 그다음 문제다. 교과서를 버리고 다른 교재로 하는 것을 부모님이 인정해 주는 이유는 교사의 진정성을 믿기 때문이다. 그걸 위해 얼마나 많은 시간을 보냈을까… 온책읽기 재구성 수업이 좋아서 그랬던 건 아닌 것 같다. 진정성을 가지고 교과서로 하든 온책읽기를 하든 해야 한다. 접근하는 마음가짐이 1번이다. 허남혁 샘이 스스로 준비해야 한다.

김희 　교과서로 한다고 했을 때 학습지 풀고 아이스크림 보여 주고 이게 교과서는 아니다. 교과서에 제시된 내용을 아이들

이 받아들일 수 있도록 얼마나 고민하고 있는지가 중요하다. 내가 온전히 파악해서 아이들과의 연결지점을 만들어 내느냐가 관건이다.

최우　가 교장 선생님이 어디 가서서 우리는 이러이러한 것들을 한다 했더니, 그건 우리도 한다고 했다더라. 사실 우리가 한 것은 100대 교육과정보다 못하다. 가 교장 선생님은 "이제 그런 이야기 안 합니다. 이제 그냥 와서 보세요"라고 했다더라. 그 사람들은 형태만 본다. 거기에 어떤 고민들이 있었는지 못 본다. 처음에 나는 어깨에 힘이 잔뜩 들어갔다. 아내랑 진짜 많이 싸웠다. 그 안에 있는 사람들이 어떤 관계를 맺고 어떤 고민을 하고 헛발질을 하는지 모른다. 새 학년을 시작하고 새 학기를 맞이하면서 많은 시간을 투자한다. 8월 달, 개학 때가 되면 조바심이 난다. 고민을 할 수밖에 없는 시기가 온다. 그런 것들이 기반이 돼서… 진희 샘도 (작년과) 같은 2학년을 다시 맡았지만 다른 이야기를 하기 위해 노력한다. 재방송 안 하거든.

이원　허남혁 샘이 본받아야 될 게 우리 선생님들이 노력하는 모습이다. 선생님들이 10만큼 노력한다면 20, 30을 노력해야 된다…. 5학년이 '책 익는 밤' 할 때도 허남혁 샘이 가서 볼 거라고 생각했다. 당장은 아니더라도 나중에 아이들과 즐겁게 활동하기 위해 다른 학년에서 하는 걸 봤으면 했다. 그런데 그러지 않았다. 그게 좀 안타깝다.

허남　도서관 밖에서 봤다.

김희	멀찌감치서 보는 것보다 도우미로 같이 도와주면서, 진행은 어떻게 하는가만 보는 게 아니라 아이들의 반응에 대해 어떻게 대응하는가, 그런 것들은 그 속에 들어가야지 보이는 거다.
이원	이 이야기는 내가 관리자이기 때문에 할 수 있다. 다음에 할 때는 "선배님, 보면서 제가 도와드릴게요." 하면서 내 걸로 만들겠다는 의지를 가지고 해야 한다. 내가 도와주지만 당신 걸 쏙쏙 빼서 내 걸로 만들겠다, 그런 의도로 접근을 한다면 1, 2년 지나면 정말로 수준이 달라질 것이다. 이런 이야기를 하는 이유는 앞에서 말한 '사람을 만들어 간다'는 그 말과 연결된다. 샘도 우리가 만들어 가야 할 사람이기 때문에 하는 말이다.
유승	진짜 여기 있는 사람들은 치열하게 살아온 사람들이다. 여기 있는 사람들이 다 웃으면서 이야기하지만. 나도 되돌아보면 2, 30년 동안 치열하게 살아왔다. 이 치열함이 없으면 경력이 쌓이면 쌓일수록 아이들을 만나는 게 두려워진다. 살면 살수록, 경력이 쌓일수록 아이들 보기가 두렵다. 아이들 자란 모습을 보면 내 모습이 그대로 보인다. 교사라면 치열해야 한다. 책도 많이 읽고, 경험도 많이 하고. 궁금하지 않나, 수업이? 밖에서 보면 아무것도 모른다. 교사는 남달라야 한다고 생각한다.
김희	다른 학교에서는 교사가 어떤 어려움을 겪으면 정말 외롭다. 마음 맞는 사람 있으면 겨우 말하는 정도. 함께 말할

수 있는 문화가 아니다. 이 자리가 불편할지 모르겠지만 다른 교직생활에서는 만나기 어렵다. 나 같은 경우 학급붕괴 경험했을 때 친한 사람 몇 사람 와서 조언이라고 하지만 정말로 외로웠다. 관리자는 문제가 커질까 전전긍긍하고. 이런저런 이야기를 나눌 수 있는 건 우리 화제이기 때문에 가능하다.

최우   요즘 화제에 있는 사람들, 학부모, 직원들 포함해서 아이들을 바라보는 시각이 참 따뜻하다. 교무실이든 행정실이든. 그게 화제의 힘이다. '사람이 교육과정'이라는 생각이 많이 든다. 사람 모습 자체가 사람을 선량하게 만들고 사람들을 서로 돕게 만드는 게 아닐까. 민선이나 남옥이나 친근감을 가지고 아이들을 만나고 교육활동에 동참한다는 거 이게 버팀목이 아닐까. 전에도 말했지만 다섯 행복학교 모였을 때 프로젝트 수업 이야기가 나왔다. 우리 중에 프로젝트 수업을 염두에 두고 하는 사람은 없다. 그렇지 않나?

김진   내가 이윤서 샘한테 물으니 우리가 하고 있는 게 프로젝트 수업이 맞는다고 하더라. 교수님들이 처음 이야기할 때 말한 게 우리가 하고 있는 이런 수업이었다. 그런데 현장에서 하면서 틀을 만들어서 그렇게 돼 버렸다.

최우   프로젝트 수업을 염두에 두고 한 사람은 아무도 없다. '아이들이 재미있겠다, 좋겠다' 이런 생각으로 했다. 그 초점은 사람이었다. 그 사람에는 나도 포함됐고. 전체적으로 학교가 아이들을 따뜻하게 바라본다는 거, 그게 가장 큰 화제의 장점이다.

최뿌 퇴근할 때쯤 학교에 남아서 놀고 있는 아이들을 보면 여러 엄마가 다 내 엄마고 여러 아이들이 다 내 아이들이다. 교실에서나 밖에서 볼 때도 그렇다. 교직원들도 그렇지만 학부모들이 애들을 대하는 모습에서 배우는 점이 있다. 학교가 달라지고 있다.

김진 민선 샘, 많이 기다렸제?

김민 그냥 다음 질문으로 넘어갔으면….

이상과 현실의 괴리감이 적을 때 사람들은 행복하다고 한다. 자신이 생각하는 행복은 어떤 것인지, 행복학교에서 충분히 행복한지 알고 싶다.

이원 허남혁 샘한테 행복한지 묻고 싶다. 내가 볼 때 샘들 이야기하는 스타일 봤을 때 숨길 게 없는 것 같다. 내 감정을 드러낼 수 있어야지. 나는 그게 중요하다 생각한다.

김희 여기 와서 제일 행복하다 느낀 건 대화할 수 있다는 것. 한때 참빛학교에서 정말 '교육이란 무엇인가, 아이들은 어떻게 자라야 하는가, 나는 어떻게 살아야 하는가' 그런 얘기를 거기서 하다가 공립학교에 딱 오면 다른 세상이다. 교사들이 모여 애들 얘기를 해도 모두 딴 세상 이야기이기 때문에 꿔다 놓은 빗자루 같았는데 작년 2월에 여기 왔을 때 교과란 무엇인가, 이런 이야기를 하고 있는 거다. 교육과정 짜야 된다고. 그게 얼마 전에 참빛학교에서 교과란 무엇인가, 이야기를 하면서 교과는 목적이 아니라 수단이다, 뭐 그런 이야기를 했는데 그런 이야기를 여기 학교에서, 공교육에서 할 수 있다니… 그런 본질적인 질문을 했을 때도 뜬구름 잡는 소리가 아니고 함께 오고 갈 수 있다는 게 정말 큰 거 같다. 우리 학교도 참빛학교 못지않다, 우리 학교 샘들 참빛보다 더 열심히 하는 것 같다 그러면 남편이 열 받는다.

진미 우리 학교는 (김희선) 선생님 덕분에 본질적인 것들을 많이 찾아갈 수 있었다.

이원 24학급 학교 있을 때 가장 큰 문제가 학부모들의 민원 전화였다. 나는 주로 내 선에서, 샘들한테는 꼭 이야기할 부분만 하고 그 외에는 내가 알아서 했다. 학부모가 찾아오면 내가 있어 줘야 할 부분이 있으면 내가 옆에 있고. 1년 반을 있으면서 옮길 생각은 없었는데 다 교장 선생님이 큰 학교보다는 작은 학교가 낫겠다 하셔서… 말도 안 되는 것들로 민원 전화를 받으면서 떠나야겠다 생각했는데 여기 와서 학부모님들 민원이 없고 학부모님들이 선생님들을 전적으로 신뢰하는 모습을 보면서 잘 왔다는 생각이 든다. 내가 큰 소리로 대응할 수 없는 위치에 있다는 게 싫은데 여기에서는 그럴 필요가 없다는 게 좋다. 그런데 사소한 문제 하나가 우리 행복학교를 무너뜨릴 수도 있겠다는 걱정이 생기기도 한다. 관리자의 입장에서 그런 것들을 컨트롤 해야 한다는, 그전까지 느끼지 못했던 부담감이 생기는 건 사실이다. 너무나도 좋은 분위기가 관리자가 처신을 잘못 하는 바람에 무너지면 안 될 것 같다. 이런 걸 계속 이어 갔으면 좋겠다. 행복한 건 당연하고.

최우 그런 부담감을 느끼는 것 자체가 학교에 그만큼 애정을 갖고 있다는 증거다.

이원 애정이 많다. 다른 데 가면 정말 우리 선생님들 잘한다고 이야기한다.

허남 나는 70~80정도. 어쨌든 나는 행복한 것 같다. 나는 원래 2018년 5월 28일 입대했다. 그 전에 기간제, 알바하고 빈둥 빈둥 놀다가 군대 갔다. 휴가 나왔을 때 교통사고 나서 한 달 가까이 병원 가서 치료 받았다. 그때 생각을 많이 했다. 왜 이리 기구하지? 한 달 가까이 입원하니까 미치겠더라. 취사병이었는데 아침 밥 하고 조금 자고 일어나고 점심밥 하고 자고 일어나고.

진미 그래서 요리를 잘하나?

허남 나는 지금 딱 1년 전 군대 있었던 거 생각하면 별로 안 힘들다. 100의 고통을 받다가 10의 고통을 받아서 그런지 몰라도. 처음보다 지금 말이 많이 늘기도 했고 내 성격 자체도 밝아진 거 같다.

이원 일반 학교 가서 지낼 때와 행복학교 와서 지내는 게 어떤지, 비교를 할 수 없으니….

허남 군대 가기 전 한 달 기간제 했을 때 5학년 스물댓 명 됐다. 그때도 붕괴된 교실이었다. 애들 사이가 너무 안 좋았다. 5년 가까이 그렇게 지낸 애들이었다. 욕이 엄청났다. 속으로 괜히 맡았다, 지금이라도 계약파기 할까 했다. 내가 해 줄 수 있는 게 없었다. 왕따당하는 애도 있었고. 해 줄 수 있는 게 없었다. 마음의 문을 완전 닫아 버려서. 죄책감이 들기도 하고. 지금 힘든 것보다 그때 한 달 동안이 더 힘들었다.

이원   지금 가장 힘든 점은?

허남   처음부터 끝까지 다 힘들긴 하다.

이원   수업하는 거? 아니면 어떤 부분이. 가장 마음에 응어리진 것은?

허남   음….

진미   누구 땜에 힘들다, 뭐 그런 거.

이원   교감 샘 때문에 힘들다…?

허남   교감 선생님이 저 땜에 힘들까 걱정이다.

진미   그라믄 됐다. (일동 웃음)

이원   샘 첫 교직생활인데 트라우마라든가 또는 잘못된 것들이 심어질까 그게 걱정이다. 지금 시작이니까 좀 더 좋은 교사로서 자리매김을 하고 일반적인 학교에서 먼저 시작했으면 어땠을까. 허남혁 샘 스타일이 스스로 찾아서 하는 것보다 관망하면서 적응하는 데 시간이 걸리는 그런 스타일이다 보니 일반학교에서 좀 쌓고 했으면. 지금은 샘 역량에 비해 너무 큰 짐이 얹어졌다. 이런 거 때문에 위축되지 않을까, 교직에 대한 잘못된 생각을 갖지 않을까, 아쉬움, 그런 게 있다.

허남 애들이 싸웠을 때 어떻게 하면 잘 풀어 줄 수 있을까.

김진 그게 제일 힘든 일이다.

이원 둘이서 해결하되 그 애에 대해서 따뜻하게 이야기하고 비난보다는 힘들제? 너를 응원한다, 사이좋게 해결해 봐라, 선생님이 니를 사랑하고 있다는 거를 계속해서 표현을 해야 한다.

진미 밥 먹을 때 아이들이 선생님 밥 챙기고 드셔 보라고 갖고 오고 이러는 거 보니까 관계가 많이 가까워진 것 같다. 아이들이 선생님 챙기고 좋아라 한다는 거는 따른다는 거다. 시간이 조금 걸리더라도 남혁 샘이 고되게 훈련받는다는 느낌이 들 수도 있지만 다른 사람들이 어쩌고 있나 살펴보면 훨씬 빨리 성장할 수 있다고 생각한다. 1학기 때 아이들과 자유롭게 보냈다면 이제 부모님들께 반전을 보여 줄 때가 됐다. 방학 동안 2학기를 준비해서 쫀쫀하게 아이들을 가르치면 좋겠다. 완전히 풀어놓았으니. 조금만 잘해도 선생님에 대한 신뢰가 회복될 수 있다. 자기 마음속에 아이들을 어떻게 가르치는지 방향이 없으니 아이들 말에, 부모님 말에 휘둘리는 것 같다. 2학기에는 좀 더 본질적으로, 교육적으로 집중하면 정말 괜찮을 것 같다. 나쁘지 않은 승부. 선생으로서 승부.

허남 네. 마무리를 짓자면… 취사병은 절대 편한 보직은 아니다. (일동 웃음)

이원	오늘 이 시간이 나한테는 의미 있다. 남혁 샘이 중간에 제대한 과정도 스스럼없이 이야기한다는 것은 감추고 싶은 걸 터놓고 조금이라도 마음을 열었다는 거니까, 다른 것도 담을 수 있다.
최뿌	행복학교에서 충분히 행복한지 알고 싶다. 질문 중심!
김민	나는 이 학교에 외모로 뽑혔고…. (우하하하)
진미	여러 교감 선생님들을 겪었으니 업무 스타일은 이렇고… 노골적으로 이야기하면 좋겠다.
김진	회식할 때 민선이 이런 이야기한 적 있었다. 다른 회사에 다닐 때 월급 못 받은 적 있었는데 학교가 제일 좋다고.
김민	맞다. 사기당해서 월급 못 받았다. 사실은 첫해에는 교감 샘이 여자분이시고 처음이라서, 좋은지 안 좋은지… 정신 없고… 업무 배운다고… 학교도… 다들 이사를 몇 번이나 하고.
최우	교무실, 행정실 합치니 마니….
김민	그렇게 정신 없어 가지고 행복한지 아닌지 잘 모르고 지나 갔다. 행복학교가 뭔지 샘들이 뭘 하는지 잘 모르고 지나 갔다. 그런데 모임에 가면 우리 학교에서 어떤 일이 일어나 고 왜 교무행정이 두 명인지 어떻게 해야 되는지 느꼈다. 그래서 안 행복할 때가 더 많았다. 근데 행복할 때도 많았다. 그렇게 시간은 지나고 작년에 사실은 이 학교를 나가 다른 학교에 자리 잡으려고 고민했는데 안 가고 여기 지금 남아 있을 때 생각했다. 갔으면 어쩔 뻔 했을까?

최우   교감 샘 때문 아니가?

김진   업무가 많이 익숙해서 그런 거 아니고?

김민   사실 나는 관리자분들이랑 크게 상관이 없었다. 그분들이 어떻게 해 달라고 하는 게 조금씩 다른데 힘들어도 크게 상관은 없었다. 어떤 업무든 힘드니까. 이원경 교감 샘 오셔서 너무 좋지만 그런 것보다 업무에 익숙해진 것도 있고 올해는 행복하다. 갔으면 정말 후회했을 거다. 업무도 줄었다. 보건 샘도 오시고 수연 샘도 오시고 여유가 좀 생겼다. 옷도 사고 네일도 하고 신발도 사고. 업무가 좀 줄고 여유가 생기면서 행복해진 것 같다.

이원   혹시 내가 무시당하고 있다든가, 업무적으로 또는 인간관계 때문에 힘들거나 불만은 없는지?

김민   사람을 중요시하다 보니… 무시당하거나 뭐 이렇게 느낀 적은 사실 몇 번… 잘… 거의 없다.

이원   섭섭했던 거, 일반적인 행사들 때문에 섭섭했던 거. 이야기를 하면 우리가 고칠 수 있으니까.

진미   굳이 없는 거 지어내지 말고. (우하하하)

최뿌   화장실 좀 한 번씩 돌아가면서 갔다 오자.

김민   구종현 샘 가시고 행복해졌나? (우하하하하핫)

진미   아무리 관리자 때문이 아니라고 해도 ○ 교감님이 가신 게 제일 크지 않을까?

김민   지금 교감 선생님 오셔서 좋긴 한데 사실 그거 때문은 아니다. ○ 교감님이 많은 사건이 있었지만.

진미 민선은 ○ 교감 선생님이 말하면 '네~' 하고 안 한다고 남옥이 말해 주더라.

김민 사실은 신경 안 쓴 거 아니다. 그때 대처할 수 있는 최선의 방법. 그때 당시 '네'라고 하면 평화를 찾을 수 있으니까.

진미 그 교감님은 네, 하고 안 하면 수업시간에 교실로 전화했다. 그때 출장 문제로 유진 샘이 곤욕을 당했다. 우리가 유진 샘보고 그 출장 가지 말라고 말했다. 우리가 협의한 대로. 그래서 유진 샘이 '네' 하고 안 갔는데 교감님이 교실로 전화해서 버럭 화를 냈다. 일대일로 얼마나 약한 사람들이 당했는지 모른다. 강한 사람들한테는 안 그랬다. ☆ 교감님도 그랬다. 정말 다 관리자분들이 다 그랬다. 다 교장 샘부터 지금까지는 그런 분들이 없다.

김진 본인이 강해진 거 아니가? (일동 웃음) 맞잖아. 니가 지금 실세잖아.

진미 뭐가? 진짜 내가 그거 때문에 부장한테 느거 알아서 못하나 했는데 소용없었다. 민선이가 당한다고 생각했던 거 나도 당했다. 학교에서 나만 모르는 일이 있다. 그걸 알려면 이 사람들한테 붙어 있을 수밖에 없다. 제일 속상했던 거는 번개 하는데 나는 초대 안 한 거다. 그런 일이 자주 있었다. 나한테는 연락 안 해 놓고 나중에 "연락 안 받았나?" 했다.

김진 샘이 못 봤겠지.

진미 밴드가 아니고 카톡이었다. 몇 사람만 불러 가지고… 우리 학교 샘들은 내가 봤을 때 어떤 곳에 있든지 사람을 소외시키거나 무시하는 건 아닌데 약간 편한 사람, 불편한 사람이 있다. 다 아우르는 건 아직 조금 부족한 것 같다. 그래서 자존심을 버리고 달라붙었다. 내가 김진희 샘한테 달라붙어서 많이 배웠다.

김진 계획적으로 붙은 거였네.

유승 내 일에 여유가 생기면 내가 좀 편해지고….

김민 교무행정원 3명이라서 여유가 생겼다. 그래서 행복하다.

진미 도전활동 따라가는 건 다른 학교에선 안 한다.

김민 나도 따라가서 배우는 게 많다. 아이들하고 있는 게 좋다. 선뜻 '네, 좋아요'라고 하고 싶은데 다른 사람도 있고 교무행정원이 3명이고 교무실에서 내가 나가도 별 차이도 없겠지만 내가 빠졌을 때 일이 생기면 어떡하지?

김진 눈치 주는 건 아니고?

이원 내가 눈치 준다.

김민 아무도 안 주는데 내가 눈치를 본다. 따라갔을 때 별 도움이 안 될 거라 생각하니 선뜻 '네, 좋아요'라고 못 하는데, 샘들은 부담스러워서 그런가 생각한다. 도전활동 따라가고 그런 건 크게 힘들거나 그렇진 않다. 나도 즐겁다.

이원 민선 샘이 만만하고 편하니까… 다른 샘들도 가자고 하면 좋아할 텐데.

김진 민선 샘을 콕 집어서 가자 하나?

이원 돌아가면서 하면 좋겠다. 가는 것에 대해 부담스러워하지는 않는다. 3학년 현장학습 갈 때 지키미 샘이 보조로 갔다. 지키미 샘은 애들을 전체적으로 봐야 하는데 그분이 없으면 안 되겠고 교무실에서 순번제로 가는 게 좋겠다.

김민 한참 다른 학교로 옮겨야겠다 했을 때 교감 샘과 교무 샘이 가지 말라고 했다. 사실 그때 나를 설득해 줘서 고맙다는 생각이 든다. 정말 행복하다.

유승 나는 행복학교에 들어와서 느낀 게 진짜 그림자 샘이 없었다면 내가 편하게 애들하고 활동할 수 있었을까 싶다. 화제에 들어와 보고 정말 애쓰신다는 생각이 든다. 습관적으로 아침에 공문을 한번 쓱 훑어보고는 끝이다. 교무행정원 세 분이 다 해 주시니 늘 고맙고 감사하다.

진미 세 분 안 계실 때 나한테 공문이 배정돼 있었다. 근데 어느 순간 누가 다 가져갔다. 결재 안 하고 있었는데 다 가져갔더라. 왜 없어졌지? 훑어보고 결재하려고 했는데? 정말 오랜만에 하려고 했는데… 이 사람들은 정말 발 빠르네… 그림자손이라 표현했지만 우리 학교에서는 교육의 중심인 것 같다. 아이들에 대해서도 우리보다 잘 알고 학교 사정도 잘 알고 우리는 남옥 샘 없으면 우짜노, 전원 내려가면 남옥 샘이 올리고. 지금은 수연 샘한테 인계인수하고 있다. 우리보다 더 학교를 사랑한다.

유승 난 사방팔방 다 소문냈다. 너무 좋은 티를 낸다. 내가 가진 체력 이상을 쓰게 된다. 오늘 아침 남편이 태워 줄 때 어제 2학년 교실에서 우리 반 애들이 각설이타령 한 동영상 보여 주면서 깔깔거렸다. 연습을 한 것도 아니고 어설픈데. 이때까지 학교에서 한 행사들은 번쩍번쩍하고 완벽한데 우리 학교에서 한 거는 너무 어설프다. 그런데도 내가 너무 좋아하니까 오늘 넘어오면서 남편이 뭐라 하느냐면 '아, 지금까지 내가 화려한 겉치레에 너무 익숙해져 있었다. 왜 내가 그렇게 수수하고 아이다운 모습에 행복해하는지 알겠다'라고 했다. 아무 눈치 보지 않고 아이들한테 던져 줄 수 있는 힘이 있다. 그 정도면 잘하고 있다고 해 주는 말들이 나에게 큰 힘이 되었다. 그전의 교직생활하고 다른 경험을 하고 있다. 나중에 지나면 어떤 모습으로 나올지 모르겠는데 그래서 더 나를 돌아보게 된다.

김진　우리가 지금까지 해 왔던 학예회가 남한테 어떻게 보일까… 못하면 그 애가 미워 보이기도 했다. 지금은 우리가 보는 관점이 달라졌다. 무엇보다 아이들을 사랑의 눈길로 보니까.

진미　처음에 와서 치어댄스 했다. 아무도 옷 안 빌렸는데 나는 빌렸다. 의상 대여. 몸치라서 춤추기 싫다 하고 학교 가기 싫다 하는 아이도 있었다. 그런데 결국 아이들이 해내는 거다. 지금까지 아이들 사이에서 회자되고 있다. 옛날에 했잖아요, 진짜 힘들었는데 진짜 박수 많이 받았잖아요, 그런다.

김진　다시 한 번 보고 싶다. 절도 있는 동작.

진미　좁은 교실에서 19명이 연습했는데… 얼마나 뒤에서 욕했을꼬.

최우	욕 안 했다.
김진	야영 때 한번 하자. 재밌겠다.

2. 라이프 온 마스

작년에 〈라이프 온 마스〉라는 드라마가 있었다. 주인공이 현실과 가상의 세계를 왔다 갔다 하는 이야기인데, 마지막 장면이 다소 충격적이었다. 지지부진하지만 가족이 있는 현실의 세계를 선택할 줄 알았던 주인공이 결국 가상의 과거 세계로 돌아가는 것으로 끝이 난다. 자신이 웃는 곳이 진짜 세계라는 의사의 말이 결정적이었다. 그 웃음의 뒤에는 따뜻한 동료들이 있었다. 티격태격하지만 나를 지지해 주고 진정으로 대해 주는 동료들… 그 장면을 보면서 화제의 동료 아니, 화제 가족들을 떠올렸다.

여러분들이 생각하는 동료애 또는 공동체란 어떤 것인지? 지내 오면서 이런 걸 느꼈던 적이 있는지?

최뿌   어제 '책 익는 밤' 할 때 어머니들이 도우미로 오셨다. 그때 어머니들이 "애들은 원래 좋아하고 저희도 애들이 좋아하고 즐겁게 보내는 건 좋은데 선생님은 많이 힘드시겠다"라고 말했다. 제가 "어머님들이 좋으시면 저도 좋습니다." 하니, "아이고, 어떻게 그런 말씀을…"이라고 했다.

김진　무슨 말을 한들 안 좋아하시겠나!

최뿌　우리 교사들, 교직원들도 마찬가지겠지만 학부모님들과의 팀워크도 중요하게 생각해야 할 부분이다. 내가 두 분 정도만 오시면 될 것 같다 했는데 네 분 오시고 전에도 도와 달라 했을 때 항상 요청한 인원보다 두세 분씩 더 와 주셨다. 항상 고맙게 생각하고 또 그렇게 말씀드린다. 어머님들도 학교 와서 선생님하고 아이들하고 지내는 모습 보고 더 도와주고 싶어 하신다.

진미　직원들하고 팀워크를 느껴 본 적은 없는가?

최뿌　시선을 다르게 제공했는데.

진미　궁금해서.

최우　없단다. (웃음)

김진　처음에 행복학교 시작할 때 조금 힘들었다. 교사 대 관리자의 구도가 되면서 우리의 뜻을 관리자에게 관철시키는 게 힘들었다. 그때 내가 미안하고 부족했다고 느꼈던 부분이… 구종현이나 최우영이 참 잘 버텨 줬다는 생각이 든다. 둘이서 참 잘해 줬기 때문에 나는 아무것도 신경 안 쓰고 내가 하고 싶은 교육활동을 할 수 있었다. 그런 고마움을 늘 안고 살았다. 그렇게 하면서 사소한 부분에서 동료애가 쌓였던 것 같다. 사람들 앞에서 사례 발표를 하게 될 때 이런 생각이 많이 든다. 나 혼자가 아니라 내 뒤에 화제의 동료들이 있다, 생각하면 사람들 앞에서 떨리는 게 덜하다. 혼자서 혈혈단신 서 있다 생각하면 엄청 떨릴 텐데 동료들이 나를 지지해 주고 있다 생각하면 그게 덜하다. 그게 힘인 것 같다. 우리가 느끼는 것들이 우리 아이들한테도 고스란히 가는 것 같다. 아이들이 그러면서 더 돈독하게 지냈으면 좋겠고 우리도 교육공동체로서 잘 지냈으면 하는 바람.

최우　2016년에는 부장을 안 했는데 그때는 고민을 많이 했다. 2017, 8년 부장을 하면서 평교사들이 모르는 고민을 하면서… 그때는 자존감에 대한 이야기를 되게… A, B의 자존감을 지켜 주고 있는가 고민했다. (전화벨 소리~ 여보세요? 회의 중이다.)

최뿌　흐름이 끊겼다. 평교사분들 잘 들어 주십시오. (칙~ 캔 따는 소리)

최우　분명한 건 뭔가를 엄두 낼 수 있다는 것. 힘들어도, 뭘 하든 엄두 낼 수 있다는 것. 무모하게 같이하는 사람들이 있으니까. 조바심 내지 않고 조금 준비하면 할 수 있겠다는 51프로 대 49프로. 내 마음이 51프로. 그게 서로 밴 것 같다. 서로한테. 그게 큰 힘이 되고. 갈등도 같이 겪고 술도 같이 먹고 하면서 내가 성장할 수 있는 큰 버팀목은 새로 배우는 것이 아니고 관계를 맺는 것. 아내가 하는 이야기가 "학교에서도 그러나?" 한다. 뭔가 허술하니까. 근데 내가 여기 오면서 내 모습을 찾은 것 같다. 예전에는 감당해야 한다고 생각하는 경우가 많았다. 보이는 모습에 대한 부담감이 있었다. 수업도 그렇고. 어느 순간, 여기 와서 내 모습을 찾은 것 같다. 어디 빈 듯한 느낌. 잘해야 되고 감당해야 하고 참아 내야 한다는 생각이 되게 강했다. 업무나 그런 거는 내가 감당해야 된다. 거기서는 내 모습을 숨겼다. 어느 순간 여기서 지내다 보니 애들도, 자연환경, 동료들도 그렇고 내 허점을 보여 주는 게 부끄럽지 않다. 집에서나 학교에서나 비슷해졌다. 자연스러워졌다. 나를 그렇게 봐 주는 동료들이 있어서 그런 것 같다. 일에 대한 완성도나 이런 걸 따졌으면 첨예하게 나를 감시했을 거 같은데 사람들과 지내다 보니 잘해야겠다는 생각을 내려놓게 되었다. 만남 자체가 자연스럽게 됐다.

김진 그전 학교에서는 교사들끼리 견제를 많이 했던 것 같다. 지금도 그런 것 같다. 남을 의식하고. 동료성이 희박하다. 파편화된 삶을 사는 것 같다. 내가 지금껏 지내온 학교들이 그랬다. 동료성이 뭘 말하는지 모르겠지만. 옷하고 가방하고 그런 이야기를 나누고 적당한 거리를 두고 적당히 관계를 맺는… 화제는 특수한 상황이기도 하고 서로 감출 게 없고 감출 수도 없다. 다 드러난다. 그리고 우리가 해야 할 과제가 있으니까. 너도나도 달려들면서 으샤으샤 하면서 좀 더 끈적끈적해지는 것 같다.

최우 좋은 사람이 되는 것 같다. 원래 좋은 사람이라서가 아니라 화제에 와서 좋은 사람이 되는 것 같다. 서로 영향을 미치는 것 같다. 열심히 하려는 생각도 들고. 누군가 흘리면 누군가 치워 주고. 똥 싸 놓고 가도 누가 치우고. 나도 마찬가지로 누가 흘린 게 있으면 닦는다. 완벽하지는 않지만.

김진 그런 것도 있고. 자발성도 있고. 서로가 스스로 도는 지구처럼 각자 주인이 되었다. 자영업자는 손님에게 잘한다. 근데 알바나 종업원은 정해진 대로만 한다. 우리가 자영업자가 된 것 같다. 우리가 손님을 맞는다 하면 그 평판이 바로 나에게 오기 때문에 더 잘하려고 하는 것 같다. 그런 눈길을 의식한다. 이왕이면 잘해 보고 싶다. 우리가 주인이기 때문에 지나가다 더러운 게 있으면 치우고… 교장한테만 쓰레기가 보인다고 하는데 내 눈에도 잘 보인다. 우리가 다 교장이야… 이런 말 하면 안 되겠제….

최뿌 교장까지 진짜 얼마 안 남은 거 아닌가?

진미 이사장!

김진 이사장? 김사장인데?

김진 그게 자발적인 것에서 시작된 거고 그게 주인의식하고 연결된 것 같다.

진미 이 학교 와서 내 마음에 안 들면 떠나면 되지, 생각했다. 한 사람씩 나가고 내년에 나도 나갈 수 있지만 그래도 이 학교를 지탱했던 사람들이 빠져나갈 때 어떻게 될까, 무거운 짐이 나한테 주어졌을 때 어떡할까, 도망갈까, 선생님들은 어떨지 모르겠지만, 그런 두려움만 있는 것 같다.

김진 혼자 하는 게 아니다. 진미령 샘 자체가 초기와 많이 달라졌다. 아주 자연스럽다. 적어도 화제는 혼자 독박 쓰게는 안 한다. 하게 되면 더 잘할걸?

김희   다른 학교에서는 학급에 대한 책임, 업무에 대한 책임도 오롯이 나한테 주어졌는데 여기서는 그렇지 않다. 작년에 가을계절학교를 맡았는데 계획을 세우고 다 같이 하고. 내가 한 게 아무것도 없더라. 이래도 되나? 이번에 '시함께하지'도 계획만 세우고 나중에 보니 샘들이 다 해 놓더라. 이렇게 저절로 이루어져 간다는 느낌이 참 든든하다. 우리 반 아이를 나만 책임지는 게 아니라 모든 선생님들, 교직원들이 지나가면서 한 마디씩 해 주면서 '우리 아이들'이라는 느낌을 준다. 그 속에서 내가 할 수 있는 어떤 것들, 해 보고 싶은 것들이 자라나기도 하고 그게 내 욕심에서 벗어나 같이 되면 좋고 안 되면 그만이고. 편안해진다. 그저께 백동초에 갔을 때 서창초 보건 샘을 만났는데 나보고 행복해 보인다고 하더라.

최뿌   2018년에서 19년으로 넘어올 때 교직원 규모가 커지면서 사람들이 많이 들어오고 나가고 구성원들이 근래에 제일 많이 바뀐다고 생각했다. 행복나눔학교를 할 때 변화 속에서 지켜 가야 할 것도 있고 사람 중심이니까, 그 사람들 사이에서 바뀌어야 될 점도 있고. 변할 건 변하고 지킬 건 지키고.

최우   중심은 그거다. 어떤 게 있을 때 같이 걱정해 주는 것, 그거는 우리 학교 전체가 다⋯ 희진(가명, 특수 아동)이 경우도 누구든 희진이를 따뜻한 눈길로 바라본다. 희진이가 그걸 다 느낄 거라 생각한다. 도움이 필요한 친구한테도 더 따뜻하게 다가가고 안아 주려는 기운들이 애들한테 다 간다. 그래서 아이들이 더 씩씩해지고. 그런 분위기는 계속 가야 한다. 서로 지지해 주고 응원해 주고 적극적으로 개입하고. 그런 것들이 우리 학교를 끌고 가는 힘이다.

화제초를 떠나 다른 학교로 간다는 건 지구에서 또 다른 행성으로 옮기는 것과 마찬가지로 고통스럽고 힘들게 느껴진다. 호흡법부터 새로 익혀야 할 것만 같다. 이에 대한 각자의 고민을 들려 달라.

이남   행복학교 하기 전 나 혼자 있었다. 교무실 직원도 아니고 행정실 직원도 아니고. 교무실에 있지만 회계 직원이어서 행정실 소속이라 생각했지만 행정실에서는 내가 교무실에 있기 때문에 교무실 직원이라고 했다. 그래서 내가 알아서 해야겠구나, 힘든 일 있어도 말 못하고. 행복학교가 되고 같이 일할 동료가 생겨 너무 좋았다.

진미   견제 안 했나?

이남   행복학교 하면서 나한테 선택할 권리를 줬다. 나한테 의견을 물어 주셨다. 나이 어린 직원 뽑을 때 선입견이 있었는데 나이 많으신 분 뽑는다면 모르는 분보다 아는 분 있으면 좀 편할 거 같다, 그런 식으로 의견을 물어 줘서 좋았다. 다행히 민선 씨가 너무 좋았다. 첫해는 뭘 해야 될지 몰랐다. 간단한 업무만 하다가, 어느 선까지 해야 되는지. 거기다가 같이 있는 민선 샘한테 해 줄 수 있는 게 거의 없었다. 그러다가 처음에 힘들었고 그다음 적응이 되면서 선생님들이 민선 씨가 어리니까 많이 시키는 느낌. 어느 날인가는 마무리도 못하고 가는 경우가 있다. 너 일 같이 해도 된다 해도 안 넘기고 자기가 처리하려 했다. 친구한테 고민을 말했다. "나는 존재감이 없다"고 하니까, "일 안 하니까 좋지"라고 말했다. 옆에서 보니까 미안하고. 근데 2학기엔 좀 편해졌다. 그러다 3년 차 됐을 때는 습관이 되어 버렸다. 행사 있으면 자동으로 하게 되고 나눔학교를 한다 하니까 어떻게 일을 하는지도 모르겠고 샘들은 하던 대로 하면 된다 하지만 내 입장에서는 외부인이 많이 오니까 신경 안 쓸 수가 없다. 직원이 한 명 더 오니까 고민이 되고. 수연 언니가 온다 하니까 불러 보자… 근데 걱정도 되고. 일 많은데… 3명이면 삐걱할지도 모르니까. 근데 수연 샘이 같이한다는 마음으로 오겠다고 해서 왔는데 내가 민선 씨한테 해 줄 수 없는 부분은 수연 샘이랑 하고. 행복은 나누면 나눌수록 더해진다고, 3명 되니까 분위기가 더 좋다. 내년에 내가 나가야 하는데 갈 데가 없다. 선생님들처럼 점수가 있는 것도 아니고. 우리들은 경력밖에 없다. 나가 봐야 똑같다. 행복학교에서 오니까 이 정도는 하겠지, 하면서 업무를 떠넘기겠지? 처음에는 내가 이 학교를 잘 알겠지, 하고 나한테 이야기를 하지만 지금은 민선 씨가 더 많이 안다. 샘들도 민선 씨한테 다 말하고. 오늘 이 일도 민선 씨한테 들었다. 다른 학교 가면 서로 사이좋게 지내다 또 혼자가 된다. 어디로 가야 하나 집 근처로? 초등, 중등? 다시 행복학교 하기 전처럼 혼자 고독하게 지내야 하나?

최우   행복학교에 있는 교무행정원들이 다 열심히 하니까 분위기 좋은 학교는 우리 교무행정원이 어디 가면 안 된다고 계속 있게 해 달라고 한다. 우리도 마찬가지고. 그 부분은 지켜봐야 할 거 같다. 혁신과에서 한다. 이야기를 좀 해 봐야되겠다는 생각이 든다.

유승   행복학교 교무행정원들이 하는 일. 수연 씨는 남옥, 민선 씨가 있으니까 잘 적응하지. 일반 학교 있다가 행복학교 가면 힘들다. 행복학교가 이미 4년을 지나왔기 때문에 그동안 교무행정원들의 전문성은 4년 동안 쌓였다. 다른 걸로 대체를 못한다.

이남   행복학교에 있는 사람들한테는 점수를 줘야 한다고 말하는데 일반 학교에서는 자기들도 다 하는데 행복학교 행정원들만 점수를 더 주면 안 된다고 한다. 그럼, 행복학교 오시라고 하면 그건 또 싫다고 한다.

김민   연구학교 행정원들도 다 하고 있다고.

김희   연구학교하고 행복학교하고는 다르다.

이남   연구학교 하면 평소보다 많이 한다고 생각한다.

김희   일은 많으나 종류와 질이 다르다.

이남   ○○초 행정원들도 지금 이렇게 일하다가 다른 학교 가서 잡다한 일을 못하겠다고 말한다.

최우   어제 후배들이랑 술을 한잔했다. "형님 뭐가 달라요?" 해서

"다른 것 없다"고 했다. (부시럭부시럭, 한쪽에 눕는 소리⋯)

진미   이런 거는 녹음 안 되나?

최뿌   지금 김진희 샘은 편안한 자세로⋯.

김진   오염하제?

최우   시간이 많으니까 애들한테 집중하는 것 같다. 후배들은 자기들도 집중한다고 한다. 그들은 업무를 하면서 집중하는 거다. 여기서 시간 확보, 아이들에 대해 오롯이 고민하는 것, 그걸 못 보여 준다.

김희   단순히 시간 차원의 문제가 아니라 학교 행사도 업무로 받으면 그 행사를 진행하고 고민하는 데 있어서도 업무로 진행되는 거다. 아이들에 초점이 맞추어지는 게 아니라 자기가 맡은 업무를 처리하는 걸로 한다. 관점이 다르다.

진미   우리는 모든 업무나 모든 행사들이 교육과정 속에 다 들어 있다. 다른 학교는 그거랑 별개로 진행된다. 우리는 그 시간이 내 교육과정을 운영하는 과정이다. 그러니까 집중 안 할 수가 없다. 계절학교든 도전활동이든. 다른 학교는 어떤 사람이 하던 걸 그대로 받아서 한다.

유승   담당자가 초안을 짜서 그것에 대해 이렇게 저렇게 편하게 말 못한다. 담당자가 짜 왔는데 이건 좀 이렇게 하자고 말하면 왜 일을 이렇게 복잡하게 만들지? 생각한다. 몇 번 입을 떼다 몇 번 경험하게 되면 결국 입을 못 연다. 몇 번이나 시도해도 상대방이 그렇게 받아들이면 말을 못한다. 우리는 이야기가 산으로 갔다가 바다로 갔다가 하늘을 떠다니다가 자유롭게 막 떠다니다가 이거 한번 해 볼까…. 시간은 오래 걸리더라도 정리가 되고 추진이 되거든.

최뿌 '우뗳노?'가 되고 안 되고의 차이 아닌가?

진미 그렇지. 모든 '우뗳노'가 다 되지. 나는 이번에 실장님이 많이 변했다는 생각이 든다.

김희 작년하고 올해 느낌이 다르다. 맞다.

진미 이번에 책을 주문하는 업무를 맡았다. 엄청 이상하게 기안을 올려서 세 번 네 번 다시 했다. 실장님, 내가 수업 중이라 마음이 급했나 보다, 말했더니 수업 중이에요? 수업 중이면 하지 말라고 하더라. 업무 위주의 사람이었는데 내 수업을 안 건드리려고 존중해 주려는 모습이 감동적이었다. 운영위원회도 안 했는데 교감 선생님, 민선 씨가 그거 내가 알아서 다 할게요, 니가 잘못한 게 아니다, 하고 일을 처리해 주는 게 정말 감동이었다. 항상 그런 거 하나 못 하나, 질책받고 야단맞던 것하고 다르다. 옆에서 다 해 주니까 무얼 해도 안 하고 싶다는 생각이 안 든다. 참 고마웠다.

김진 어쩌다가?

진미 나람 주무관이 오면서 한 명이 더 늘면서 여유가 생겼다.

최우 실장님은 우리 학교가 마음에 들기 시작해서 형준이(실장 아들)를 우리 학교에 보낼 생각이 있다. 어떻게 보면 우리 학교를 좋게 판단한 거다. 맨날 계획도 바꾸고 돈(예산)도 마음대로 쓰는 것 같은데 그래도 그런 것들이 자기 나름대로 괜찮다고 보이니까 애를 데리고 오고 싶은 거다. 얼마

전에 행정실장 모임 갔다 와서 우리 학교는 소통이나 이런 것들이 잘되고 있는 것 같다고 했다. 그러면서 생각이 바뀌게 된 것 같다. 아들을 보내고 싶은 학교가 되었다는 건 중요하다.

최뿌 다른 행성으로 옮기시는 분?

유승 나 여기서 나가 일반 학교를 가라 하면 명예퇴직 해야 되겠다. 못 돌아갈 것 같다.

김진 플라톤의 동굴론. 실상을 알고 나면 다시 동굴로 못 돌아간다. 새로운 세계를 맛봤기 때문에 다시 못 돌아간다.

유승 학습연구년을 하고 학교로 돌아가면 대부분 명퇴하는 사람들이 많다. 나는 알겠다. 나도 연이어 파견 안 했으면 명퇴했을 거 같다. 오죽했으면 학습연구년 마치고 나면 1년 의무 근무를 명시해 놓았겠나. 명퇴 못하게. 그런데 다시 돌아가라면 못 간다.

김진 답을 모르겠다. 그만두고 내가 하고 싶은 거 규칙적으로 도서관 가서 책 보고 글 쓰고 그렇게 살고 싶다.

유승 그사이에 아이들이 없다고 생각해 보면… 아이들이 있을 때는 한시적이다. 나도 한동안 갈등하다가 명퇴를 포기하고 학교로 돌아온 이유는 아이들을 만날 수 있는 시기는 정해져 있기 때문이다. 그래서 들어왔다.

김진 아이들을 못 본다는 게 좀 그렇다. 아이들한테서 받는 에너지가 어마어마한데.

최뿌 꽃나루터(화제초 사랑방)에는 계속 올 건가?

김진   올 수 있으면 온다.

이남   행복학교 교무행정원은 행복학교로만 돌아다니라는 말이 있다. 행복학교 끝나면 그만둬야 한다고 생각한다. 바깥 사람들은 이미 행복학교인 걸 알고 지원하고 가면 점수를 주면 안 된다, 이런 식으로 이야기한다.

진미   과학보조 없어지면 그 사람들 그만두나? 아니다. 어디 부족한 데 간다. 연계가 된다.

최우   걱정하지 말라. 행정이란 게 원칙이 있으니. 자기 편할 대로 자기 입장에서 이야기하는 거니까.

유승   행복학교에 교무행정원이 추가 배정되면서 교무행정원의 전문성에 대해 고민하기 시작했다. 그러면서 행정원들 사이에 변화가 오고 있다. 전문성이 생긴다는 게 학교에서 내 자리가 생긴다는 거다. 잡일을 한다면 아무런 전문성이 없다. 이 시기가 지나면 그 자리에도 전문성이 생길 거다.

김민   행복학교 행정원은 행복학교만 돈다, 이런 고민… 올해는 남아 있지만 내년에 가야 된다 생각하니 또다시 불안감이 생긴다. 다른 학교에 한 번도 나가 보지 않았기 때문에. 큰 학교에 대한 이야기를 들어 보면… 이 학교 분위기를 보고 느꼈는데 막상 나갔을 때 잘 적응할 수 있을까.

최우   우리 교사들도 그렇다. 과연 내가 다른 학교 갔을 때 여기 있었던 것들을 같이 고민하고 풀 수 있을까. 내가 되지도 않는 얘기를 했을 때 인정해 주고 받아들이고 같이 웃어 주고. 이런 분위기가 있나. 스스로 검열을 해야 하고. 사전

경험이 있기 때문에 그런 우려가 있다. 같은 행복학교라도
느낌이 다를 거고.

최뿌 잠시 휴식하겠습니다.

3. 선생? 생선?

선생을 거꾸로 하면 '생선'이다. 구태의연, 복지부동하는 비린내 나
는 생선이 아니라 먼저 태어나 삶을 살아 보고 후생들에게 생생한 이
야기를 들려줄 수 있는 선생이 되려면 시대의 흐름을 알고 지혜로워야
할 것 같다.

우리는 어떤 선생이어야 할까? 아울러 아이들에게 어떤 이야기를 들려주고 싶
은가?

최뿌 『불량한 자전거 여행』을 읽다가 낯이 익은 삽화가 있었다.
처음 교육과정을 준비하면서 반복적으로 읽을 때는 책에
만 집중했는데 읽으면서 이런저런 얘기를 하다 보니 예전
얘기도 하게 되고… 근데 읽다가 (책을 펼쳐 들며) 요 삽화
를 보고 되게 낯이 익었다. 연구회 밴드에 올렸는데. 왜 느
낌이 다를까 했는데 책 내용이 하동, 섬진강, 화개장터 관
련 이야기인데 내가 몇 년 전에 (도전활동) 갔던 곳이었다.
사진 찾아보면 나올 것 같아서 찾아보니 있었다. 그걸 발견

하고 이 얘기를 애들이랑 한번 해 봐야겠다, 생각했다. 애들은 지나가는 얘기라고 생각할지 모르겠는데 애들한테 직접 소개를, 첫해 도전활동(하동 토지순례길) 가면서 그 아이들이랑 있었던 이야기, 겪었던 이야기 등을 들려주니까 애들이 다른 때보다 더 신기해하고 엄청 재밌어하는 게 느껴졌다. 그래서 '우리는 어떤 선생이어야 할까, 어떤 이야기를 들려주고 싶은가'라는 질문을 봤을 때 이 생각이 났다. 내가 경험했던 것, 내가 교육적으로 의미가 있다고 생각하는 것들을 아이들도 아, 선생님이 직접 해 봤던 거구나, 선생님이 이게 우리에게 도움이 될 거라고 생각하고 이야기해 주는 거구나 하고 서로 같은 마음이 되는 것, 내가 이 장면을 보고 생각했던 것, 아이들이 이 장면을 보고 생각나는 것들이 하나가 되는 지점, 그런 느낌은 발령 이후 처음이었다.

김진   소통이 되는 느낌?

최뿌   그렇다. 나와 아이들이 하나가 되는 지점을 찾고, 이야기를 많이 나누고 싶다. 그런 교사가 되고 싶다. 꼭 억지로 찾아내기보다 애들 각자의 삶이 있고 교사로서의 삶이 있는데 그게 하나로 만날 수 있는 지점을 같이 찾는. 그걸 아이들이 알아줬으면.

김진   '책 익는 밤'은 어땠는지?

최뿌   작년에 처음 해 봤다. 사실 '책 익는 밤'을 하는 선생님들마다 다른 의미로 하지만 나는 내 역량도, 가치관도 있고 다른 책들을 접목하거나 다른 텍스트로 넓히거나 하는 것보다 '황산강 베랑길'이나 '불량한-'에 좀 더 집중하는 거였으면 했다. 7장까지는 했고 '책 익는 밤'으로 마무리하고 싶었다. 자신이 호진이라면 부모님과의 갈등을 어떻게 해소할 것인지 이야기 나누고, 밥 먹고 나서 지은이의 말을 읽었으니 읽은이의 말을 쓰자, 해서 하고 7장까지의 내용으로 도전 골든벨을 했다.

김진 문제는 애들이 냈나?

최뿌 내가 냈다. 진짜 쉬운 문제들도 있고 다 책에 있는 내용이다. 그렇게 큰 경쟁이라 생각 안 하고 처음부터 7장까지 내용을 기억할 수 있는 문제들로 했는데 자기들끼리 서로 니 몇 개, 니 몇 갠데 하면서 분위기가 가열되었다.

김진 아하하. 책톡동아리 연합회 모임 때 책 내용으로 동영상 찍은 게 있었는데 그것처럼 이 내용으로 영상 한번 찍으면 안 되나? 찍어서 꽃나루영화제 때 상영하자, 우뜧노, 낭만적이제?

최뿌 '책 익는 밤'을 통해서 아이들한테 다른 더 많은 텍스트로 확장이라기보다 좀 더 이 책으로 친구들과 소통하고 다시 읽었던 내용을 돌아보는 걸 의도해서 행사를 했다. 2월에 교육과정 구성하면서 중간중간에 애들이랑 같이 해 봤으면 싶은 걸 표시해 놨는데 한 것도 있고 못 한 것도 있다. 5학년 1학기가 국토단원이라 지도랑 지역 찾기를 같이 했다. '자, 지금 어디 왔지? 어디 왔지?' 표시하면서 했다.

진미 아이들 반응은?

최뿌 아이들은 싱글벙글~

진미 밤늦게까지 별다른 활동 없이? 불(개인전등) 켜 놓고 책 읽는 것은 했나?

최뿌 도서관에서 자유독서 하고 잤다. 애들이 읽은이의 말 쓴 것을 가져왔다. 두 개만. "윤장헌, 읽은이의 말, 안녕하세요? 저는 지은이의 말과 『불량한 자전거 여행』을 읽은 화제초등학교 5학년 윤장헌입니다. 『불량한 자전거 여행』을 읽으면서 슬픈 부분, 기쁜 부분, 짜증나는 부분 등등 정말 재밌고 웃기고 때론 슬픈 부분이 있었습니다. (중략) 저도 다음엔 작가님처럼 자전거 기록을 세울 거예요." 장헌이 목표가 전국일주라고 하니 애들이 의심의 눈초리를 보냈다. 이런 식으로 직접 친구들이 쓴 글을 들려주니까 친구들 반응이 되게 적극적이었다. 그리고 하나 더. 심종우. "김남중 작가님께. 저는 5학년 1반 심종우입니다. 저는 『불량한 자전거 여행』을 읽고 모르는 단어를 어떻게 알고 썼는지 궁금해요. 허태준 님은 그림을 정말 잘 그려요. 저는 당연히 못하겠죠. 『불량한 자전거 여행』 2권은 사서 읽겠죠. 『불량한 자전거 여행』 1권도 재밌으니까 2권도 재밌겠죠. 제가 계속 '겠죠'만 하죠? 제가 잘 생각을 못해서 대충 적죠? 만약에 학교에서 『불량한 자전거 여행』 2권을 다 읽고 그때는 아주 정성스럽게 할게요." 이렇게 계속 '겠죠, 겠죠' 하니까 애들이 같이 '겠죠, 겠죠' 따라 했다. 그래서 이 책에 조금 집중하는 밤이 되었다.

최뿌   어떤 생선이 되고 싶은가, 아니 선생.

진미   되게 어려운 질문이다. 원래 나는 공대생이 꿈이었다. 그렇게 교사가 되니 그림이 없었다.

최우   다 그렇다.

진미   나는 교대 말고 갈 데가 없었다. 참 한 번도 어떤 선생이 되어야지 생각이 없었다. 부끄럽게도. 그냥 주변 환경에 맞게 해 왔다. 여기 와서는 사실 나는 아이들 줄 잘 세우고… 화제 처음 왔을 때 불만이었던 게 밥 먹는데 줄을 안 세우는 거다. 내가 일학년 애들 데리고 줄을 세웠다. 이쪽 가운데로 가야 돼. 양쪽은 불바다야, 했다. 선생님들이 전부 선생님들끼리 먹었다. 나는 애들하고 같이 먹었다. 그리고 선생님들이 식사 지도를 안 했다.

김진   애들하고 같이 먹었는데? 잘못 알고 있는 거 아닌가?

진미   처음에 그랬다. 내가 생각하는 선생님들이 아마 담임선생님들이 아닐 수도 있다. 몰랐으니까. 행정실 직원들이었나… 내가 느끼기에 화제 급식소의 모습은 정말 아수라장이었다. 내가 생각하는 학급 경영의 모습이 아니었다. 나는 애들 줄 세워서 가고 바깥쪽으로 가면 안 되고 사람하고 사람 사이 간격은 30센티 돼야 해, 이렇게 가르쳤다. 그게 잘하는 거라고 생각하면서 살았다. 우리 반 학급경영 잘하고 우리 반은 조용하고 우리 반 성적도 잘 나오고 이렇게 해야 참 훌륭한 선생이라고 십 몇 년 동안 그렇게 살았다.

사실 화제 오니까 교육과정도 바뀌고 내가 아이들한테 강조했던 모습이 너무 거추장스럽게 느껴졌다. 주도면밀하고 치밀하게 줄을 세우고 밥을 먹이고 이런 것들이 되게 거추장스러워서… 그런 것들을 많이 벗어던진 것 같다. 최우영이 본모습 찾은 것처럼 내가 추구하는 인간상으로 억지로 살아가려고 했던 게 버거웠다. 그걸 벗어던지고 아이들한테 내 모습을 보여 주게 되었다. 우리 학교 애들이 최뿌리, 최우영 샘하고 내가 밥을 제일 많이 먹는다고 말한다. 내가 다이어트를 시작하면서 최뿌리 샘보다 내가 훨씬 적게 먹었다, 하니 최뿌리 샘 못 이겨요, 애들이 말한다. 그런 이야기를 아이들하고 나눌 수 있는 그런…. 예전에는 되게 자존심 상했다. 뚱뚱하다고 하고 못생겼다고 하고 선생님이 아무리 아이스아메리카노를 들고 우아한 옷을 입고 있어도 얼굴이 안 우아해요, 이런 말을 한다. 그래도 별로 상처를 안 받게 되는 게 여기에서, 내가 그런 마음을 키우는 것 같다. 그래서 아이들에게 어떤 이야기를 들려주는 것보다 내 삶을 보여 주는 것, 대화를 터놓고 할 수 있는 것 이런 게 여기서 배운 선생의 모습이다. 앞으로도 그럴 수 있을까?

김진   지금까지 교사들은 너무 권위적이었다. 우리는 싫어하면서도 그런 교사상을 마음에 담고 있었다. 그래서 우리가 교사가 되었을 때 아이들이 나한테 함부로 말하는 걸 못 견뎠다. 근데 우리나라 문화 자체가 민주적이지 못했다. 화제에 와서 지내다 보니 아이들이 그렇다고 나를 무시하는 게 아니라는 걸 알게 되었다. 그러면서 오히려 더 아이들하고 소통이 잘되었던 것 같고, 오히려 우리가 애들한테 기댈 수도 있을 것 같은 느낌도 들고. 그러면서 스스로 바뀌지 않았을까.

최뿌 발령 첫해에 내가 맡은 애들한테 미안하면서도 고맙기도 하다. 학교 오기 직전에 학교 구경하고 양산에 집을 구하러 왔을 때 우리 반 보현이하고 소담이 가족이 운동장에 텐트 치고 놀고 있었다. 그 애들은 내가 강창대 샘 다음으로 오는 줄 알고 있었다. 낯선 사람이 오니까 자기 선생님인 줄 알고 애들이 뛰어와 "우리 학교 오시는 선생님이죠?" 해서, "여기 다음 주부터 온다"고 했다. "그럼 우리 반 선생님 하겠네요." "아마 그렇게 될 것 같다." "선생님 몇 살이에요?" 그렇게 애들이 처음 얘기해 줬다. 첫날 교실에 와서 내가 소개하기 전에 긴장해서 얼어 있었는데 둘이 며칠 전에 봤다고 먼저 와서 얘기도 걸어 줬다. 그것부터 첫 학교, 첫 아이들에 대한 좋은 기억으로 출발했다. 우리 반 애들한테 내가 엄청 서툴게 대하고 해 보고 싶은 거 해 줄 수 있는 것에 대한 기준이 확실히 서 있는 게 아니어서 상처도 많이 주고 나도 상처를 많이 받았다. 그래서 미안하다. 지금 우리 반 애들하고 어떻게 비교하고 싶지 않지만 그때 첫 애들이랑 얘기가 더 잘 통했다. '내가 어떤 선생이어야 할까' 이 질문이 어떻게 생각하면 엄청 부담스럽고 큰 이야기, 거대한 질문으로 받아들일 수 있는데, 작게 생각하면 아이들의 생활과 삶, 개인 교사로서 생활과 삶이 학교에서 맞닿는 지점을 서로 같이 찾았으면 좋겠다는 것, 그런 선생이었으면 좋겠다. 그렇게 첫 애들이 먼저 다가와 준 것부터, 나를 도와준 것 같다. 그래서 참 고맙다.

김진 　작년에 이어 올해도 왕수업을 하면서 아이가 수업의 주제가 되었다. 올해는 절기수업하고 맞물리면서 '친구집 놀러 가기'하고 접목시키니까 어찌하다 보니 수업 이름 자체가 '성현이수업', '우진이수업' 이렇게 됐다. 처음에는 나도 헷갈렸다. 앞부분은 왕수업이고 뒷부분은 절기수업이어서 어떻게 진행해야 할지 모르겠더라. 왕을 다하고 절기를 해야 할지 감이 안 잡혔다. 결정적으로 '성현이수업' 하면서 성현이 프로젝트가 되었다. 성현이는 나비왕인데 5월 입하 절기수업을 먼저 했다. '나비왕은 향기로운 말을 친구한테 전해 준다.' 본문이 두 줄 정도였는데 나비왕처럼 말 전달하기 수업도 재미있었다. 그럼 향기로운 말은 뭐가 있을까, 즉석으로 생각한 거다. 두 줄짜리니까 할 게 없다. 지금도 그렇다. 수업하면서 계속 생각한다. 뭐가 튀어나오면 다행이고 계속 발길질을 한다. 안 해 본 수업이니까. 계획에 없던 건데 향기로운 말은 뭐가 있을까, 했더니 아이들이 말을 하더라. 선생님이 잘했다고 칭찬해 줬을 때, 그다음에 아침에 엄마가 잘 가, 잘 자⋯ 근데 이 말들이 너무 좋더라. 애틋했다. 그 수업이 재미있었다.

　성현이 시가 뭐냐면 성현이가 학교 올 때 너무 일찍 오거나 너무 늦게 온다, 버스 탈 때 햇살 한 줌 주머니에 넣고 온다, 이런 내용인데 그걸 가지고 버스에 주안점을 두고 우리 동네 버스 정류장을 찾아보자 했는데, 이윤서 샘이 버스 타고 성현이 집에 놀러 가면 어떨까요, 해서 그걸 받아들였다. 학교 앞 정류장을 그리러 나갔다. 마침 137번 버스가 왔다. 성현이가 "아저씨 우리 그림 그려요." 하니까, 기사 아저씨가 "그래, 다음에 나도 하나 그려도." 하시자 애들이 웃었다. 그다음에 차비 갖고 오라고 해서 버스를 탔다. 버스 시간은 소담이 할머니한테 여쭤 봤다. 정류장에서 사진을 찍고 기다리는데 진이가 "선생님, 근데 윤성이 실내화 신고 왔어요." 그러는 거다. 그냥 가자고 하면 되는데, "빨리 갈아 신고 와!" 그래서 윤성이가 학교로 돌아갔다. 그때 버스가 왔다. 우짜지, 우짜지? 애들 태우고 "아저씨, 조금만 기다려 주세요. 한 명이 안 왔어요"라고 사정을 했다. 한참 지나고 윤성이가 왔다. "안 뛰어오나?" 소리쳤다.

버스를 탔는데 어떤 할머니 한 분이 우진이보고 "느거들 어디 가노?" 하니까 "성현이 집에 놀러 가요." 했다. 그 할머니가 "학교는 안 가고?"라고 물었다. 나 같으면 어떻게 말해야 할지 모르겠더라. 우진이는 "선생님도 같이 가요"라고 말했다. '와, 말 잘한다'고 생각했다.

토교에서 내리니까 오솔길이 있더라. 짧지만 좋았다. 성현이 집이 축대 위에 있더라. 할머니 계신 줄 알았는데 엄마가 주무시고 계셨다. 토교 회관 앞 정자에 앉아서 성현이 집 그림을 그렸다. 다 그리고 한 사람씩 설명을 했다. 진이가 "근데요, 성현이 집에 금이 가서 무너질까 봐 겁나요." 이랬다. '어? 금 갔나?' 했는데 진짜 그랬다. 설마 무너지겠나, 이러고 다 돌아가면서 발표를 했다. 그러고는 둑길로 걸어 돌아왔다. 오는데 하얀 나비가 막 따라왔다. 우리가 나비왕이라고 나비가 따라온다, 했다. 꽃길이 아니고 나비길이라 했다. 그렇게 성현이수업을 하고 감이 잡히더라. 우진이 집도 가고 윤성이 집도 가고 했는데 집을 한 번 갔다 오면 애들이 달라진다.

진미   그 집 주인 아이들이?

김진   그렇다. 뭔가 자기 존재를 인정받은 느낌? 나는 너무 좋더라. 그 수업 이름 자체를, 큰 학교에서는 안 되겠지… 성현이수업, 우진이수업이라고 하니까 애들도 그 수업을 기다리게 되고 나도 수월하더라. 그러면서 뭔가 애들도 많이 놀려먹고 윽박지르기도 하고 겁도 많이 주고 그러는데 뭔가 동심이라는 게 요즘 특히 많이 느껴진다. 내가 해 줄 수 있는 게 뭐가 있겠노, 애들한테서 내가 보고 느끼는 게 더 크다. 선생의 자리는 있는 듯 없는 듯해야 된다는데… 그렇게 되어도 되지 않을까.

진미   그러기엔 목소리가 너무 크다. (일동 웃음)

김진   내가 자꾸 내 존재를 드러내고 싶어 한다. 나는 애들만 시켜 놓고 심심해서 못 있겠더라. 자꾸만 내가 끼어든다. 잔소리도 하고. 집에서는 말을 안 하지. 집에서는 잔소리 듣고 밖에서는 폭풍 잔소리.

유승 '17. 구걸하는 몽실이'를 다시 읽고 구걸하면서 느낀 점 쓰기를 했다. 쓴 걸 들으면서 느낀 게 뭐냐면 내가 말을 줄이기를 정말 잘했다, 구걸하는 게 참 어렵제, 했으면 어땠을까. 아이들 글 속에, 우리는 약간의 놀이처럼 했는데 몽실이는 놀이가 아니었다. 그런 이야기가 4학년에서 나오는 걸 보면서 내가 참기를 잘했다, 어느 순간 내가 훈계조로 말하고 싶을 때 그걸 참아야겠다. 그걸 못 참을 때가 있다. 입이 근질근질할 때가… 그냥 꾹 참으면 아이들 속에서 나오더라. 쭉 한 번씩 읽으면서 감동이었다. 몽실이가 30년을 훌쩍 뛰어넘어 마무리가 된다. 거기서 아름답다는 말이 나온다. 아름답다는 말이 무슨 말일까? 몽실이가 아름답다고 생각한 이유를 써 보라고 했더니 아이들이 동생들 포기하지 않고 끝까지 챙겼다, 끝까지 몽실이가 착하게 살았다, 온책읽기 처음인데 그 아이들 속에서 이 이야기가 나오네. 그걸 내 입으로 했으면 의미가 없었을 텐데. 그 속에서 나 오니까, 이 온책읽기는 애들이 원해서 한 거니까, 정말 교사는 있는 듯 없는 듯… 있는 듯 없는 듯하지만 교사가 치밀하게 짜 놓은 게 있어야 한다. 아이들은 전혀 못 느끼는 상태에서 스스로 찾아간다고 느끼면 그 성취감이 정말 크다.

　지금 아이들에게서 내가 정말 많이 배우고 있고, 월요일에 1~24단락이 있는데 너희들이 스스로 연극을 하고 싶은 부분이 있다면 주말 동안 생각해 오라고 했다. 그전에 나는 훈계조로 말하고 잔소리도 많이 했지만 나의 역할은 어디까지인가, 이 생각을 화제 와서 많이 했다.

김진 교사는 아이들한테 믿음직한 어른이 되어 줘야 한다. 아이들한테 이모나 삼촌 같은 든든한 존재, 친근한 존재가 되어 주어야 하지 않을까, 생각한다.

최뿌 어제 골든벨 하면서 처음에 이야기했다. 서로 붙어서 하면 안 보이려야 안 보일 수가 없다, 스스로 양심을 지키자, 했다. 다 끝나고 나서 세 명 오더라. "왜?" "선생님, 제가 누가 커닝을 계속하는 걸 봤는데요." 제보를 했다. "누군데?" "이소현(가명)이요." 근데 그걸 다 끝나고 나서 얘기한 거다. 오늘 수학 문제를 스스로 풀고 복습을 하다가 이소현이 익힘책을 냈는데 6, 7문제 중 하나만 맞히고 다 틀렸다. 한 문제가 연결하는 문제였다. 그걸 맞혔다. 자기가 방법을 알고 했으면 푼 흔적이라도 있어야 하는데 깨끗했다. 아, 이거는 백퍼센트 그림 그리듯이 한 거다, 생각했다. 그래도 물어봐야겠다 싶어서 물었다. "소현아, 이거 어떻게 이렇게 연결이 되는지 물어봐도 되나?" 했는데, 한참 말을 안 했다. "그냥 옆에 보고 그 모양으로 그렸어요." 했다. "모른다고 뭐라 한 적 없고, 틀렸다고 뭐라 한 적 없고, 모른다고 하면 선생님이 가르쳐 주는데 왜 그랬냐?" 하니까 "습관으로 그렇게 했어요. 제가 작년부터 습관으로 그랬어요"라고 했다. 옆 아이들이 다 들었다. "자기 실력 없이 그렇게 하면 나중에 더 어려운 공부를 하기 어렵다. 잘못한 건 인정하고 사과하는 게 맞지. 입 꾹 다물고 그러고 있으면 아무도 이해해 주는 사람 없다"고 했다. 답답하기도 하고… 잘 알아들었으면 좋겠다. 습관으로 봤다고 얘기했을 때 아무 생각이 안 들었다. 습관이라고 스스로 얘기하는 게… 스스로 고쳐야 한다고 생각 안 하나?

김희   나는 아까 그 질문 보면서 난 내가 좀 괜찮은 선생이 되어가고 있다고 생각했다, 작년까지. 근데 올해 다시 아이들을 만나면서 다시 내 속의 내 모습이 보이더라. 고치고 싶은 부분 중 하나가 애들을 대할 때 어느 한 순간 아주 칼같이 날카롭게 팍팍 내리꽂으면서 막 뭐라 할 때 손을 꽉 잡으면서 말을 하는 그것을 고치고 싶다는 생각이 예전부터 많이 들었다. 작년, 재작년 많이 고쳐진 줄 알았는데 올해 다시 보면서… 영찬(가명)이가 '탁, 탁!' 이런다. 팔을 탁탁, 친다. 할 말 있다면서. "아프다, 아프다, 쓰다듬어라." 하니까 '쓰윽탁, 쓰윽탁' 이런다. 이러면서 친구도 꼬집고 자기도 꼬집고 다닌다. 현수(가명)는 원래 말소리 앵앵거리는 데다 요즘에 좀 애들하고 적응됐다 싶은지 '애애애애앵~ 하지 마라고!' 어느 순간 너무 그 소리가 거슬렸다. 어느 순간 내 말이 날카롭고 영찬이 잡을 때 꽉 잡고 하는 내가 보인다. 아, 여전히 똑같네… 이러면서 영찬이한테 계속 따로 한 번씩 숙제 검사하면서 다방(다모임방)에서는 보듬어 주고 쓰다듬어 준다. 요즘에는 아침에 (스마트폰)벨이 띠리링 울릴 때마다 내 속에 떠오르는 문구가, '따뜻한 시선으로 바라보고 부드러운 말씨로 마음을 전하고 부드러운 손으로 실천할 수 있기를.' 이 말을 마음속으로 되새긴다. 내 존재가 그렇게 되었을 때 아이들이 따라 한다. 내 손이 끊임없이 영찬이를 꽉 잡으면서 부드러운 손이 되라고 한다는 자체가 웃긴다. 아이들 속에 선함과 악함이 같이 들어 있는데 어떤 스위치를 켜게 되는가에 따라 삶이 달라진다. 우리가 만나는 그 속에서 그 아이가 선함의 스위치를 놓치지 않도록 도와주었으면 좋겠다.

김진 어떤 선생이 되어야 할까. 참 어려운 질문이다. 그런 생각 안 하고 사는 것 같다. 그런 생각을 하나?

최우 안 한다. 그냥 사는 거다. 애들하고.

김진 그래 그냥 사는 거지, 수업 속에서 애들 만나면서.

진미 잘 살고 싶은 거다, 아이들하고.

최우 초임 때 남자 세 명이 발령을 같이 받았다. 나 오늘 진짜 수업 너무 잘한 것 같다. 서로가 그런다. 잘했다는 기준이 뭐였느냐면 다 했다는 거였다. 자기 나름의 열정을 가지고 했었고 애들은 알았는지 몰랐는지 모르지만 교사의 에너지에 압도되어 끌려가고 교사는 자기 흥에 취해… 그때는 내가 떠들면 수업은 성공했다고 생각했다. 그런 날은 내가 할 거 다 했으니까 좋은 수업이었다. 지금 생각해 보니 그때 그랬구나….

진미 하수네.

최우	완전 하수지. 완전 발가락 끝이었다. 뭘 알겠나, 그때. 애들이 다 따라오는 줄 알았다. 근데 요즘에는 교육과정 재구성을 하고 여러 가지 하지만, 물론 교사의 모습이 아이들한테 밴다고 생각하는데, 우리 학교 사람들이 다 선생이라는 생각이 든다. 수업을 하는 나뿐만 아니라 최 주무관님이 목공을 열심히 하면 애들이 그걸 배우고, 영양사 샘이 '잘 먹어라' 꾸준히 이야기하시는데 거기서 배우 는 것 같고. 남옥, 민선 씨가 언니처럼 보살펴 주는 것 거기서 배우고, 교장·교감 샘 맨발걷기, 화단 가꾸는 모습에서 배우고, 또 교실에서는 선생님들의 열심히 살아가는 모습들, 거기서 배우는 것 같고. 우리가 서로 협력하면서 지내면 아이들이 거기서 배우고. 학년 교육과정을 배우는 것도 중요하지만 그 이전에 일상생활 속에서 아이들한테 배어드는 것, 그런 것들이 중요하다. 가르치는 것보다 애들이 보는 모습 거기서 배우는 게 크다. 내가 가르치는 게 의미가 있을까 싶다. 가르치지 않는, 그런, 그래서 요즘 잘 안 가르친다. 알아서 해라… 선생은 가르치는 내용보다 내 생활에서 나 스스로가 만족하는 내 모습을 찾아가는 게 중요하다는 생각이 든다. 아이를 뭐라 하더라도 니가 싫어서가 아니고 그 행동에 대해 옳지 않으니까 제대로 갔으면 좋겠다는 느낌의 전달… 이런 것들을 아이들이 배우지 않을까. 교재 연구는 열심히 하지만.
진미	토요일, 일요일까지 나와서….

최우   그렇지. 요즘에는 우리 학교 모두가 선생인 것 같다. 그리고 학부모들. 학부모들이 애들을 참 따뜻하게 대한다. 니애 내 애 안 가리고. 학교가 선생이다. 자연도 선생이고 개구리도 선생이고 잠자리도 선생이고 그런 것 같다. 행복학교 네트워크 갔을 때 담당자끼리 얘기했다. 모 학교 교사는 교육과정에 대해 고민하더라. 체계적으로 뭔가를 세우고 싶은데 선생님들이 안 따라 준다고 했다. 담당자가 조급한 마음에… 우리는 그렇게 하지 않았다, 자연스럽게 선생님들이 하는 것들이 이루어지고 서로 돕고 배우다 보니 그런 것들이 문화로 자리 잡았다라고 했다. 학교 자체가 생활 교육 과정이라고. 학교 자체가 교육과정이 되어야 한다. 건물도 그렇고 생활 자체가. 옛날에는 가르치는 내용에 대해 걱정했다. 다 가르치지 못하면 어쩌나. 지금은 나 말고 선생들이 많으니까 내가 안 가르치면 누군가가 가르칠 거다, 아이들이 스스로 보고 배우는 부분이 있을 거다, 모든 사람들이 교육적인 것 같아서 그 속에서 아이들이 많이 배우겠다, 나는 내가 할 수 있는 부분만 하자.

최뿌   날씨가 급 더워지면서 6월 중순 이후로 나 혼자 텃밭에 나가 일하면 아이들이 데리러 온다. 내 피부색이 표가 나는지 아이들이 다 걱정한다. 아이들이 일을 하는 건 아닌데… 못하게 하는데… 열매 열린 것, 가꿔 줘야 하는 부분을 아이들이 놀면서 보고 따 가고 한다. 아이들도 안다. 밭에서 일 하는 게 학교에서 그냥 생태교육의 일환으로 하게 되었지만 나 스스로는 개인적인 동력을 얻기 위한 게 크다. 어쨌든 내가 맡은 일이고 해야 되는 일이다. '누군가는 하겠지'가 아니라 내가 책임을 더 지는 모습을 아이들이 보고 알았으면… 각자 학교에서 사는 모습의 양상이 다르다. 그만큼 아이들이 보고 배울 수 있고 생각할 거리가 다르다. 각자 위치에서 아이들이 스스로 배우게 하는 게 우리가 해야 할 일이다.

최우 『헬레네 랑에』 책 내용 중에 섬뜩했던 부분이 있다. 아이들은 자기가 도움을 필요로 할 때 누가 나올지 안다고 했다. 내가 위험할 때 저 선생님은 나올 거다, 저 선생님은 안 나올 거다, 직감적으로 안다. 그건 평소 보이는 양상에서 아이들이 느낀다는 거다. 나는 아이들이 어떻게 생각할까. 자기 삶을 제대로 사는 선생으로 보일지… 입으로만 살지 말자. 초등학교 아이들한테는 몸으로 부대끼고 아이들하고 같이 움직이는 게 전부다. 그 속에서 아이들이 힘든 걸 겪고 기쁨도 겪으면서 성장한다. 그 삶에 대한 태도, 옳고 그름에 대한 선도 그어 주고… 그런 것들이 중요하다.

유승 나는 매사 진지하다. 우리 반 아이들이 그래서 주눅이 들지 않을까 우려된다. 한편으로 고마운 게, 우리 반 준석이는 끊임없이 나를 찔러 댄다는 거다. 화장실 갔다 올 때 몰래 숨어 있다 놀래키고… 계속 준석이가 나를 건드린다. 윤상이는 얘기 안 하는 것처럼 와 가지고 나이가 몇 살이냐고 묻는다. 윤상이는 정확하게 대충 내가 하는 말 속에서 딱 집어내어서 "선생님 ○○살이죠?"라고 했다. "어떻게 알았어?" 놀랐다. 할머니하고 같이 사는 윤상이는 좀 다르다. 둘만의 비밀이라고 했더니 절대로 말을 안 한다. 그 아이들 속에서 내가 유연해지는 것 같다.

4. 스스로 돌며 나아가는

행복학교의 일반화에 대한 이야기들을 많이 한다. 그런데 그것이 과연 가능할까, 행복학교에서 지낼수록 의문이 드는 부분이다. 모든 학교들이 제 빛깔로 특별해지는 것이 일반화가 아닐까 싶기도 하고. 올해 우리 학교가 행복나눔학교로 지정되었다.

행복나눔학교로서 화제가 할 수 있는, 또는 해내어야 하는 부분이 있다면 어떤 것들이 있을까? 그리고 화제초의 앞날에 대하여 각자 그리고 있는 모습이 있다면?

김진   행복나눔학교에 대해 명확하게 인식하고 있나?

진미   처음 시작할 때….

최뿌   나눔이라는 의미에 대해 흐릿한 느낌으로….

김진   우린 살고 있을 뿐인데 이름이 붙은 것 같다.

최우   하다가 안 되면 반납하자, 했다. 특별한 것 없이 하자, 공간혁신이라든지 좋은 부분이 있다. 그 밖에 요청 사항들이 있다. 그 밖에 새로운 것들이 있나?

김희 　이번에 행복 네트워크 모임에 갔을 때 나눔학교 하고 싶어서 하는 것 아니지 않으냐고 물었다. "아닌데, 좋은 것도 있고 해서 우리가 한다 했는데." 하고 말하니까, 그래도 힘든 점이 있지 않으냐고 말해 보라고 했다. 딱히 없는데… 자꾸 '나눔학교 억지로 한 것 아니냐, 힘든 것 없느냐'고 해서… 얘기할 게 없어서… 거기 최우영 샘 친구분이 있었는데 그분이 자꾸 묻더라. 그래서 속으로 최우영 샘이 무슨 말인가 했나 싶었다.

진미 　(행복나눔학교) 계획서 쓸 때 뭘 하자는 말이 많았다. 계획서를 쓰는 순간, 다 내 일처럼 느껴졌다. 남편이 내 사주를 보고 말했다. 니는 올해 담임을 하면 편할 거고, 안 그러면 되게 힘든 한 해가 될 거라고 말했다. 계획서를 쓰는데 연초에 봤던 사주가 떠올랐다. 뿌리 샘이 1정 받으면 물려줄라고… 계획서 쓰는 것 자체도 내가 못하겠구나, 뿌리가 많이 덜어 줘서 했지만… 다음번에 못하겠다는 생각이 들었다. 선생님들이 계속 일거리를 던져서 계획이 장난이 아니다. 4년 차에는 여기가 유토피아가 되어 있다. 자연생태환경이 잘되어 있고 수백 명이 뛰어놀고. 그런 것들을 만들어 내고 나눔을 해야 되고. 근데 예산을 보는 순간 (줄어서) 마음이 놓였다. 교육청에서 요구하는 것도 요 정도겠다….

김진 　진미령 샘이 말을 잘한다. 요즘 실세다. 진미령의 시대가 돌아왔다. '시함께하지' 할 때도 놀랐다. 진미령 샘이 너무 많은 걸 했다 싶더라. 아이들이 시노래에 리코더 연주까지. 대단해 보이더라.

진미 부끄러웠다. 저걸 그렇게 콘셉트를 잡는 게 아니었는데….

최우 부끄러움은 교사의 몫이다.

김진 학부모들은 안 그렇다. 자기 애들이 못하면 자기가 부끄러워한다.

진미 김진희 샘한테 너무 미안하더라. 진행하는 데 너무 고생하는 것 같다. 재미있게 하려고 하는데 아무도 안 따라 주고.

김진 난 안 힘들었는데.

최우 우리는 잘 모르지만 우리 학교를 잘한다고 얘기한다.

유승 행복학교 1기 때부터 여러 학교를 돌아봤는데, 다니면서 왜 이럴까, 안타까운 생각이 많이 들었다. 화제처럼 풀면 안 되나, 생각했던 것들이 여기 와서 4개월을 보면서 하나씩 하나씩 검증을 하게 된다. 내가 하고 다녔던 말에 대한, 내가 했던 것들에 대한 검증. 나보고 이상적이라고 했는데 내가 헛소리만 한 건 아닌 것 같다. 여기 오면 모든 걸 긍정하고 지지하고 어떤 말이든, 부족하더라도, 센터에 있는 사람들은 나름 다 운동했던 사람들인데 그 분위기가 너무 다르고… 나보고 되게 이상적이라고 했다. 정말 나는 이상적인 사람이고 실행이 불가능하나, 싶었는데 여기 와서 하나씩 검증하면서….

김진 혁명가는 이상주의자라고 한다. 옛날에는 피상적이었는데 화제 와서 실감 난다. 화제 오기 전 나는 땅에서 10센티미터 떨어져 있는 사람이었다. 사람들이 그렇게 말했다. 현실에 발을 붙이고 있지 않고 붕 떠 있는 모습이었다. 화제 오면서 내가 이상적, 뜬구름이라고 생각했던 게 현실이 되었다. 일단 내 말을 잘 들어 줬다. 다른 데서는 내 말을 뜬구름 잡는 소리라고 안 들어 줬다. 그래서 엉뚱한 이야기, 드라마 얘기만 했는데 근데 그게 실현이 되고… 결국 이상이 우리를 이끌고 가는 것 같다. 이상이 머릿속에 살아 있다면 우리는 그쪽으로 가지는 게 아닐까. 우리가 바라보고 가야 할 별이라고 생각하면, 우리는 좀 더 가까이 가게 되는 것 같다. 화제에서 그런 걸 많이 느껴서 정말 여기가 낙원, 별천지 같다. 나하고 정말 잘 맞는다.

김희　사랑어린학교에서 학교를 어떻게 해 나갈 것인가, 100년 앞을 내다보니까 마음이 조급해졌다더라. 1,000년 후의 학교로 바꾸니, 이상이 분명 있고, 그것을 놓치지 않고, 당장 성과를 만들어 내려는 욕심에서 가벼워지더라는 것. 마음속에 품고 있는 것을 놓치지 않고 가되 그것을 당장 내 눈 앞에 성과를 만들어 내겠다는 욕심에서 편안해지면 어느 순간 조금 조금씩 가까워지지 않을까.

김진　좀 젊은 나이에 이런 학교를 만났으면 했는데, 한편으로는 지금이라도 만났으니 다행이다 싶다.

최우　나는 여기 와서 '경험', '산 시간'이 되게 중요하다 생각하게 되었다. 경력 15년 이상의 사람들. 선배 교사들이 보여 주는 것들, 우리한테 비치는 것들이 긍정적으로 작용했다. 삶이 좀 어우러져야 되겠다 싶다. 옛날에는 신규들 오면 놀기 좋으면 된다고 생각했다. 선배 교사들이 그만큼 자기를 덜어 냈고 우리도 배울 건 배우고 이런 것들이 잘 어우러진 것 같다. 경력이 많은 분들이 새로움이 떨어진다고 생각하는데 되짚어 보니까 너무 많은 것들을 쌓아 오신 분들이다. 그분들의 이야기들이 나왔으면 좋겠다. 누구나 자기 목소리를 낼 수 있는 학교, 다양성이 있는 학교. 이런 분위기가 일반화될 수 있는 요소가 아닐까.

유승 다른 행복학교에서 생기는 갈등이 뭐냐면, 예를 들어 '빨간색이야'라고 하면, 다른 색은 있을 수가 없어. 조금이라도 섞이면 안 된다. 새로운 샘이 들어오면 이 색이 정답이다, 이 색으로 살라고 한다. 근데 화제는 "우리 학교는 이렇지만 그렇게 한번 해 보세요." 한다.

　　사랑의 저금통 두 자루가 다방(다모임방)에 늘 있었다. 저게 뭐지? 3, 4학년용이라고 누구도 말 안 해 줬다. "내일까지 (모금한 것) 다 가지고 오세요." 하는데, "4학년은 안 받았는데." 했다. "좀 연기해 주면 안 될까?" 하니 한 달 연기해 줬다.

김진 그게 자발성이다, 샘만 그런 게 아니고 다 겪었다.

진미 우리 학교 처음 왔을 때는 어땠냐면, 담임선생님 생각에 따라 안 하는 반도 있었다. 생각이 없어서 안 가져가나 보다, 그렇게 여긴다. 그걸 누가 해라, 그렇게 하지 않는다.

김진 처음엔 그런 게 힘들다.

유승	이제 조금 적응된다.
김진	그런 이야기를 해 줘야 한다.
유승	기본 사이클을 지켜보고 있다.
김진	우리는 익숙해졌다. 그런 이야기를 해 줘야 정신을 차린다. 방학 중 워크숍을 할 때도 9시에 오라 해 놓고 9시에 오면 아무도 없다. 하면 하는 거다. 나도 힘들었다.
최우	처음엔 우리가 ○○초를 견제 많이 했다. 특히 구종현 샘. 같은 행복학교니까. '저래 가지고 안 된다'고 구종현 샘이 그랬다. 우리도 그런가 보다 했다. 상대적인 평가를 받으려고 한 것도 사실이다. 지나고 보니 그 학교하고 우리 학교는 너무 다르다. 그 학교는 그렇게 가고 우리는 이럴 수밖에 없는데, 상대적 우위를 정하려고 했다. 행복학교를 하면서 '뭔가를 해야지'라는 게 없었다. 김진희 샘 혼자 온책읽기 한 거고… 그러다 보니 1년 지났을 때 행복감을 느꼈고. 몇 년 전 서울 갔다 오면서 김명희 샘(현 경기새넷 대표)한테 이야기 들은 게 결정적이었다. '나는 행복학교를 다 안다. 괜찮은 교사다'라는 우쭐함이 있었다. 술 마시면 아내랑 항상 싸웠다. 그때 김명희 샘 얘기 듣고 뒷골이 당길 정도로 식은땀이 났다. 같이 차를 타고 내려왔는데, "행복학교 별거 없다. 이게 행복학교다." 내가 그렇게 얘기했다. 김명희 샘은 "화제는 다 알고 있다고 생각하고 있다, 모르면서"라고 말했다. 쭈뼛했다. 부끄럽기도 하고. 내가 열심히 해 온 이것들이 허상이다. 형태만 보고 달려왔다. 내가 괜

찮은 선생이고 싶은 욕구를 분출한 거였다. 애들을 안 보고. 휴게소에서 커피 마시면서 그 말을 듣고 충격이었다. 그러고 나서 일요일에 워크숍 할 때 그런 이야기 많이 했다. 그 주제로. 왜 살았는지 되돌아보기를 했다. 그때 꽃나루 아이들 슬로건을 만들었다. 철학적인 고민을 함께했다. 1년차 때는 뭣도 모르고 까불었다.

김진　시를 쓴다고 할 때 등단을 목표로 한다면 못했을 때 좌절할 것이다. 등단하면 우쭐할 것이고. 근데 시를 쓴다는 것 자체를 자신의 삶의 태도로 삼는다면 다르다. 행복학교 한다는 것 자체를 삶의 태도로, 교사의 태도로 삼는다면 일희일비하지 않을 것 같다. 내가 어디를 가든 화제에서 같이 느꼈던 것들을 삶의 중심에 두고 이런 태도로 살아가겠다고 하는 것. 내가 화제에 와서 얻은 최고 큰 게 아이들을 제대로 사랑하게 된 것이다. 이 나이에. 온책읽기를 하면서 권정생, 이원수 선생의 삶을 접하게 되었다. 그분들은 정말 아이들을 사랑하셨다. 그런 것들이 어린이 문학으로 실현된 거다. 그분들의 정신은 아이들에 대한 사랑이다. 정말 놀랐다. 나는 교사로서 아이들을 정말 사랑했는가. 그런 생각으로 아이들을 만나고 수업을 하면서 아이들이 정말 좋더라. 정말 사랑하게 되었다. 이게 화제에서 얻은 가장 큰 거다. 어디를 가든지 이 마음을 삶의 중심에 두고 살아간다면 크게 기뻐하고 우쭐하거나 하지는 않을 것 같다.

최우   어떤 틀을 안 가지고 있다는 게 우리 학교의 장점이자 단
점이다.

김진   그게 삶에 녹아든 거다. 그러니까 어떤 책에서 봤는데 사
람들이 자꾸 간판을 내거는 걸 좋아한다고 했다. 막상 가
보면 뭐가 없다. 우리도 간판을 걸고 생색을 내고 좋아한
다. 간판이 중요한 건 아니다. 학교도 허름하고 낡았지만 이
안에서 우리는 행복하게 살고 있다.

최우   사람들이 우리 학교 와서 특별한 게 있는 줄 안다. 그때 어
떤 선생님이 온책읽기 수업을 보고 나도 할 수 있을 것 같
다고 말했다. 스며들면 느낄 수 있는 건데… 그게 일반화라
는 말로 바뀌면 참 힘들 것 같다. 일반화는 프로젝트 수업,
백워드이고. 그것만 들고 갔을 때는 아무것도 안 되는 거
다. 그 안에서 어떻게 고민하고 살아가는지를 못 보면. 사
람들 사이 관계 속에서 갈등을 해결하고. 이런 마음을 가
지면 그 학교의 색깔을 내는 바탕이 되지 않을까.

유승   일반화… 화제는 이거다, 하는 게 없잖아. '화제는 이거다'
는 그냥 봤을 때는 없다. 근데 들어와서 보면 틀은 없는데
엄청난 게 있다. 그것은 개개인이 치열하게 고민하지 않으
면 될 수 없는 거다.

김진   스스로 도는 지구처럼?

유승   맞다. 스스로 돌 수 있게 옆에서 지지해 주는 것.

김진   지구도 스스로 도는데 우리도 스스로 돌아야 될 것 아
닌가.

최우　우리가 전문적학습공동체로 했던 것 보면 별로 성공한 게 없다. 회복적 생활교육 연수 한 번 하고 그만뒀다. 양순이 (양인형). 구종현 샘이 양순이 다 샀다. 회복적 생활교육에 꽂혀서.

최뿌　양순이 이제 피구공이 됐다.

최우　한 번 샀다가 없어지고. 그 밖에 했던 게 『교사, 수업에서 나를 만나다』, 비고츠키, 발도르프, 『심리학은 아이들 편인가』, 『소년이 온다』… 또 뭐 있었지? 이런 책들. 초점은 수업 개선이나 절차가 아니고 대부분이 자기 내부의 얘기를 끌어내는 것. 처음에 수업 공개하다가 귀찮아서 안 했다.

최뿌　다 동영상 찍고.

최우　처음에 했다. 근데 못하겠더라. 나는 찍었다. 초빙으로 왔기 때문에 해야 했다.

김진　나는 옷까지 샀다.

진미　1학기 때는 하고 2학기 때는 안 했다.

최우　그런 부분에서 크게 중요성을 못 느꼈다. 그러면서 자기 이야기를 많이 하는 시간들을 넣었다.

김진　우리가 '비담(수업 비우고 담기)'을 '쓰담'으로 바꾼 건 잘한 것 같다. '비담'은 수업을 꼼꼼하게 보고 토론하는 거였다. 그건 못하겠더라. 그래서 '쓰담(수업 에세이 쓰고 담기)'으로 바꿨다. 에세이 쓰기까지 가는 데도 사실 시간이 걸렸다. 초기에 그런 제안이 있었는데 에세이에 대한 부담이 있었다. 그런데 한 해 두 해 거듭되면서 역량이 커졌는지 자연스럽게 수업 에세이를 하게 되었다.

진미 작년부터 했는데 올해는 좀 시들하다. 바빠서… 우리 학교가 소속되어 있는 장학지구가 있는데, ○○초에서 전문적학습공동체 책을 들고 와서 이렇게 하라고 했을 때 모든 교사들에게서 반감이 일었다. 우리가 ○○초의 고민과 갈등을 아는데 그 샘들은 모른다. 그러니까 행복학교에서 보이는 형태들을 자꾸만 들고 가려고 한다. 선생님들은 전문적학습공동체 하면 바리스타, 목공 이런 거 좋다고 하고, 책 읽고 나누자 하면 부담 가지고 그런 분위기에서 ○○초가 책자를 내미니까 우리는 안 되겠다, 못하겠다, 이렇게 생각을 하더라. 그런 것들로 일반화 안 했으면 좋겠다, 교육청에서 그러면 그럴수록 더 멀어진다. 넌덜머리가 난다. 일반 학교에서 행복학교에 많이 올 수 있도록 시간적 여유를 줬으면.

최우 그게 쉽지 않다, 학교문화가. 학교 나들이 간다는 거.

김희 우리 반 수업 놔두고 다른 학교 간다는 거.

진미 수업보다 행복학교가 어떤 문화인지, 수업은 굳이 볼 필요가 없고. 그 선생님들이 수업을 하면서 행복하지 않게 보여주는 수업… 거기에 행복이 없고 아이들이 없고 삶이 없는데, 그 사람들은 엄청 잘한다고 생각한다. 근데 우리 학교는 재미도 없고 아이들 떠들고 난장판인 것 같고 그렇지만 뭔가 이루어지는 그게 신기하다고 한다. 애들은 자기들이 공부를 하는지도 모르고 하면서, 해내는 게 일반 학교보다 알찬 결과물이 나온다. 과정은 정말 아이들 속으로 안 들어가면 모른다. 선생님들이 자꾸 수업을 보러 오려고 하니까 부담이 되는 거다.

김희 이런 이야기 나누는 모습을 봐야 하는데.

진미 그렇다.

최우 행복학교도 성과를 안 보여 줄 수 없으니 그런 학교를 찾는다. 프로젝트 수업, 전문적학습공동체. 우리 학교는 교육과정밖에 없다. 여기에 다 녹아 있다. 우리 학교는 이것밖에 내줄 게 없다. 우리가 기록을 잘 남기는 것도 아니고. 대신 사람들 속에 다 들어가 있는 것 같다. 누군가 프로젝트 수업이 미래형 수업이라 해서 나는 쫄았다. 나는 프로젝트 수업이 뭔지 모르겠다. 우리 샘들끼리도 언급한 적 없다. 그냥 하는 거지. 이게 프로젝트고 뭐고 생각 안 한다. 그냥 산다. 근데 거기 있는 사람들도 행복학교는 뭔가를 보여 줘야 한다, 간판을 내걸고 싶어 하는 것 같더라.

진미 왜 갑자기 프로젝트 수업이 나왔지? 몇 년 전 하다가 흐지부지된 건데.

최우 미래형 수업이라고 하더라.

최뿌 재구성 개념하고 같이.

최우 PBL. 주제 중심 프로젝트. 아이들이 주제를 찾고 문제를 풀기 위한 무언가를 도출하고… 아이들이 중심이고, 이런 거다.

진미 우리가 하는 지식시장 아닌가? 주제탐구학습. 이런 게 다 프로젝트인데 그 말이 붙으면 거부감이 생긴다.

김희 절차 속에서 뭔가 하나 빠지면 하자 있는 것처럼 자꾸 절차를 만들려고 한다.

최우 걍 해~ 호영이가 하는 말이다. 걍 해~.

최뿌 행복학교 에이슨데….

최우 옛날에 이우학교 이수광 선생님이 이야기한 것 중 인상 깊은 게 있다. "우리가 학교에서 지내는 게 우리 삶의 양식이 아니다. 너무 어색한, 규격화된 삶으로 살아간다."

김희 샘플링.

최우 맞다, 좀 자연스러울 필요가 있다. 남의 옷 입지 말고 내 옷 입고 살자. 그게 더 인간적이다.

진미 누가 프로젝트 학습하는 자료를 달라고 하더라. 딴 학교에서 다 프로젝트 학습을 한다더라. 그렇게 하라고 공문이 왔다더라. 우리 계획 없다고 하니까, "왜 없노. 그걸 어찌 그냥 하나." 해서 교육 계획서에 다 있다고 그걸 보내 줬다. 일반 학교 프로젝트 학습은 교사로부터 시작된다. 아이들이 스스로 주제 정하고 탐구하는 건데 교사가 일괄적으로 주제를 정해서 한다.

유승 살아가면서 '왜 이래야 하지?' 의문을 가져야 한다. 그 틀을 깨야 한다.

진미 프로젝트 학습 계획서를 주는 걸 행복학교 일반화라고 생각한다. 화제는 "왜 일반화를 안 하노?" 한다. 계획서를 그대로 들고 와서 쓰는 걸 일반화라고 생각한다. 그 고민을 안 들여다본다. 화제에서 나간 교장 샘들이 화제처럼 하려고 하니까 너무 상처를 받고 그 학교를 떠나려고 한다. 나, 다 교장 선생님도 그렇고. '화제처럼'이라는 샘플링을 갖고 있는 순간 실패할 수밖에 없다. 작은 부분부터 교장 선생님들이 스며들게 했어야 하는데, 확 '화제는 이렇다'고 자랑 잔뜩 하고 이렇게 해라 하니까 샘들은 거부한다. 행복학교 우리는 못해. 일반화를 자랑하면서 멀어진 것 같다.

김희   여기 와서 꿈을 꾸게 된 게 참 좋다. 같이 맞아지면 좋고 아니면 말고 다른 사람 꿈도 좋고. 내 속에 떠오르는 꿈 중에 이런 게 있다. 지금 우리가 아이들에 대한 초점을 놓치지 않는 건 참 좋다. 다음번에는 하루 정도를 온전히 1학년에서 6학년까지 학년별 구체적인 특징들을 집중적으로 같이 공부하고, 자기가 맡은 학년에 대한 계획을 세우고 했으면 좋겠다. 그러면서 이렇게 준비해 나가는 과정들 속에 다른 학교 샘들도 같이 참여해서 함께해 보면 어떨까. '그냥 오세요.' 하면 안 되니까 같은 행복학교끼리 MOU처럼 원하는 사람이 있으면 같이 와서 고민과 대화를 나누면서.

김진   지금 우리 이 모습이 미래의 모습이었으면 좋겠다. 사실 한밤 자면서 이야기해 보자 했는데 실제로 될 줄 몰랐다. 다 모여서 이야기하는 이런 모습이 우리의 미래이자 대한민국 학교의 미래였으면. 상 하나를 가운데 놓고 둘러앉는 이 모습이 미래의 모습이었으면 좋겠다.

김희   어떤 일을 치르기 위해 모이는 게 아니라 서로 생각과 감정을 나누는 그게 정말 좋다.

최우   내가 내 털을 깨는 과정이 4년 동안 있었다. 아직도 그렇고. 내 털을 깨기 시작하니까 다들 편해졌다. 깨지면서 다른 걸 받아들이는 여유가 생기고. 그 과정을 4년 동안 지났다. 배우고 스며들고 애들한테도 전달되고. 털이 없는 것, 털을 안 만드는 것.

김진   털 말고 틀!

최우   틀!

(진미령 퇴장)

최우   교직 경력이 많은 분들은 교과 내용이 전부가 아니라는 걸 아는데 허남혁 샘이나 최뿌리 샘은 손에 잡히는 게 없을 거다. 다른 것들을 접해 볼 기회가 있으면 그랬으면 좋겠다. 연수라든가. 이게 전부라고 받아들이면 안 된다. 손에 닿는 대로 여러 군데 둘러보고 동기를 만나 어려움이 뭔지, 자기 지점이 뭔지 시간을 투자해야 한다. 뿌리도 좋은 연수 있으면 남혁이한테 소개하고 남혁이도 스스로 찾아보고. 우리가 전부는 아니다. 화제에 맞는 것도 다른 학교 가면 다르다. 자기 틀을 깨야 한다. 연수를 많이 받았으면 좋겠다. ○○초에서 그러더라. PPT가 없으면 수업을 못한다고. 40분 동안 활동이 없으면… 그걸 되게 바란다… 5년 차 이하 20대 교사. 교육 경력이 있는 교사들은 '너구리'로 한 시간을 하는데, 첫 시작하는 샘들은 삶도 그렇고 딱 정해진 매뉴얼이 없으면 수업하기 힘들어한다. 나도 그랬고. 티나라, 아이스크림, 활동 위주로. 그러면서 그게 전부는 아니라는 걸 알게 되고. 세대별로 필요한 게 다르다. 그걸 거쳐야 어느 정도 자기 삶이 녹아든 수업이 될 것 같다. 뿌리샘은 사실 처음 왔을 때 당황했제? 그때 영상문학 했잖아. 『토지』로. 당황스럽고 뭘 해야 할지 손에 안 잡혔을 거다. 남혁 샘도 마찬가지. 우리는 손에 잡히는 게 없다.

김진 매뉴얼 만들까?

유승 좋은 연수 많다. 쫓아다녀서 교실에서 해 보면 시행착오를 하게 된다. 그 속에서 계속 내 걸 찾아야 한다.

최우 이런 이야기하는 학교 별로 없다. 뜬구름 잡는 이야기 같지만 실제로 몸으로 겪고 나면 이해가 된다. 우리가 나누는 말들이 처음부터 온다면 그건 그 사람 성향인 거고. 프로젝트 수업을 절차대로 해 보고 시행착오를 겪어 보고 그러면서 문제점을 알고 내 색깔이 드러난다. 지금 신규로 우리 학교에 온 것은 복인 동시에 불안 요소다. 그런 부분들을 알고… 우리 학교에서 하지 않는 것들은 이 선생님들이 안 한 게 아니고 십 년 이십 년 전에 다 해 봤던 거다.

김진 세간, 출세간, 출출세간이라는 말이 있다. 세간은 세상 속에 태어나는 것이고, 출세간은 그 세상을 벗어나는 것, 출출세간은 벗어나는 것조차 벗어나는 것, 초월이겠지. 그런데 남혁 샘은 지금 세간의 단계인 것 같다. 일단 세상 속으로 가야 된다. 우리는 출세간 정도가 되지 않을까. 출출세간으로 나아가겠지. 일단 세상 속으로 가서 살아 보고 거기서 한 단계를 벗어나겠지. 나중에는 벗어난다는 것조차 벗어나 더 높은 단계로 간다. 그건 바로 삶으로 스며드는 단계가 아닐까. 나는 출출세간인 것 같다. 니는 아직… 니는 그냥 배가 출출한 거고….

최우　교직이라는 게 지낼수록 몸으로 뒹구는 활동 같다. 머리로 가르치는 활동이 아닌 것 같고, 아이들과 뒹굴고 사는 활동이다. 겪어 봐야 할 일이다. 인생을 오래 사신 분들 말 그대로 선생이다. 선생이 되는 과정인 것 같다. 가르치는 게 아니라 아이들한테 보여 주는, 겪어 보지 않으면 이야기할 수 없는.

유승　파견 교사 생활 끝나고 돌아올 때 관리자로 안 가고 평교사로 간 걸 다 이상하게 생각했다. 내가 잘못된 건가? 내가 추구한 건 아닌데… 승진을 추구하진 않았지만 길이 열린다면 관리자로 가서 지지해 주는 것도 나쁘지 않겠다. 나스스로의 서운함도 사실 있었다. 하지만 화제에 와서 아이들과 어울리며 스스로 틀을 깨면서, 여기서 마무리해도 괜찮지 않을까 싶다.

김진　선생님 연세에 다시 돌아와 아이들과 만나는 게 쉬운 일이 아니라고 생각했다. 리더 교육을 받는다고 생각하시고… 밀어 드릴게….

유승　내가 아니라도 누군가는 문을 열 텐데… 선생님들이 행복학교에서 3, 4년 쌓아 온 것에 비하면 나는 새 발의 피다. 그것도 일박이일 하면서 또 느꼈다.

김진   행복학교 강의를 많이 다니셨는데 우리하고는 느낌이 다를 것 같다. 이론들이 현장에서 어떻게 실현되는지 보는 재미가 있지 않을까.

유승   감사할 뿐이다.

최우   정광순 교수님이 공개석상에서 4뿔(4+)인 학교를 굳이 말하자면 화제초등학교라는 말을 듣고 부끄러웠다. 주위의 공기가 싸늘해졌다.

김진   왕따인가?

최우   싸늘해졌다. 우리가 그랬나? 우리가 대단하나? 살았을 뿐인데 바깥에서는 그렇게 표현했다. 그냥 살았는데 이게 4뿔이라니 뭐가 있을까.

김진   그걸 집어서 봐준 교수님이 대단하다.

유승   교수님도 강의를 많이 다니셨는데… 나도 교육과정 워크숍 보면서 이게 화제의 힘이구나, 느꼈다. 샘들이 모여 있을 때 아우라를 보면.

김진   다른 학교는 전문적학습공동체 싫어하고 모이는 거 싫어하고, 그런데 우리는 너무 좋잖아. 이렇게 모여서 이야기하는 게.

최우   출장 때문에 '수업친구' 많이 빠지는데… 그 시간이 참 좋은 것 같다. 서로 지지해 주고… 그런 시간이 없으니 좀 불안하다. 뭔가 알맹이가 빠진 것 같다. 여러 가지 지구 사업도 많고. 이야기 나누는 시간이 줄어들어 아쉬웠다. 그 말은 내가 갈구하고 있다는 거다.

김진 바람 든 거 아닌가. 출장 갈 때 웃으면서 나가던데.

최우 내가 웃는 게 웃는 게 아니다.

김진 그럼 우는 건가?

김희 내년에 저렇게 놀려 주는 사람이 없어서 어떡하지? 나도 진지한 사람이라 저렇게 한 번씩 와서 나사를 빼 주는 사람이 필요하다. 그 힘이 대단한 것 같다.

김진 한 번씩 와서 놀려 주겠다. 사람들이 욕쟁이할매 식당에 일부러 찾아가잖아. 그거하고 똑같다.

최우 우리를, 화제는 가볍다고 말을 많이 한다. 일단 구종현 발걸음이 가볍다. 행복학교 담당자 모임에 구종현 샘이 주로 갔는데 맨날 놀 거리만 찾고 하니까 사람들이 화제를 가볍게 봤다. 가벼운데 우리가 이야기하는 것들은 다른 학교에서는 못하는 속마음이 많다. 딴 학교는 수업 이야기를 많이 한다.

김희 객관화, 대상화되어 이야기를 하곤 한다. 수업이라는 게 삶으로서가 아니라 대상화되어서 이야기한다. 그 차이가 엄청나다.

최우 우리는 속마음을 이야기한다. 쓰담쓰담하면서. 가볍지만 가볍지 않다. 뿌리나 남혁 샘한테 구체적인 것들을 던져 주는 것이 부족한 건 미안하다.

유승 구종현 샘이 가지는 힘이 대단하다.

최우   참을 수 없는 가벼움.

김진   버틸 땐 얼마나 잘 버티는지….

최우   구종현은 몽상가다. 자기가 던져 놓고는 찾지 않는다. 구종현 샘이 꿈을 꾸고 우리가 잡고. 꿈꾸는 사람과 잡는 사람이 매칭이 되어야 한다. 그런 게 잘 조화가 되었다. 구종현 샘이 얘기하는 꿈같은 것들을 같이했고. 오래전에 내가 자괴감에 대해 썼다. 우리가 왜 이렇게 괴로워하고 있지? 맨날 모이면 A를 어떻게 해야 할까, B를 어떻게 해야 할까. 사람에 대한 고민을 엄청 했다. 자괴감이라는 말이 눈에 들어왔다. A나 B가 존재에 대한 인식을 못해서 그런가. 우리는 존재감을 느끼고 있는데 그들은 우리들 사이에서 인정받지 못했다. 그것에 대한 자괴감이 크지 않았을까. 우리는 일을 이야기하는데 그 일을 자기 자신으로 여겼다. 자기를 건드린다고 느꼈다.

김진   B도 그렇고 자기 틀을 못 깼다. 우리는 행복학교를 하면서 우리 의견을 받아들이는 게 너무 좋다. 그런데 B는 안 그런 것 같다. 자기 목소리만 크게 내고 싶은 것 같다. 우리와 다르다. 보통 그러면 자기를 내려놓을 수도 있는데, B는 승진을 준비하고 있으니까 그럴 수 없었던 것 같다.

최우   일반화 이거 잘 모르겠다. 다른 데 가서 온책읽기, 재구성 할지 안 할지 모르겠고. 그게 일반화는 아닌 것 같다. 학교의 색깔에 맞춰야겠고. 애들을 바라보는 마음가짐 그런 것들을 키워 나가는 게 일반화 아닌가. 같이 책을 읽으면서 내 틀을 많이 깼다. 그 순간 우리가 애들을 만나고 있었으니까 그게 적용이 되면서 틀을 많이 깼다. 일반화라면 그 정도.

김희 처음 시작이 사람이었다. 이것도 성과라고 한다면 변화된 개개인의 삶, 변화된 이 사람이 여기서 보낸 시간들이 사라지는 건 아니다. 여기서 시간을 보내고 다른 학교에 갔을 때 뭔가가 달라져 있을 거다. 그 사람이 달라진다는 것 그것이 가장 큰 부분이 아닐까.

최우 이오덕의 삶, 말, 글… 보통 우리가 글로 산다. 우리가 사는 것에 대한 고민이 별로 없었다. 조금 더 사는 데 집중하는 것 같다. 이래야 된다, 저래야 된다고 보고 들은 게 아니고, 즐거워야 된다가 아니고, 그냥 즐겁게 사는 거고. 정직해야 된다, 착해야 된다가 아니고 착하게 사는 거고. 좋은 사람이 되어야 된다. 아, 그건 있다. 내가 여기 와서 좀 더 좋은 사람이 되어 간다는 것. 교사로서든, 인간으로서든. 좋은 사람이 되어 가고 있다는 걸 느낀다. 예전에는 말과 글로 내세우려고 했는데, 이제는 '그냥 살자. 이 속에서 사는 것들이 자연스럽고 또 괴로울 때도 있지만 행복할 때가 훨씬 많고….' 그런 것 같다. 그냥 사는 것 같다. 이게 말과 글로 표현될 수 없지만 아마 김진희 샘(학교 역사 기록 담당)도 쓸 수는 있었는데 말과 글로 적당히 표현하지 못하기 때문에….

김희 말과 글로 표현되지 못하는 것들이 있다.

최우　우리(학교) 역사!

김진　그래서 내가 이 대담을 제안한 거다.

유승　강의에서 PPT를 띄우고 말로 표현할 수 있는 것들이 아니다. 도에서는 예산이 나가는 거니까 결과물이 있어야 되고 일반화에 대한 조바심이 있다. 입맛에 맞게 결과물이 있는 학교도 있고 우리처럼 길게 가면서 보이지는 않지만 누구나 인정하는 거. 꼭 집어 결과물을 내지 않지만 뭔가 다른 공기를 느낄 거다. 그게 이미 화제만의 공기다. 사람 향기가 난다.

김진　민선, 듣기만 했는데 한마디 하라.

김민　듣는 게 너무 좋았다. 샘들이 이렇게 모여서 얘기할 때 이렇게 같이하는 게, 일박이일 동안 있었던 게 좋고 감사하다. 있었던 일도 다시 되새길 수 있어서 좋았다. 진희 샘 말처럼 미래 학교의 모습이었으면 좋겠다.

최뿌　원고에 우리 이름도 들어가나?

김진　들어가지.

최뿌　화제초등학교로 들어가는 게 아니고? 김진희로 들어가나?

김진　아, 내 이름으로 들어가는데?

최뿌　여기서 끊어야 되겠다.

김희　대담자 이름에 들어가겠지.

김진　대담자 이름에는 들어가는데… 이름 넣어 줄까? 간판 필요하나?

허남　행복학교라는 것에 대한 편견이나 고정관념을 버리는 것,

그게 일반화의 시작인 것 같다.

김진   아! 명언이다. 이미 다 깨달았다. 하산해라.

최우   어디서 봤더라? 그런 내용이 있었다. '살아야 된다.'

김진   삶이 본능이다. 인간이 살기 위해 행복해야 된다고 한다. 최고의 목표는 생존.

최뿌   행복학교 처음 시작할 때부터, 올해 중간에는 (군복무로) 비웠지만 처음 만들면서 같이 있었고 시간이 지나서 행복나눔학교를 할 때도 같이 있게 되었다. 옛날 생각도 많이 난다. 매해 매 순간마다 고민하면서 다들 어떤 주제, 어떤 사건, 어떤 사람, 매 순간 같이 고민하지 않을 때가 없었다. 이번 대담 준비하면서 옛날 생각이 났다. 나중에 학교의 모습이, 사람이 바뀌어 어떤 성향의 사람이 있든 그래도 다 같이 모여서 고민하는 시간만큼은 지켜 나갔으면 좋겠다. 벽지를 가든, 승진을 하든 어떤 사람들이 모이든지 솔직하게 나눌 수 있는 시간만큼은 지켜 갔으면 좋겠다. 이 대담 자리도 배깨움(배우고깨닫고움직이다-화제 전문적학습 공동체)이나 수업친구의 연장이라고 생각된다. 변화하면서 지켜가야 되는 것 중의 제일 소중한 것들 중 하나라고 생각한다.

김진   이제 마무리를 하겠다. 어제 오후 다섯 시부터 시작해서 지금 현재 오전 열한 시 십오 분이다. 하룻밤 자고. 지금 이 순간에도 우리가 딛고 있는 이 지구는 돌고 있다. 우리 심장도 뛰고 있고. 그래서 이 마음 그대로 스스로 돌면서 아름다운 궤적을 그렸으면 좋겠다, 다 같이. 긴 시간 고생 많았다. 손뼉으로 마치겠다. (짝짝짝!)

이원경   교감交感능력이 뛰어난 교감校監, 교육의 먼 미래를 내다보는 망원경이 되다.

유승희   혁신교육 이론가에서 행복학교 실천가로 행복한 삶을 누리다.

김진희   자발성의 구두를 신고 꽃나루에서 한바탕 신나게 춤을 추다.

김희선   꽃나루에서 물 만난 고기처럼 신나게 꿈꾸고 있는 사람.

진미령   꽃나루 행복학교에서 비로소 행복한 선생님이 되다.

최우영   엄지발가락 도사! 스본스도(스스로 본이 되어 스스로 배움의 도를 깨치다)에 빠지다.

이남옥   화제 귀신! 15년 내 청춘을 돌려도~.

김민선   김민선! 민선이는 선택받은 여자, 화제의 마스코트!

최뿌리   시골 바람이 불어오는 교실에서 바캉스를 즐기는 사람.

허남혁   허허허! 남쪽에 있는 혁신학교에 가서 근무할 것을 명 받았습니다.

대담한 대담 중

글쓴이 소개

김민수

동광초에서 2년 동안 13명의 아이들을 만난 초보 교사입니다. 이제 초보 딱지를 뗄 때도 되었지만 언제나 초보 교사일 것 같습니다. 초보 교사이기에 미흡한 글귀도 그러려니 하고 봐주시길….

김수정

사람에 대해, 교육에 대해, 다름에 대해, 희망에 대해, 행복에 대해 그 어느 때보다 치열하게 고민을 나누었던 시간들이었습니다. 잊지 않기 위해, 기억하기 위해 나름의 기록을 남깁니다. 2012학년도 김해봉황초 교무행정원으로 근무 시작. 2015학년도 김해봉황초 행복학교, 2019학년도 김해봉황초 행복나눔학교 교육과정지원팀 구성원으로 5년간 나이스 시스템 업무 담당.

김재석

늘 교사는 가르치는 존재로 느끼고 살아오다 이제야 교사 역시 배우는 존재이고 학생 역시 가르침의 대상이 아닌 배움의 주체임을 알게 된 14년 차 교사입니다. 이제야 제대로 교사로 자리매김함을 느끼고 있습니다. 학생들이 자신의 삶을 올곧이 살아가는 데 도움이 되는 선생이고 싶습니다.

김정경

남해에서 나고 자라 결혼해서 네 아이의 엄마로 살아가고 있고요. 일이 좋아, 아이들이 좋아 학교에서 일하며 즐겁게 생활하고 있습니다. 힘든 일도 있지만 늘 웃음을 잃지 않고 행복을 찾으며 살아갑니다.

김형원

교사는 그저 가르치기만 하면 되는 줄 알았습니다. 그리고 가르치는 것보다 업무 처리가 더 중요하다고 생각하기도 했습니다. 그러한 저의 생각이 업무보다는 아이들의 배움과 교육과정에 집중할 수 있도록 한 것이 행복학교입니다. 교사도 아이들처럼 성장해 갈 수 있는 곳에 또 근무하고 싶은 교사입니다(행복학교 1기, 서포초등학교 2015~2020 근무).

박명우

예전에는 뛰어난 업무 능력을 가진 선생님이나 열성적으로 수업을 준비하시는 선생님들을 만나 많은 것을 배웠습니다. 행복학교에서는 자신의 철학을 바탕으로 교육을 실천하려는 선생님들을 만나 많은 것을 배웠습니다. 국어 교사로, 교사가 무엇인지 다시 생각해 보는 시간이었습니다.

박수현

그저 말 잘 듣는 학생이자 선생님으로 살아온 나는 2016년 구름학교를 만나 그곳에서 선생님들과 공부하면서 내 자신의 목소리와 욕구에 귀 기울이고 나를 표현하며 살아가는 삶에 눈을 뜨기 시작했습니다. 지금은 김해 봉황초 행복연구부장으로 인생에서 가장 큰 도전을 했고, 하루하루 고군분투하면서 성장하고 있습니다. 학생과 교사의 경계를 넘어 서로 가르치고 배우는 기쁨을 느끼며 살아가고 싶습니다.

박윤철

"교사는 교사가 되고부터 교사다. 교사가 되면서 선배 교사를 통해 배우고 동료 교사를 통해 배우고 또 우리 아이들을 통해 배우는 자신의 반성적 실천가다." 어느 강의 끝에 나온 얘기인데 몇 번이고 곱씹어 봐도 지당한 말이 아닐 수 없습니다. 수학 교사로 행복학교에 몸담은 지 어언 5년 돌이켜 보면 이 기간만큼 제 자신이 성장했다고 여겨지는 때가 있었나 싶습니다. 좌충우돌하면서 시행착오도 겪었고 보람도 있었던 시기였습니다. 이제 얼마 남지 않은 교직생활을 마무리하면서 제 자신에게 부끄럽지 않은 후배들에게 도움을 주는 교사로 남고 싶습니다.

백선희

남해에서 나고 자라 남해 남자와 결혼하여 내 아이건 남의 아이건 남해의 아이들로 키우고 있습니다. 나이 오십을 먹고도 마음은 여전히 열아홉 소녀 적 그 언저리를 맴도는 철없고 가끔은 웃기는 아줌마 선생입니다.

오지현

어쩌다 행복학교에서 내가 선택한 행복나눔학교가 되었고 이곳에 교육과정지원팀으로 2년, 담임으로 2년 근무하고 있습니다. 아이들과 선생님들이 살아가는 모습에서 많은 것을 배웠고 그 배움은 현재 진행형입니다.

윤혜정

'행복은 성적순이 아니잖아요!' 학창 시절 이 말을 들었을 때 내가 어른이 되면 이런 말은 무색해질 거라 생각했습니다. 나의 아이들이 대학생이 되고 고3이 되었건만 우리 사회는 별로 달라진 게 없어 보입니다. 두 아이의 엄마가 되고 난 뒤 교육대학 편입을 통해 늦깎이 교사가 되었습니다. 아이들이 웃으며 "선생님~"하고 불러줄 때면 내가 살아 있는 것 같아 참 좋습니다. 이 아이들에게 학교는 행복한 곳, 따뜻한 곳으로 머물러 있었으면 좋겠습니다.

이갑식

저는 중학교 때 어른이 되면 하고 싶은 직업이나 일들이 너무 많았습니다. 그러다 고등학교 1학년 여름방학 때 80세까지의 인생 설계를 했습니다. 물론 지금은 100세 시대를 맞아 인생을 연장 설계했습니다. 중요한 것은 그때 인생 설계한 대로 지금 살아가고 있다는 것입니다. 그러니 저는 꿈꾸었던 삶을 살고 있고, 저 자신은 물론 저를 아는 타인으로부터도 인정받고 존중받으며, 나름 성공한 삶, 행복한 삶을 살고 있다고 여깁니다. 우리 학생들도 자신에게 맞는 꿈을 찾아 인생을 설계하고, 역량과 실행력을 길러 자신이 원하는 삶을 행복하게 살아갈 수 있길 바랍니다(2014. 9. 1~2019. 8. 31. 충무여중 교감으로 근무 / 2019. 9. 1~현재. 산양중 교장으로 근무).

이대희

교직을 꿈에도 생각지 않았던 소년입니다. 지금도 교사라고 불리는 것이 너무도 부끄럽습니다. 아직도 가르치는 것보다 배우는 것이 더 좋습니다. 어쩌다 봉명중에서 첫 교직생활을 시작했습니다. 아무것도 모른 채 시작해서, 지금도 잘 모르겠습니다만 조금씩 성장하고 있다고 믿습니다. 때론 힘들 때도 있지만 곁에서 도와주시는 선생님들 덕에 웃으며 지냅니다. 저도 힘들 때 곁에서 같이 힘들어할 수 있는 사람이고 싶습니다(교사 6년, 2012년부터 봉명중 근무).

이제호

어쩌다 보니 행복학교에 들어왔습니다. 그리고 어쩌다 보니 행복학교 업무 담당자가 되었습니다. 학교라는 무대에서 모두가 '주인공'이 되길 바라는 소박한 꿈을 꾸는 교사입니다.

이지현

멀리서 보면 아이들이 예쁘고 가까이 보면 징글징글하다. 그래도 어제도 오늘도 내일도 아이들을 생각하고 아이들을 위해 고민하고 아이들과 함께 마음을 나누는 대한민국 교사이다. 행복학교, 행복나눔학교처럼 아이들을 믿음으로 키워 나갔으면 좋겠다. 당장 믿음이라는 씨앗이 성과라는 열매가 되어 맺히지는 않지만, 꽃이 피고 지고 열매가 열리기를 기다리는 긴 시간을 옆 반, 그 옆 반 선생님들과 같이 기다려서 매우 행복하다.

임은경
30년 묵은 시골학교 국어 교사입니다. 학교를 떠난 후에 스스로에게 기억될 수업이 지금의 수업이라서 참 다행입니다. 그리고 오늘의 이 고군분투로 아이들의 삶이 행복해질 수 있다면 참 좋겠습니다.

정경선
행복학교에 근무하면서 교사로서 더욱 성장하고 있음을 느낍니다. 사회 교사로서 특히 수업, 업무에 최선을 다하는 데 앞서 '관계'가 중요함을 느끼면서, 교육의 방향을 다시 한 번 생각하는 계기가 되었습니다. 실천하는 과정이 쉽진 않지만, 함께 가는 이 방향이 옳다는 믿음이 있어서 힘을 내게 됩니다.

정동현
소개글 한 줄 채우기 힘든 게으른 교사입니다. 하지만 주어진 일만큼은 끝까지 해결하는 책임감있는 교사가 되고 싶습니다. 햇수로 행복학교 근무 3년 차입니다.

최자옥
내 아이를 낳아 키우다 교육과정지원실에 무릎이 까져 울며 들어오던 학생들이 생각났습니다. 무릎이 까진 학생을 이렇게 안쓰러워하며 치료해준 적이 없다는 걸 알았습니다. 나는 4년 동안 김해봉황초등학교에 난 풀 한포기까지 사랑한 걸 깨달았습니다. 학교에서 내 역할이 집에서 엄마였다면 감사합니다. 아빠처럼 밖으로 드러나지 않고 특별할 것도 없지만 집에 꼭 필요한 존재(교사 18년, 2015년부터 4년간 김해봉황초등학교에서 근무. 2016년부터 3년간 교육과정지원팀에서 생활인성과 행복연구 업무 담당).

허복욱
수곡초등학교에서 다른 학교로 전근 온 지 2년째다. 그러나 행복학교에서 경험이 나를 이끌고 있다. 여전히 교사로서 꿈꾸는 삶을 살아가며, 아이들의 삶을 가꾸는 교육을 실천하며 아이들을 만나고 있다. 행복학교에서의 경험은 교사로서의 본질을 변화시키기 때문에 환경이 바뀌어 조금 힘들 수는 있지만 교사로서 지속가능한 꿈과 성장을 품고 살아가고 있다.

삶의 행복을 꿈꾸는 교육은 어디에서 오는가?

미래 100년을 향한 새로운 교육 　혁신교육을 실천하는 교사들의 **필독서**

▶ 교육혁명을 앞당기는 배움책 이야기
혁신교육의 철학과 잉걸진 미래를 만나다!

한국교육연구네트워크 총서

01 핀란드 교육혁명
한국교육연구네트워크 엮음 | 320쪽 | 값 15,000원

02 일제고사를 넘어서
한국교육연구네트워크 엮음 | 284쪽 | 값 13,000원

03 새로운 사회를 여는 교육혁명
한국교육연구네트워크 엮음 | 380쪽 | 값 17,000원

04 교장제도 혁명
한국교육연구네트워크 엮음 | 268쪽 | 값 14,000원

05 새로운 사회를 여는 교육자치 혁명
한국교육연구네트워크 엮음 | 312쪽 | 값 15,000원

06 혁신학교에 대한 교육학적 성찰
한국교육연구네트워크 엮음 | 308쪽 | 값 15,000원

07 진보주의 교육의 세계적 동향
한국교육연구네트워크 엮음 | 324쪽 | 값 17,000원
2018 세종도서 학술부문

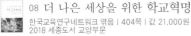
08 더 나은 세상을 위한 학교혁명
한국교육연구네트워크 엮음 | 404쪽 | 값 21,000원
2018 세종도서 교양부문

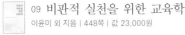
09 비판적 실천을 위한 교육학
이윤미 외 지음 | 448쪽 | 값 23,000원

10 마을교육공동체운동:
세계적 동향과 전망
심성보 외 지음 | 376쪽 | 값 18,000원

한국교육연구네트워크 번역 총서

01 프레이리와 교육
존 엘리아스 지음 | 한국교육연구네트워크 옮김
276쪽 | 값 14,000원

02 교육은 사회를 바꿀 수 있을까?
마이클 애플 지음 | 강희룡·김선우·박원순·이형빈 옮김
356쪽 | 값 16,000원

03 비판적 페다고지는
세상을 변화시킬 수 있는가?
Seewha Cho 지음 | 심성보·조시화 옮김 | 280쪽 | 값 14,000원

04 마이클 애플의 민주학교
마이클 애플·제임스 빈 엮음 | 강희룡 옮김 | 276쪽 | 값 14,000원

05 21세기 교육과 민주주의
넬 나딩스 지음 | 심성보 옮김 | 392쪽 | 값 18,000원

06 세계교육개혁:
민영화 우선인가 공적 투자 강화인가?
린다 달링-해먼드 외 지음 | 심성보 외 옮김 | 408쪽 | 값 21,000원

07 콩도르세, 공교육에 관한 다섯 논문
니콜라 드 콩도르세 지음 | 이주환 옮김 | 300쪽 | 값 16,000원

혁신학교
성열관·이순철 지음 | 224쪽 | 값 12,000원

행복한 혁신학교 만들기
초등교육과정연구모임 지음 | 264쪽 | 값 13,000원

서울형 혁신학교 이야기
이부영 지음 | 320쪽 | 값 15,000원

혁신교육, 철학을 만나다
브렌트 데이비스·데니스 수마라 지음
현인철·서용선 옮김 | 304쪽 | 값 15,000원

대한민국 교사, 어떻게 가르칠 것인가?
윤성관 지음 | 320쪽 | 값 15,000원

아이들을 어떻게 가르칠 것인가
사토 마나부 지음 | 박찬영 옮김 | 232쪽 | 값 13,000원

모두를 위한 국제이해교육
한국국제이해교육학회 지음 | 364쪽 | 값 16,000원

경쟁을 넘어 발달 교육으로
현광일 지음 | 288쪽 | 값 14,000원

혁신교육 존 듀이에게 묻다
서용선 지음 | 292쪽 | 값 14,000원

 독일 교육, 왜 강한가?
박성희 지음 | 324쪽 | 값 15,000원

 다시 읽는 조선 교육사
이만규 지음 | 750쪽 | 값 33,000원

 핀란드 교육의 기적
한넬레 니에미 외 엮음 | 장수명 외 옮김 | 456쪽 | 값 23,000원

 대한민국 교육혁명
교육혁명공동행동 연구위원회 지음 | 224쪽 | 값 12,000원

 한국 교육의 현실과 전망
심성보 지음 | 724쪽 | 값 35,000원

▶ 비고츠키 선집 시리즈
발달과 협력의 교육학 어떻게 읽을 것인가?

 생각과 말
레프 세묘노비치 비고츠키 지음
배희철·김용호·D. 켈로그 옮김 | 690쪽 | 값 33,000원

 성장과 분화
L.S. 비고츠키 지음 | 비고츠키 연구회 옮김
308쪽 | 값 15,000원

 도구와 기호
비고츠키·루리야 지음 | 비고츠키 연구회 옮김
336쪽 | 값 16,000원

 연령과 위기
L.S. 비고츠키 지음 | 비고츠키 연구회 옮김
336쪽 | 값 17,000원

 어린이 자기행동숙달의 역사와 발달 I
L.S. 비고츠키 지음 | 비고츠키 연구회 옮김
564쪽 | 값 28,000원

 의식과 숙달
L.S 비고츠키 | 비고츠키 연구회 옮김
348쪽 | 값 17,000원

 어린이 자기행동숙달의 역사와 발달 II
L.S. 비고츠키 지음 | 비고츠키 연구회 옮김
552쪽 | 값 28,000원

 분열과 사랑
L.S. 비고츠키 지음 | 비고츠키 연구회 옮김
260쪽 | 값 16,000원

 어린이의 상상과 창조
L.S. 비고츠키 지음 | 비고츠키 연구회 옮김
280쪽 | 값 15,000원

 성애와 갈등
L.S. 비고츠키 지음 | 비고츠키 연구회 옮김
268쪽 | 값 17,000원

 비고츠키와 인지 발달의 비밀
A.R. 루리야 지음 | 배희철 옮김 | 280쪽 | 값 15,000원

 관계의 교육학, 비고츠키
진보교육연구소 비고츠키교육학실천연구모임 지음
300쪽 | 값 15,000원

 수업과 수업 사이
비고츠키 연구회 지음 | 196쪽 | 값 12,000원

 비고츠키 생각과 말 쉽게 읽기
진보교육연구소 비고츠키교육학실천연구모임 지음
316쪽 | 값 15,000원

 비고츠키의 발달교육이란 무엇인가?
비고츠키교육학실천연구모임 지음 | 412쪽 | 값 21,000원

 교사와 부모를 위한 비고츠키 교육학
카르포프 지음 | 실천교사번역팀 옮김 | 308쪽 | 값 15,000원

 비고츠키 철학으로 본 핀란드 교육과정
배희철 지음 | 456쪽 | 값 23,000원

▶ 살림터 참교육 문예 시리즈
영혼이 있는 삶을 가르치는 온 선생님을 만나다!

 꽃보다 귀한 우리 아이는
조재도 지음 | 244쪽 | 값 12,000원

 선생님이 먼저 때렸는데요
강병철 지음 | 248쪽 | 값 12,000원

성깔 있는 나무들
최은숙 지음 | 244쪽 | 값 12,000원

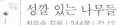 서울 여자, 시골 선생님 되다
조경선 지음 | 252쪽 | 값 12,000원

아이들에게 세상을 배웠네
명혜정 지음 | 240쪽 | 값 12,000원

 **행복한 창의 교육**
최창의 지음 | 328쪽 | 값 15,000원

 밥상에서 세상으로
김흥숙 지음 | 280쪽 | 값 13,000원

  북유럽 교육 기행
정애경 외 14인 지음 | 288쪽 | 값 14,000원

 우물쭈물하다 끝난 교사 이야기
유기창 지음 | 380쪽 | 값 17,000원

▶ 4·16, 질문이 있는 교실 마주이야기
통합수업으로 혁신교육과정을 재구성하다!

 통하는 공부
김태호·김형우·이경석·심우근·허진만 지음
324쪽 | 값 15,000원

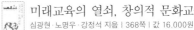 **미래교육의 열쇠, 창의적 문화교육**
심광현·노명우·강정석 지음 | 368쪽 | 값 16,000원

 내일 수업 어떻게 하지?
아이함께 지음 | 300쪽 | 값 15,000원
2015 세종도서 교양부문

 주제통합수업, 아이들을 수업의 주인공으로!
이윤미 외 지음 | 392쪽 | 값 17,000원

 인간 회복의 교육
성래운 지음 | 260쪽 | 값 13,000원

수업과 교육의 지평을 확장하는 수업 비평
윤양수 지음 | 316쪽 | 값 15,000원
2014 문화체육관광부 우수교양도서

 교과서 너머 교육과정 마주하기
이윤미 외 지음 | 368쪽 | 값 17,000원

교사, 선생이 되다
김태은 외 지음 | 260쪽 | 값 13,000원

 수업 고수들 수업·교육과정·평가를 말하다
박현숙 외 지음 | 368쪽 | 값 17,000원

교사의 전문성, 어떻게 만들어지나
국제교원노조연맹 보고서 | 김석규 옮김 392쪽 | 값 17,000원

 도덕 수업, 책으로 묻고 윤리로 답하다
울산도덕교사모임 지음 | 320쪽 | 값 15,000원

 수업의 정치
윤양수·원종희·장군 지음 | 280쪽 | 값 14,000원

 체육 교사, 수업을 말하다
전용진 지음 | 304쪽 | 값 15,000원

학교협동조합,
현장체험학습과 마을교육공동체를 잇다
주수원 외 지음 | 296쪽 | 값 15,000원

 교실을 위한 프레이리
아이러 쇼어 엮음 | 사람대사람 옮김 | 412쪽 | 값 18,000원

거꾸로 교실,
잠자는 아이들을 깨우는 수업의 비밀
이민경 지음 | 280쪽 | 값 14,000원

 마을교육공동체란 무엇인가?
서용선 외 지음 | 360쪽 | 값 17,000원

 교사는 무엇으로 사는가
정은균 지음 | 292쪽 | 값 15,000원

 교사, 학교를 바꾸다
정진화 지음 | 372쪽 | 값 17,000원

 마음의 힘을 기르는 감성수업
조선미 외 지음 | 300쪽 | 값 15,000원

 함께 배움
학생 주도 배움 중심 수업 이렇게 한다
니시카와 준 지음 | 백경석 옮김 | 280쪽 | 값 15,000원

 작은 학교 아이들
지경준 엮음 | 376쪽 | 값 17,000원

 공교육은 왜?
홍섭근 지음 | 352쪽 | 값 16,000원

 아이들의 배움은 어떻게 깊어지는가
이시이 준지 지음 | 방지현·이창희 옮김 | 200쪽 | 값 11,000원

 자기혁신과 공동의 성장을 위한
교사들의 필리버스터
윤양수·원종희·장군·조경삼 지음 | 280쪽 | 값 14,000원

 대한민국 입시혁명
참교육연구소 입시연구팀 지음 | 220쪽 | 값 12,000원

함께 배움 이렇게 시작한다
니시카와 준 지음 | 백경석 옮김 | 196쪽 | 값 12,000원

함께 배움 교사의 말하기
니시카와 준 지음 | 백경석 옮김 | 188쪽 | 값 12,000원

교육과정 통합, 어떻게 할 것인가?
성열관 외 지음 | 192쪽 | 값 13,000원

학교 혁신의 길, 아이들에게 묻다
남궁상운 외 지음 | 272쪽 | 값 15,000원

프레이리의 사상과 실천
사람대사람 지음 | 352쪽 | 값 18,000원
2018 세종도서 학술부문

혁신학교, 한국 교육의 미래를 열다
송순재 외 지음 | 608쪽 | 값 30,000원

페다고지를 위하여
프레네의 『페다고지 불변요소』 읽기
박찬영 지음 | 296쪽 | 값 15,000원

노자와 탈현대 문명
홍승표 지음 | 284쪽 | 값 15,000원

선생님, 민주시민교육이 뭐예요?
염경미 지음 | 244쪽 | 값 15,000원

어쩌다 혁신학교
유우석 외 지음 | 380쪽 | 값 17,000원

미래, 교육을 묻다
정광필 지음 | 232쪽 | 값 15,000원

대학, 협동조합으로 교육하라
박주희 외 지음 | 252쪽 | 값 15,000원

입시, 어떻게 바꿀 것인가?
노기원 지음 | 306쪽 | 값 15,000원

촛불시대, 혁신교육을 말하다
이용관 지음 | 240쪽 | 값 15,000원

라운드 스터디
이시이 데루마사 외 엮음 | 224쪽 | 값 15,000원

미래교육을 디자인하는 학교교육과정
박승열 외 지음 | 348쪽 | 값 18,000원

흥미진진한 아일랜드 전환학년 이야기
제리 제퍼스 지음 | 최상덕·김호원 옮김 | 508쪽 | 값 27,000원

교사를 세우는 교육과정
박승열 지음 | 312쪽 | 값 15,000원

전국 17명 교육감들과 나눈
교육 대담
최창의 대담·기록 | 272쪽 | 값 15,000원

들뢰즈와 가타리를 통해
유아교육 읽기
리세롯 마리엣 올슨 지음 | 이연선 외 옮김 | 328쪽 | 값 17,000원

학교 민주주의의 불한당들
정은균 지음 | 276쪽 | 값 14,000원

교육과정, 수업, 평가의 일체화
리사 카터 지음 | 박승열 외 옮김 | 196쪽 | 값 13,000원

학교를 개선하는 교장
지속가능한 학교 혁신을 위한 실천 전략
마이클 풀란 지음 | 서동연·정효준 옮김 | 216쪽 | 값 13,000원

공자던, 논어는 이것이다
유문상 지음 | 392쪽 | 값 18,000원

교사와 부모를 위한
발달교육이란 무엇인가?
현광일 지음 | 380쪽 | 값 18,000원

교사, 이오덕에게 길을 묻다
이무완 지음 | 328쪽 | 값 15,000원

낙오자 없는 스웨덴 교육
레이프 스트란드베리 지음 | 변광수 옮김 | 208쪽 | 값 13,000원

끝나지 않은 마지막 수업
장석웅 지음 | 328쪽 | 값 20,000원

경기꿈의학교
진흥섭 외 지음 | 360쪽 | 값 17,000원

학교를 말한다
이성우 지음 | 292쪽 | 값 15,000원

행복도시 세종, 혁신교육으로 디자인하다
곽순일 외 지음 | 392쪽 | 값 18,000원

나는 거꾸로 교실 거꾸로 교사
류광모·임정훈 지음 | 212쪽 | 값 13,000원

교실 속으로 간 이해중심 교육과정
온정덕 외 지음 | 224쪽 | 값 13,000원

교실, 평화를 말하다
따돌림사회연구모임 초등우정팀 지음 | 268쪽 | 값 15,000원

폭력 교실에 맞서는 용기
따돌림사회연구모임 학급운영팀 지음 | 272쪽 | 값 15,000원

 학교자율운영 2.0
김용 지음 | 240쪽 | 값 15,000원

 그래도 혁신학교
박은혜 외 지음 | 248쪽 | 값 15,000원

 학교자치를 부탁해
유우석 외 지음 | 252쪽 | 값 15,000원

 학교는 어떤 공동체인가?
성열관 외 지음 | 228쪽 | 값 15,000원

 국제이해교육 페다고지
강순원 외 지음 | 256쪽 | 값 15,000원

 교사 전쟁
다나 골드스타인 지음 | 유성상 외 옮김 | 468쪽 | 값 23,000원

 미래교육, 어떻게 만들어갈 것인가?
송기상·김성천 지음 | 300쪽 | 값 16,000원

 인공지능 시대의 사회학적 상상력
홍승표 지음 | 260쪽 | 값 15,000원

선생님, 페미니즘이 뭐예요?
염경미 지음 | 280쪽 | 값 15,000원

 시민, 학교에 가다
최형규 지음 | 260쪽 | 값 15,000원

 혁신교육지구와 마을교육공동체는 어떻게 만들어지는가?
김태정 지음 | 376쪽 | 값 18,000원

▶ **교과서 밖에서 만나는 역사 교실**

상식이 통하는 살아 있는 역사를 만나다

 전봉준과 동학농민혁명
조광환 지음 | 336쪽 | 값 15,000원

 교과서 밖에서 배우는 역사 공부
정은교 지음 | 292쪽 | 값 14,000원

 남도의 기억을 걷다
노성태 지음 | 344쪽 | 값 14,000원

 팔만대장경도 모르면 빨래판이다
전병철 지음 | 360쪽 | 값 16,000원

 응답하라 한국사 1·2
김은석 지음 | 356쪽·368쪽 | 각권 값 15,000원

 빨래판도 잘 보면 팔만대장경이다
전병철 지음 | 360쪽 | 값 16,000원

 즐거운 국사수업 32강
김남선 지음 | 280쪽 | 값 11,000원

 영화는 역사다
강성률 지음 | 288쪽 | 값 13,000원

 즐거운 세계사 수업
김은석 지음 | 328쪽 | 값 13,000원

 친일 영화의 해부학
강성률 지음 | 264쪽 | 값 15,000원

강화도의 기억을 걷다
최보길 지음 | 276쪽 | 값 14,000원

 한국 고대사의 비밀
김은석 지음 | 304쪽 | 값 13,000원

광주의 기억을 걷다
노성태 지음 | 348쪽 | 값 15,000원

 조선족 근현대 교육사
정미량 지음 | 320쪽 | 값 15,000원

선생님도 궁금해하는 한국사의 비밀 20가지
김은석 지음 | 312쪽 | 값 15,000원

다시 읽는 조선근대 교육의 사상과 운동
윤건차 지음 | 이명실·심성보 옮김 | 516쪽 | 값 25,000원

 걸림돌
키르스텐 세룹-빌펠트 지음 | 문봉애 옮김
248쪽 | 값 13,000원

 음악과 함께 떠나는 세계의 혁명 이야기
조광환 지음 | 292쪽 | 값 15,000원

  역사수업을 부탁해
열 사람의 한 걸음 지음 | 388쪽 | 값 18,000원

논쟁으로 보는 일본 근대 교육의 역사
이명실 지음 | 324쪽 | 값 17,000원

진실과 거짓, 인물 한국사
하성환 지음 | 400쪽 | 값 18,000원

 다시, 독립의 기억을 걷다
노성태 지음 | 320쪽 | 값 16,000원

 우리 역사에서 사라진 근현대 인물 한국사
하성환 지음 | 296쪽 | 값 18,000원

 한국사 리뷰
김은석 지음 | 244쪽 | 값 15,000원

 꼬물꼬물 거꾸로 역사수업
역모자들 지음 | 436쪽 | 값 23,000원

 경남의 기억을 걷다
류형진 외 지음 | 564쪽 | 값 28,000원

▶ 더불어 사는 정의로운 세상을 여는 인문사회과학
사람의 존엄과 평등의 가치를 배운다

 밥상혁명
강양구·강이현 지음 | 298쪽 | 값 13,800원

 좌우지간 인권이다
안경환 지음 | 288쪽 | 값 13,000원

 도덕 교과서 무엇이 문제인가?
김대용 지음 | 272쪽 | 값 14,000원

 민주시민교육
심성보 지음 | 544쪽 | 값 25,000원

 자율주의와 진보교육
조엘 스프링 지음 | 심성보 옮김 | 320쪽 | 값 15,000원

 민주시민을 위한 도덕교육
심성보 지음 | 500쪽 | 값 25,000원
2015 세종도서 학술부문

 민주화 이후의 공동체 교육
심성보 지음 | 392쪽 | 값 15,000원
2009 문화체육관광부 우수학술도서

 교과서 밖에서 배우는 인문학 공부
정은교 지음 | 280쪽 | 값 13,000원

 갈등을 넘어 협력 사회로
이창언·오수길·유문종·신윤관 지음 | 280쪽 | 값 15,000원

 오래된 미래교육
정재걸 지음 | 392쪽 | 값 18,000원

 동양사상과 마음교육
정재걸 외 지음 | 356쪽 | 값 16,000원
2015 세종도서 학술부문

 대한민국 의료혁명
전국보건의료산업노동조합 엮음 | 548쪽 | 값 25,000원

 교과서 밖에서 배우는 철학 공부
정은교 지음 | 280쪽 | 값 14,000원

 교과서 밖에서 배우는 고전 공부
정은교 지음 | 288쪽 | 값 14,000원

 교과서 밖에서 배우는 사회 공부
정은교 지음 | 304쪽 | 값 15,000원

 전체 안의 전체 사고 속의 사고
김우창의 인문학을 읽다
현광일 지음 | 320쪽 | 값 15,000원

 교과서 밖에서 배우는 윤리 공부
정은교 지음 | 292쪽 | 값 15,000원

 카스트로, 종교를 말하다
피델 카스트로·프레이 베토 대담 | 조세종 옮김
420쪽 | 값 21,000원

 한글 혁명
김슬옹 지음 | 388쪽 | 값 18,000원

 일제강점기 한국철학
이태우 지음 | 448쪽 | 값 25,000원

 우리 안의 미래교육
정재걸 지음 | 484쪽 | 값 25,000원

 한국 교육 제4의 길을 찾다
이길상 지음 | 400쪽 | 값 21,000원

 왜 그는 한국으로 돌아왔는가?
황선준 지음 | 364쪽 | 값 17,000원

 마을교육공동체 생태적 의미와 실천
김용련 지음 | 256쪽 | 값 15,000원

▶ 평화샘 프로젝트 매뉴얼 시리즈
학교폭력에 대한 근본적인 예방과 대책을 찾는다

 학교폭력 어떻게 만들어지는가
문재현 외 지음 | 300쪽 | 값 14,000원

 아이들을 살리는 동네
문재현·신동명·김수동 지음 | 204쪽 | 값 10,000원

 학교폭력, 멈춰!
문재현 외 지음 | 348쪽 | 값 15,000원

 평화! 행복한 학교의 시작
문재현 외 지음 | 252쪽 | 값 12,000원

 왕따, 이렇게 해결할 수 있다
문재현 외 지음 | 236쪽 | 값 12,000원

 마을에 배움의 길이 있다
문재현 지음 | 208쪽 | 값 10,000원

 젊은 부모를 위한 백만 년의 육아 슬기
문재현 지음 | 248쪽 | 값 13,000원

 별자리, 인류의 이야기 주머니
문재현·문한뫼 지음 | 444쪽 | 값 20,000원

 우리는 마을에 산다
유양우·신동명·김수동·문재현 지음 | 312쪽 | 값 15,000원

 동생아, 우리 뭐 하고 놀까?
문재현 외 지음 | 280쪽 | 값 15,000원

 누가, 학교폭력 해결을 가로막는가?
문재현 외 지음 | 312쪽 | 값 15,000원

▶ 남북이 하나 되는 두물머리 평화교육
분단 극복을 위한 치열한 배움과 실천을 만나다

 10년 후 통일
정동영·지승호 지음 | 328쪽 | 값 15,000원

 **선생님, 통일이 뭐예요?**
정경호 지음 | 252쪽 | 값 13,000원

 분단시대의 통일교육
성래운 지음 | 428쪽 | 값 18,000원

 김창환 교수의 DMZ 지리 이야기
김창환 지음 | 264쪽 | 값 15,000원

 한반도 평화교육 어떻게 할 것인가
이기범 외 지음 | 252쪽 | 값 15,000원

▶ 창의적인 협력 수업을 지향하는 삶이 있는 국어 교실
우리말 글을 배우며 세상을 배운다

  중학교 국어 수업 어떻게 할 것인가?
김미경 지음 | 340쪽 | 값 15,000원

 토론의 숲에서 나를 만나다
명혜정 엮음 | 312쪽 | 값 15,000원

 토닥토닥 토론해요
명혜정·이명선·조선미 엮음 | 288쪽 | 값 15,000원

 인문학의 숲을 거니는 토론 수업
순천국어교사모임 엮음 | 308쪽 | 값 15,000원

 어린이와 시
오인태 지음 | 192쪽 | 값 12,000원

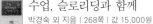 **수업, 슬로리딩과 함께**
박경숙 외 지음 | 268쪽 | 값 15,000원

 언어던
정은균 지음 | 268쪽 | 값 15,000원

  민촌 이기영 평전
이성렬 지음 | 508쪽 | 값 20,000원